范祥雍古籍整理匯刊

宋高僧傳

上

【宋】贊寧 撰　范祥雍 點校

上海古籍出版社

圖書在版編目(CIP)數據

宋高僧傳/(宋)贊寧撰;范祥雍點校.—上海:上海古籍出版社,2014.3
(范祥雍古籍整理匯刊)
ISBN 978-7-5325-6170-4

Ⅰ.①宋… Ⅱ.①贊… ②范… Ⅲ.①僧侶—列傳—中國—宋代 Ⅳ.①B949.92

中國版本圖書館 CIP 數據核字(2011)第 240697 號

范祥雍古籍整理匯刊
宋高僧傳
(全二册)
[宋]贊寧 撰
范祥雍 點校
上海世紀出版股份有限公司
上海古籍出版社 出版
(上海瑞金二路 272 號 郵政編碼 200020)
(1)網址:www.guji.com.cn
(2)E-mail:guji1@guji.com.cn
(3)易文網網址:www.ewen.cc
上海世紀出版股份有限公司發行中心發行經銷
上海展强印刷有限公司印刷
開本 850×1168 1/32 印張 26.75 插頁 6 字數 540,000
2014 年 3 月第 1 版 2014 年 3 月第 1 次印刷
印數:1—1,500
ISBN 978-7-5325-6170-4
K·1466 定價:88.00 元

出版説明

范祥雍先生（一九一三——一九九三），祖籍浙江鎮海，生於上海南市，著名古籍整理專家，尤精於版本文獻之學。先生自學成才，而蜚聲學界。一九五六年由陳子展、胡厚宣、章巽三教授聯名推薦，受聘於復旦大學中文系，復任教於江西大學中文系、東北文史研究所，一九七八年後任中華書局、上海古籍出版社特約編輯，一九八六年聘爲上海文史研究館館員。

先生著述頗豐，經他編訂、點校、校證、補疏整理的典籍蔚爲大觀，歷史類有古本竹書紀年輯校訂補、戰國策箋證，歷史地理類有洛陽伽藍記校注、大唐西域記匯校（原收入季羡林等校注大唐西域記校注）、山海經補疏，宗教類有釋迦方誌、宋高僧傳、廣弘明集（未完稿），文學類有陳子展詩經直解校閲、陳子展楚辭直解校閲，藝術譜録類有法書要録，筆記類有管城碩記、東坡志林廣證，音韻訓詁類有廣韻三家校勘記補釋等。而文史通貫、無徵不信、博觀約取、敏而有斷之學風則一以貫之，允稱精深，堪爲楷法。所惜「文革」浩劫，其著作如山海經補疏、東坡志林廣證等，多有散失，亦可扼腕浩歎。

早在上世紀五十年代，我社前身古典文學出版社就出版了先生的洛陽伽藍記校注，一九七八年修訂重版，本世紀初又出版了歷劫復得之戰國策箋證。兹將范先生古籍整理之心血結晶，都爲范祥雍古籍整理匯刊結集出版，内涵古本竹書紀年輯校訂補、戰國策箋證、洛陽伽藍記校注、大唐西域記匯校、釋迦方誌、宋高僧傳、法書要録、管城碩記、廣韻三家校勘記補釋，其中廣韻三家校勘記補釋屬首次發表。忻逢盛世，文化昌盛，梨棗馨香，以慰先賢。

上海古籍出版社

二〇一一年二月

點校略例

一、本書以一九三六年上海影印宋版藏經會景印的磧砂藏經本爲底本。這是一種現在所知國内僅存的宋刻本，基本上完整（僅首卷缺八頁，以明永樂藏經本配補），故決採用之。

二、參校的本子，我們採用：

1．江北刻經處刻本（簡稱揚州本）。此本流傳普遍，雖源出明藏，亦有所校訂，惟未明言之。

2．日本印大正藏經本（簡稱大正本）。此本附有校記，參校二種舊本：（一）宋本，（二）元本。它保存了宋、元古本的部份異字，這是很可貴的，雖然印本還存在若干缺點。明清以來其他刻本尚有數種，其實多輾轉翻刻，不外乎上述範圍，故從簡省。今憑揚州、大正二本及所附宋本、元本作爲參校，考其異同，擇善而從，並注明依據。

三、此外，我們還旁搜和本書内容有關係的資料，相互對比，作爲輔校，間附考證，以利讀者。

四、本書分段，大體上按事按人按論述（如系或論）而分之，但較短的傳則不分段，以免瑣碎。

五、凡原本不誤，他本有異文而誤的，不出校。一般通用的異體字，各存原字，不出校。原本常見而今日已廢用的異體字，逕改爲通行的字，不出校。避諱字缺筆的，如恒作恒，則逕行補上，不出校。改字的，如恒作弘，鏡作鑑等，則出校説明之，原文仍舊。

六、由於學力所限，點校定多疏誤之處，希望讀者指正。

目録

大宋高僧傳卷第三……（三六）

大宋高僧傳卷第四……（五六）

大宋高僧傳卷第五……(八〇)

大宋高僧傳卷第六……(一〇二)

大宋高僧傳卷第七 ……（一二六）

大宋高僧傳卷第八

大宋高僧傳卷第九

大宋高僧傳卷第十……（二〇二）

大宋高僧傳卷第十一……（二二四）

大宋高僧傳卷第十二……（二四九）

大宋高僧傳卷第十三……（二七四）

大宋高僧傳卷第十四……（二九七）

大宋高僧傳卷第十五……(三二七)

大宋高僧傳卷第十六……（三五三）

大宋高僧傳卷第十七……（三七六）

下 册

大宋高僧傳卷第二十二……（五一三）

大宋高僧傳卷第二十九……（六五六）

雜科聲德篇第十之一正傳二十六人

大宋高僧傳卷第三十……（六七八）

校勘記

〔一〕今東京，按本傳篇題無今字，下貞誨傳亦然。

〔二〕螺溪道場，本傳篇題作「螺溪傳教院」。

〔三〕唐越州雲門寺……道俊，原本「道俊」次在「道亮」之前，按之本傳，二人前後却相反，當以本傳爲正，今據移。

〔四〕泰山，本傳篇題作「東嶽」。

〔五〕大像山，本傳篇題「山」下有「定真院」三字。

〔六〕唐鹽官鎮國海昌院，本傳篇題作「唐杭州鹽官海昌院」。

〔七〕唐京兆，本傳篇題「兆」作「師」。

〔八〕京兆，本傳篇題「兆」作「師」。

〔九〕吴郡，本傳篇題作「蘇州」。

〔一〇〕京兆大，原本「兆大」二字譌倒，今從本傳篇題改。

〔一一〕邛州，原本「邛」作「印」，本傳篇題作「印」，諸本同。按「印」乃「邛」之誤，説詳後，今正。

〔一二〕靈池，本傳篇題「池」下有「縣」字。

〔一三〕元晈，本傳「晈」作「皎」。

〔一四〕烏龍山，篇題「山」下有「净土道場」四字。

〔一五〕蘄州，篇題「州」下有「廣濟縣」三字。

〔一六〕唐今，篇題無「今」字。

進高僧傳表〔一〕

臣僧贊寧等言，自太平興國七年伏奉敕旨，俾修高僧傳與新譯經同入藏者。臣等遐求事跡，博採碑文，今已撰集成三十卷，謹詣闕庭進上。益琅函而更廣，延玉曆以彌長。臣等誠憂誠恐，兢惕之至。

臣等聞渾儀之外，別有釋天；法海之中，多生僧寶。釋天可則，阿難記事而載言；僧寶堪稱，慧皎爲篇而作傳。猗歟我佛，號大徧知，知教法之無依，委帝王之有力。當二千載之後，屬一萬年之初，伏惟應運統天睿文英武大聖至明廣孝皇帝陛下，神龍在天，愛日升上，土疆開闢，四夷請吏而貢琛，時律均和，百穀登敖而棲畝，耕籍田而又勸，賜酺飲以咸歡，儒術特興，玄風爰振。是以麒麟非中國之物，白雉非草莽之禽，今遊苑囿之閒，且類牢籠之畜。近以從澶至濮，黄河牽一帶之清；自古及今，青史載千年之應。斯蓋陛下來從不動之地，示爲長壽之王。翻譯成經，製甚深之御序；廻文作頌，演無盡之法音。仍降鳳書，令編僧史。屬此雍熙之運，伸其貞觀之風，合選兼才，豈當末學？得不擒犀截角，搴翠删毛，精求出類之人，取法表年之史。所恨空門寡學，釋胄何知！或有可觀，實録聊摹於陳壽；如苞深失，戾經宜罪於馬遷。副陛下遺賢必取之心，助陛下墜典咸修之美。今遇乾明聖節，謹令弟子賜紫顯忠、同元受勑相國寺賜紫智輪進納，伏乞睿慈，略賜御覽。恭惟聖主是文章之主，微臣非惇史之臣。儻示天機，令知凡例。如得操北斗而斟酌，或示刀圭；執南箕而簸揚，方除糠籺。臣等冒黷天顏，無任惶懼激切屏營之至，謹言。

端拱元年十月日左街天壽寺通慧大師賜紫臣僧贊寧上表。〔二〕

批　答

勑通慧大師贊寧，省所令左街天壽寺賜紫僧顯忠進編修大宋〔三〕高僧傳三十卷事，具悉。

一乘妙道，六度玄門，代有奇人，迭恢聖教。若無纂述，何以顯揚？繄爾真流，棲心法苑，成兹編集，頗効辛勤，備觀該總之能，深切歎嘉之意。其所進高僧傳，已令僧録司編入大藏。今賜絹三十匹〔四〕，至可領也。故兹獎諭，想宜知悉。冬寒，想比清休否？遣書指不多及。十八日勑。

校勘記

進高僧傳表

〔一〕揚州本傳下有三集二字，非，説詳後。

〔二〕「端拱……上表」，此二十四字揚州本、大正本並在表首「臣僧贊寧等」之前。磧砂本原缺此葉，景印本乃據明北藏本以補。宋本、元本亦如此。

〔三〕大宋，揚州本、大正本大作有。宋本、元本作大，與此同。

〔四〕三十匹，原本匹作四。揚州本、大正本作「三千匹」；宋本、元本作「三十匹」，與此合。按四顯是匹之形譌，今改正。

大宋高僧傳序〔一〕

臣聞賢劫緜長，世間宏廓，天與時而不盡，地受富以無疆，最靈之氣創于中，大聖之師居于上。偉哉！釋迦方隱，彌勒未來，其閒出命世之人，此際多分身之聖，肆爲僧相，喜示沙門。言與行而可觀，槧兼觚而争録。是以王屮〔二〕僧史，孫綽道賢，摹列傳以周流，象世家而布濩，蓋欲希顔之者，慕藺之儔，成飛錫之應真，作曳山之上士。時則裴子野著衆僧傳，釋法濟撰高逸沙門傳，陸杲〔三〕述沙門傳，釋寶唱立名僧傳，斯皆河圖作洪範之椎輪，土鼓爲咸池之坏器。焉知來者，靡曠其人。慧皎刊修，用實行潛光之目；道宣緝綴，續高而不名之風，令六百載行道之人弗墜于地者矣。爰自貞觀命章之後，西明絶筆已還，此作蔑聞，斯文將缺。時有再至，肅殺過而繁華來；世無久虚，地天泰〔四〕而聖明出。我應運統天睿文英武大聖至明廣孝皇帝陛下，陽龍挺德，斗電均威。踐大道也，犧黄輪執御之勞；多天才也，周孔行弟子之職。講信修睦，崇德報功，一統無遺，百王有愧，四海若窺於掌内，萬機皆發於宸衷。然而玄牝留神，釋天淡慮。長生授術，時開太一之壇；續法延期，僧度倍千之戒。浮圖揭漢，梵夾翻華，將佛國之同風，與玉京而合制。慨兹釋侶，代有其人，思景行之莫聞，實紀録之彌曠。臣等謬膺良選，俱乏史才，空門不出於董狐，弱手難探於禹穴。而乃循十科之舊例，輯萬行之新名。或案誄銘，或徵志記，或問輶軒之使者，或詢耆舊之先民，研磨將經論略同，讎校與史書懸合。勒成三帙，上副九重，列僧寶之瓌奇，知佛家之富貴。昔者嘉祥筆削，盡美善於東南；澄照纂修，足英髦於關輔。蓋是拘於墟也，傳不習乎？豈若皇朝也，八極張羅，舉之則無物不至；四夷弭伏，求之則何事不供。臣等分面徵搜，各塗搆集，如見一家之好，且無諸國之殊，所以成十科者，易同拾取。其正傳五百三十三人，附見一百三十人。矧復逐科盡處，象史論以攄辭；因事言時，爲傳家之系斷。厥號大宋高僧傳焉。庶幾乎銅馬爲式，選千里之駿駒；竹編見書，實六和之年表。觀之者務進，悟之者思齊，皆登三藐之山，悉入薩雲之海，永資聖曆，俱助皇明，齊愛日之炳光，應嵩山之呼壽云爾。時端拱元年乾明節臣僧贊寧等謹上。

譯經篇第一　變梵成華，通凡入聖。法輪斯轉，諸佛所師。

義解篇第二　尋文見義，得意忘言。三慧克全，二依當轉。

習禪篇第三　修至無念，善惡都亡。亡其所亡，常住安樂。

明律篇第四　嚴而少恩，正而急護。嬰守三業，同彼金湯。

護法篇第五　家有良吏，守藏何虞？法有名師，外禦其侮。

感通篇第六　逆於常理，感而遂通。化于世間，觀之難測。

遺身篇第七難捨易捐，施中第一。以穢漏體，迴金剛身。

讀誦篇第八十種法師，此爲高大。染拘櫞花，果時黫赤。

興福篇第九爲己爲他，福生罪滅。有爲之善，其利博哉。

雜科聲德十統攝諸科，同歸高尚。唱導之匠，光顯佛乘。

校勘記

宋高僧傳序

〔一〕大宋高僧傳序，「大宋」原作「有宋」。宋本、元本作「大宋」，大正本無有字，揚州本作「高僧傳三集序」。按有作助詞，與朝代名相結合，如「有虞」、「有夏」、「有周」，古所習見。此「有宋」一詞亦類之。但題書名用，似以作「大宋」爲長。此本其後皆題作「大宋」，可證。今據改。揚州本乃依據楊文會之改名（見高僧傳卷首序後識語），擅易原題，殊覺未安。今辨於此，以下略。

〔二〕王屮，原本作「王巾」。按慧皎高僧傳序云：「琅琊王巾所撰僧史。」又文選卷五十九有王簡棲頭陀寺碑，李善注引姓氏英賢録云：「王巾字簡棲，琅邪人」，並作「王巾」，與此相同。但何焯、陳景雲校文選並改巾作屮。顧廣圻云：「説文通釋：『王屮，音徹，俗作巾，非』。」（文選考異）此最有據，今從改。

〔三〕陸杲，原本杲作果，揚州本、大正本並作杲。按陸杲字明霞，梁武帝時撰沙門傳三十卷，見南史。果乃杲之形譌，今正。

〔四〕地天泰，揚州本、大正本泰作奏，宋本、元本作泰，同此本。按「天地交泰」，語見周易泰，泰字爲是。奏乃泰之形譌。

大宋高僧傳卷第一

譯經篇第一之一 正傳三人 附見一人

唐京兆大薦福寺義淨傳一

釋義淨字文明，姓張氏，范陽〔一〕人也。髫齔之時，辭親落髮，徧詢名匠，廣採羣籍，内外閑習，今古博通。年十有五，便萌其志，欲遊西域，仰法顯之雅操，慕玄奘之高風。加以勤無棄時，手不釋卷，弱冠登具，愈堅貞志。咸亨二年，年三十有七，方遂發足。初至番禺〔二〕，得同志數十人〔三〕，及將登舶，餘皆退罷。淨奮勵孤行，備歷艱險〔四〕。所至之境，皆洞言音。凡遇酋長，俱加禮重。鷲峯、雞足，咸遂周遊；鹿苑、祇林，並諧瞻矚。諸有聖跡，畢得追尋。經二十五年〔五〕，歷三十餘國，以天后證聖元年乙未仲夏，還至河洛，得梵本經律論近四百部，合五十萬頌，金剛座真容一鋪、舍利三百粒。天后親迎于上東門外，諸寺緇伍具旛蓋歌樂前導，勑於佛授記寺安置焉。

初與于闐三藏實叉難陀翻華嚴經。久視之後，乃自專譯。起庚子歲至長安癸卯，於福先寺及雍京西明寺譯金光明最勝王、能斷金剛般若、彌勒成佛〔六〕、一字呪王、莊嚴王陀羅尼、長爪梵志等經，根本一切有部毗柰耶、尼陀那目得迦、百一羯磨攝等，掌中、取因假設、六門教授等論，及龍樹勸誡頌，凡二十部。北印度沙門阿你真那證梵文義，沙門波崙、復禮、慧表、智積等筆受證文，沙門法寶、法藏、德感、勝莊、神英、仁亮、大儀、慈訓等證義，成均太學助教許觀監護，繕寫進呈。天后製聖教序，令標經首。暨和帝神龍元年乙巳，於東洛内道場譯孔雀王經，又於大福先寺出勝光天子、香王菩薩呪、一切莊嚴王經四部，沙門盤度讀梵文，沙門玄傘筆受，沙門大儀證文，沙門勝莊、利貞證義，兵部侍郎崔湜、給事中盧粲潤文正字，祕書監〔七〕駙馬都尉楊慎交監護。帝深崇釋典，特抽睿思，製大唐龍興三藏聖教序。又御洛陽西門，宣示羣官新翻之經。二年，淨隨駕歸雍京，置翻經院於大薦福寺，居之。三年，詔入内與同翻經沙門九旬坐夏。帝以昔居房部，幽厄無歸，祈念藥師，遂蒙降祉，荷兹往澤，重闡鴻猷。因命法徒更重傳譯於大佛光殿，二卷成文，曰藥師瑠璃光佛〔八〕本願功德經。帝御法筵，手自筆受。睿宗唐隆〔九〕元年庚戌，於大薦福寺出浴像功德經、毗柰耶雜事二衆戒經、唯識寶生、所緣釋〔一〇〕等二十部，吐火羅沙門達磨末磨、中印度沙門拔弩證梵義，罽賓沙門達磨難陀證梵文，居士東印度首領伊舍羅證梵本，沙門慧積、居士中印度李釋迦度頗多讀梵本〔一一〕，沙門文綱、慧沼、利貞、勝莊、愛同、思恒證義，玄傘、智積筆受，居士東印度瞿曇金剛、迦溼彌羅國王子阿順證譯，修文館大學士李嶠、兵部尚書韋嗣立、中書侍郎趙彦昭、吏部侍郎盧藏用、兵部侍郎張説、中書舍人李乂〔一二〕二十餘人次文潤色，左僕射韋巨源、右僕射蘇瓌監護，秘書大監嗣虢王邕同監護。景雲二年辛亥，復於大薦福寺譯稱讚如來功德神呪等經，太常卿薛崇嗣〔一三〕監護。自天后久視迄睿宗景雲，都翻出五十六部，二百三十卷。又別撰大唐西域求法高僧傳、南海寄歸傳内法傳。別説罪要行法、受用三法、水要法、護命放生軌儀，凡五部，九卷。又出説一切有部跋窣堵，即諸律中犍度跋渠之類，蓋梵音有楚夏耳〔一四〕，約七十八卷。浄雖偏翻三藏，而偏攻律部，譯綴之暇，曲授學徒。凡所行事皆尚急護。漉囊滌穢，特異常倫。學侶傳行，偏于京洛，美哉，亦遺法之盛事也。先天二年卒，春秋七十九，法臘五十九，葬事官供所出。跋窣堵唯存真本，未暇覆疏，而逼泥曰，然其傳度經律，與奘師抗衡。比其著述，浄多文。性傳密呪，最盡其妙，二三合聲，爾時方曉矣。今塔在洛京龍門北之高岡焉。

系曰：譯之言易也，謂以所有易所無也。譬諸枳橘焉，由易土而殖，橘化爲枳。枳橘之呼雖殊，而辛芳幹葉無異。又如西域尼拘律陀樹，即東夏之楊柳，名雖不同，樹體是一。自漢至今皇宋，翻譯之人多矣。晉魏之際，唯西竺人來，止稱尼拘耳。此方參譯之士，因西僧指楊柳，始體言意。其後東僧往彼，識尼拘是東夏之柳。兩土方言，一時洞了焉。唯西唯東，二類之人未爲盡善。東僧往西，學盡梵書，解盡佛意，始可稱善傳譯者。宋齊已還，不無去彼迴者，若入境觀風必聞其政者，奘師、浄師爲得其實。此二師者兩全通達，其猶見璽文知是天子之書，可信也。周禮象胥氏通夷狄之言，淨之才智，可謂釋門之象胥也歟！

唐洛陽廣福寺金剛智傳二

釋跋日羅菩提，華言金剛智。南印度摩賴耶國人也，華言光明，其國境近觀音宮殿補陀落伽山。父婆羅門善五明論，爲建支王師。智生數歲，日誦萬言，目覽心傳，終身無忘。年十六，開悟佛理，不樂習尼楗子諸論，乃削染出家，蓋宿殖之力也。後隨師往中印度那爛陀寺，學修多羅、阿毗達磨等。洎登戒法，徧聽十八部律。又詣西印度學小乘諸論及瑜伽三密陀羅尼門。十餘年全通三藏。次復遊師子國，登楞伽山，東行佛誓、躶人等二十餘國。聞脂那佛法崇盛，泛舶而來，以多難故，累歲方至。

開元己未歲，達于廣府，敕迎就慈恩寺，尋徙薦福寺。所住之刹，必建大曼拏羅灌頂道場，度於四衆。大智、大慧二禪師、不空三藏皆行弟子之禮焉。後隨駕洛陽，其年自正月不雨迨于五月，嶽瀆靈祠，禱之無應。乃詔智結壇祈請。於是用不空鉤、依菩薩法，在所住處起壇，深四肘，躬繪七俱胝菩薩像，立期以開光，明日定隨雨〔一〕焉。帝使一行禪師謹密候之。至第七日，炎氣爞爞，天無浮翳。午後，方開眉眼，即時西北風生，飛瓦拔樹，崩雲泄雨，遠近驚駭。而結壇之地，穿穴其屋，洪注道場。質明，京城士庶皆云：「智獲一龍，穿屋飛去。」求觀其處，日千萬人，斯乃壇法之神驗也。于時帝留心玄牝，未重空門，所司希旨，奏外國蕃僧遣令歸國，行有日矣。侍者聞智，智曰：「吾是梵僧，且非蕃胡，不干明勑，吾終不去。」數日，忽乘傳將之鴈門，奉辭，帝大驚，下手詔留住。

初，帝之第二十五公主甚鍾其愛，久疾不救，移卧於咸宜外館，閉目不語，已經旬朔。有勑令智授之戒法，此乃料其必終，故有是命。智詣彼，擇取宮中七歲二女子，以緋繒纏其面目，卧於地，使牛仙童寫勑一紙，焚於他所，智以密語呪之。二女冥然誦得，不遺一字。智入三摩地，以不思議力令二女持勑詣琰摩王。食頃間，王令公主亡保母劉氏護送公主魂隨二女至，於是公主起坐，開目言語如常。帝聞之，不俟仗衛，馳騎往于外館。公主奏曰：「冥數難移，今王遣迴，略覲聖顔而已。」可半日間，然後長逝。自爾帝方加歸仰焉。武貴妃寵異六宮，薦施寶玩，智勸貴妃急造金剛壽命菩薩像，又勸河東郡王於毗盧遮那塔中繪像，謂門人曰：「此二人者壽非久矣。」經數月，皆如其言，凡先覺多此類也。智理無不通，事無不驗，經論戒律祕呪餘書，隨同剖陳，如鐘虛受〔二〕。有登其門者，智一覿其面，永不忘焉。至於語默興居，凝然不改，喜怒逆順，無有異容，瞻禮者莫知津涯，自然率服矣。

自開元七年，始届番禺，漸來神甸，廣敷密藏，建曼拏羅，依法製成，皆感靈瑞。沙門一行欽尚斯教，數就諮詢，智一一指授，曾無遺隱。一行自立壇灌頂，遵受斯法，既知利物，請譯流通。十一年，奉勅於資聖寺翻出瑜伽念誦法二卷、七俱胝陀羅尼二卷，東印度婆羅門大首領直中書伊舍羅譯語，嵩嶽沙門温古筆受。十八年，於大薦福寺又出曼殊室利五字心陀羅尼、觀自在瑜伽法要各一卷，沙門智藏譯語，一行筆受，删綴成文。復觀舊隨求本中有闕章句，加之滿足。智所譯總持印契，凡至皆驗，祕密流行，爲其最也。兩京稟學，濟度殊多，在家出家，傳之相繼。二十年壬申八月既望，於洛陽廣福寺命門人曰：「白月圓時，吾當去矣。」遂禮毗盧遮那佛，旋遶七帀，退歸本院，焚香發願，頂戴梵夾并新譯教法，付囑訖，寂然而化。壽七十一，臘五十一〔二〕。其年十一月七日葬於龍門南伊川之右，建塔旌表。傳教弟子不空奏舉，勅謚國師之號。灌頂弟子中書侍郎杜鴻漸，素所歸奉，述碑紀德焉。

系曰：五部曼拏羅法，攝取鬼物，必附麗童男處女，去疾除祆也絶易。近世之人，用是圖身口之利，乃寡徵驗，率爲時所慢。吁，正法醨薄，一至於此！

唐京兆大興善寺不空傳三　慧朗

釋不空，梵名阿月佉跋折羅，華言不空金剛，止行二字，略也。本北天竺婆羅門族〔一〕，幼失所天，隨叔父觀光東國。年十五，師事金剛智三藏，初導以梵本悉曇章及聲明論，浹旬已通徹矣。師大異之，與受菩薩戒，引入金剛界大曼荼羅，驗以擲花，知後大興教法。洎登具戒，善解一切有部，諳異國書語。師之翻經，常令共譯。凡學聲明論，一紀之功，六月而畢。誦文殊普賢行願，一年之限，再夕而終。其敏利皆此類也。欲求學新瑜伽五部三密法，涉于三載，師未教詔。空擬迴天竺，師夢京城諸寺佛菩薩像皆東行，寐寤乃知空是真法器，遂允所求。授與五部灌頂護摩阿闍梨法及毗盧遮那經、蘇悉地軌則等，盡傳付之。厥後師往洛陽，隨侍之際，遇其示滅，即開元二十年矣。影堂既成，追諡已畢，曾奉遺旨，令往五天并師子國，遂議遐征。

初至南海郡，採訪使劉巨鄰懇請灌頂，乃於法性寺相次度人百千萬衆。空自對本尊祈請旬日，感文殊現身。及將登舟，採訪使召誡番禺界蕃客大首領伊習賓等曰：「今三藏往南天竺師子國，宜約束船主，好將三藏并弟子含光、慧䛒等三七人、國信等達彼，無令踈失。」二十九年十二月，附崑崙舶，離南海至訶陵國界，遇大黑風。衆商惶怖，各作本國法禳之，無驗，皆膜拜求哀，乞加救護，慧䛒等亦慟哭。空曰：「吾今有法，汝等勿憂。」遂右手執五股菩提心杵，左手持般若佛母經夾，作法誦大隨求一徧，即時風偃海澄。又遇大鯨出水，噴浪若山，甚於前患。衆商甘心委命，空同前作法，令慧䛒誦娑竭龍王經，逡巡，衆難俱息。既達師子國，王遣使迎之。將入城，步騎羽衛，駢羅衢路。王見空，禮足請住宮中，七日供養。日以黄金斛滿盛香水，王爲空躬自洗浴；次太子、后妃、輔佐，如王之禮焉。空始見普賢阿闍梨〔二〕，遂奉獻金寶錦繡之屬，請開十八會金剛頂瑜伽法門毗盧遮那大悲胎藏建立壇法，并許含光、慧辯等同受五部灌頂。空自爾學無常師，廣求密藏及諸經論五百餘部，本三昧耶諸尊密印儀形色像壇法標幟〔三〕，文義性相，無不盡源。一日，王作調象戲，人皆登高望之，無敢近者。空口誦手印，住於〔四〕慈定，當衢而立，狂象數頭頓皆蹋跌〔五〕，舉國奇之。次遊五印度境，屢彰瑞應。

至天寶五載還京，進師子國王尸羅迷伽表及金寶瓔珞、般若梵夾、雜珠白氎等，奉勑權止鴻臚。續詔入内立壇，爲帝灌頂。後移居浄影寺。是歲終夏愆陽，詔令祈雨。制曰：「時不得賒，雨不得暴。」空奏立孔雀王壇，未盡三日，雨已浹洽。帝大悦，自持寶箱賜紫袈裟一副，親爲披擐，仍賜絹二百匹。後因一日大風卒起，詔空禳止，請銀缾一枚作法加持，須臾戢静。忽因池鵝誤觸缾傾，其風又作，急暴過前，勑令再止，隨止隨効。帝乃賜號曰智藏焉。天寶八載，許迴本國，乘驛騎五匹，至南海郡，有勑再留。十二載，勑令赴河隴節度使哥舒翰所請。十三載，至武威，住開元寺，節度使洎賓從皆願受灌頂，士庶數千人咸登道場，弟子含光等亦受五部法。别爲功德使開府李元琮受法，并授金剛界大曼荼羅。是日道場地震，空曰：「羣心之至也。」十五載，詔還京，住大興善寺。至德初，鑾駕在靈武鳳翔，空常密奉表起居，肅宗亦密遣使者求祕密法。洎收京〔六〕反正之日，事如所料。乾元中，帝請入内，建道場護摩法，爲帝受轉輪王位七寶灌頂。上元末，帝不豫，空以大隨求真言祓除，至七過，翼日乃瘳，帝愈加殊禮焉。空表請入山，李輔國宣勑令於終南山智炬寺修功德。念誦之夕，感大樂薩埵舒毫發光，以相證驗，位鄰悉地，空曰：「衆生未度，吾安自度耶？」

肅宗厭代，代宗即位，恩渥彌厚。譯密嚴、仁王二經畢，帝爲序焉。頒行之日，慶雲俄現，舉朝表賀。永泰元年十一月一日，制授特進試鴻臚卿，加號大廣智三藏〔七〕。大曆三年，於興善寺立道場，勑賜錦繡褥十二領、繡羅旛三十二首，又賜道場僧二七日齋糧。勑近侍大臣諸禁軍使並入灌頂。四年冬，空奏天下食堂中置文殊菩薩爲上座，制許之，此蓋慊憍陳如是小乘教中始度故也。五年夏，有詔請空往五臺山修功德，于時彗星出焉。法事告終，星亦隨没。秋，空至自五臺，帝以師子驄并御鞍轡遣中使出城迎入，賜沿道供帳。

六年十月二日，帝誕節，進所譯之經表云：「爰自幼年，承事先師三藏十有四載，稟受瑜伽法門。復遊五印度求所未授者，并諸經論，計五百餘部，天寶五載却至上都。上皇詔入内立灌頂道場，所賚梵經盡許翻度。肅宗於内立護摩及灌頂法。累奉二聖令鳩聚先代外國梵文，或絛索脱落者修，未譯者譯。陛下恭遵遺旨，再使翻傳，利濟羣品。起于天寶迄今大曆六年，凡一百二十餘卷，七十七部，并目録及筆受等僧俗名字，兼略出念誦儀軌，寫畢，遇誕節，謹具進上。」勑付中外，並編入一切經目録中。李憲誠宣勑賜空錦綵絹八百疋，同翻經十大德各賜三十疋。沙門潛真表謝。僧俗弟子賜物有差。又以京師春夏不雨，詔空祈請，如三日内雨，是和尚法力；三日已往而霈然者，非法力也。空受勑立壇，至第二日大雨云足。帝賜紫羅衣并雜綵百匹，弟子衣七副，設千僧齋，以報功也。空進表請造文殊閣，勑允奏。貴妃、韓王、華陽公主同成之，捨内庫錢約三千萬計。復翻孽路荼王經，宣賜相繼，旁午道路。至九年，自春抵夏，宣揚妙法，誡勗門人。每語及普賢願行出生無邊法門經，勸令誦持，再三歎息。其先受法者，偏令屬意觀菩提心本尊大印，直詮阿字了法不生證大覺身，若指諸掌，重重屬累〔八〕。一夜，命弟子趙遷：「持筆硯來，吾略出涅槃荼毗儀軌以貽後代，使準此送終。」遷稽首三請「幸乞慈悲久住。不然，衆生何所依乎？」空笑而已。俄而示疾，上表告辭。勑使勞問，賜毉藥，加開府儀同三司，封肅國公，食邑三千户，固讓不俞。空甚不悦，且曰：「聖衆儼如舒手相慰，白月圓滿，吾當逝矣。奈何臨終更竊名位？」乃以五股金剛鈴杵先師所傳者，并銀盤子、菩提子、水精數珠留別，附中使李憲誠進。六月十五日，香水澡沐，東首倚卧，北面瞻望闕庭，以大印身定中而寂，享年七十，僧臘五十。

弟子慧朗〔九〕次紹灌頂之位。餘知法者數人。帝聞，輟視朝三日，賜絹布雜物，錢四十萬，造塔錢二百餘萬。勑功德使李元琮知護喪事。空未終前，諸僧夢千仞寶臺摧，文殊新閣穨，金剛杵飛上天。又興善寺後池無故而涸，林竹生實，庭花變萎。七月六日荼毗，帝詔高品劉仙鶴就寺置祭，贈司空，謚曰大辯廣正〔一〇〕智三藏。火滅，收舍利數百粒。八十粒進内。其頂骨不然，中有舍利一顆，半隱半現，勑於本院别起塔焉。

空之行化利物居多，於總持門最彰殊勝，測其忍位莫定高卑。始者玄宗尤推重焉，嘗因歲旱，勑空祈雨。空曰：「過某日可禱之，或强得之，其暴可怪。」勑請本師金剛智設壇，果風雨不止，坊市有漂溺者，樹木有拔仆者。遽詔空止之。空於寺庭中捏泥媪五六，溜水作梵言罵之，有頃開霽矣。玄宗召術士羅公遠與空捔法，同在便殿。空時時〔一一〕反手搔背。羅曰〔一二〕：「借尊師如意。」時殿上有花石，空揮如意擊碎於其前，羅再三取如意不得，帝欲起取。空曰：「三郎勿起，此影耳。」乃舉手示羅，如意復完然在手。又北邙山有巨蛇，樵采者往往見之，矯首若丘陵，夜常承吸露氣。見空，人語曰：「弟子惡報，和尚如何見度？每欲翻河水陷洛陽城以快所懷也。」空爲其受歸戒，説因果，且曰：「汝以瞋心故受，今那復恚恨乎？吾力何及？當思吾言，此身必捨矣。」後樵子見蛇死澗下，臭聞數里。空凡應詔祈雨，無他軌則，但設一繡座，手簸旋數寸木神子，念呪擲之。當其自立於座上已，伺其吻角牙出目瞬，則雨至矣。又天寶中，西蕃、大石、康三國帥兵圍西涼府，詔空入，帝御于道場。空秉香鑪，誦仁王密語二七徧，帝見神兵可五百員在于殿庭，驚問空。空曰：「毗沙門天王子領兵救安西，請急設食發遣。」四月二十日果奏云：「二月十一日城東北三十許里，雲霧間見神兵長偉，鼓角諠鳴，山地崩震，蕃部驚潰。彼營壘中有鼠金色，咋弓弩弦皆絶。城北門樓有光明天王怒視，蕃帥大奔。」帝覽奏謝空，因勑諸道城樓置天王像，此其始也。空既終，三朝所賜墨制一皆進納。生榮死哀，西域傳法僧至此，今古少類矣。嗣其法位，慧朗師也。御史大夫嚴郢爲碑，徐浩書之，樹於本院焉。

系曰：傳教令輪者，東夏以金剛智爲始祖，不空爲二祖，慧朗爲三祖，已下宗承所損益可知也。自後歧分派别。咸曰：「傳瑜伽大教，多則多矣，而少驗者何？」亦猶羽嘉生應龍，應龍生鳳皇，鳳皇已降，生庶鳥矣。欲無變革，其可得乎！

校勘記

義净傳

〔一〕范陽，開元釋教録卷九作「齊州」。佛祖歷代通載（以下簡稱佛祖通載）卷十五作「齊州范陽」。按范陽與齊州地不侔，疑有誤。

〔二〕番禺，開元録作「廣府」。

〔三〕數十人，開元録作「數滿十人」。

〔四〕艱險，原本險作儉，從揚州本、大正本改。

〔五〕經二十五年，開元録作「出二十年」。

〔六〕彌勒成佛，開元録此下有「入定不定印」五字。

〔七〕祕書監，開元録監上有大字。

〔八〕瑠璃光佛，開元録光下有「七」字。

〔九〕睿宗唐隆，揚州本、大正本「唐隆」作「永隆」。按永隆爲高宗年號，非。唐隆元年，乃温王改元，歲次庚戌，其年不誤，惟不當云睿宗。開元録無「睿宗」二字，作「景龍四年」。考中宗景龍四年庚戌，其年六月甲申温王改爲唐隆，七月己巳睿宗改爲景雲元年，實在同一年中。但不當云「睿宗唐隆」。今仍舊文，而著其歧異。

〔一〇〕所緣釋，開元録所上有觀字。

〔一一〕讀梵本，原本及大正本讀作語，揚州本作譯，今從宋本及開元録改。

〔一二〕李乂，原本及大正本作又，今從開元録及揚州本改。開元録乂下尚有「蘇頲」。

〔一三〕薛崇嗣，開元録嗣作胤。

〔一四〕即諸律中……楚夏耳，開元録此十七字作夾注。

金剛智傳

〔一〕隨雨，宋本、元本隨作降。

〔二〕鐘虚受，揚州本、大正本虚作虡。

〔三〕壽七十一臘五十一，權德輿（不空和尚）影堂碣銘作「（金剛智）春秋七十三，夏臘五十化滅」。（權載之文集卷二十八）

不空傳

〔一〕北天竺婆羅門族，權德輿故大弘教大辯正三藏和尚影堂碣銘作「師子國人」。（權載之文集卷二十八）以下傳文「空擬迴天竺」推之，疑非。

〔二〕普賢阿闍梨，嚴郢不空和尚碑（金石萃編卷一百二）「普賢」作「龍智」。

〔三〕標幟，揚州本、大正本標作幖，通用。

〔四〕住於，大正本住作作，非。

〔五〕踼跌，原本作踢跌，揚州本、大正本作踢跌，音釋同，云：「踢，徒郎切。跌，徒結切。踢跌，頓伏也。」按踼跌爲雙聲連綿詞，踢字不當從易聲，宜從昜聲作踼。廣韻唐韻有踼字，云：「踼跌，頓伏貌。」今從正。又按唐無畏不空法師塔記有云：「三藏不空於師子國從普賢阿闍梨求開十八會金剛灌頂及大悲胎藏建壇之法。其王一日調象，俄而羣象逸，莫敢禦之者。不空遽於衢路安坐，及狂象奔至，見不空皆頓止跪伏，少頃而去。」（金石萃編卷八十二）似爲傳文所本，但塔記中多錯謬，前人已論之，即如文首云「大唐開元二十三年三藏無畏卒，春秋九十有九」，與不空事迹乖戾，不可信。惟不空碑云：「西域隘巷，狂象奔突，以慈眼視之，不旋踵而象伏不起。」則不空伏象之神話性故事流傳久矣。

〔六〕洎收京，原洎作泊，從揚州本、大正本改。

〔七〕按舊唐書王縉傳：「每西蕃入寇，（代宗）必令羣僧講誦仁王經以禳虜寇，苟幸其退，則橫加錫賜。胡僧不空官至卿監，封國公。」與此可相證。

〔八〕屬累，揚州本、大正本屬作囑，通用。

〔九〕慧朗，不空碑慧作惠，通用。

〔一〇〕廣正，不空碑廣正二字倒，宜從碑。碣銘無廣字。

〔一一〕空時時，原本空作羅，揚州本、大正本羅作空。依下文，空字爲畏，今從改。宋本、元本作羅。

〔一二〕羅曰，原本羅作空，今從揚州本、大正本改。

大宋高僧傳卷第二

譯經篇第一之二正傳十五人　附見八人

唐洛京聖善寺善無畏傳一達摩掬多

釋善無畏，本中印度人也，釋迦如來季父甘露飯王之後，梵名戍婆揭羅僧訶〔一〕，華言浄師子，義翻爲善無畏；一云輸波迦羅，此名無畏，亦義翻也。其先自中天竺，因國難分王〔二〕烏荼。父曰佛手王，以畏生有神姿，宿賫德藝，故歷試焉。十歲統戎，十三嗣位，得軍民之情。昆弟嫉能，稱兵構亂，鬩牆斯甚。薄伐臨戎，流矢及身，掉輪傷頂。天倫既敗，軍法宜誅，大義滅親，忍而曲赦。乃拉淚白母，及告羣臣曰：「向者親征，恩已斷矣〔三〕。今欲讓國，全其義焉〔四〕。」因致位於兄，固求入道。母哀許之，密與傳國寶珠，猶諸侯之分器也。南至海濱，遇殊勝招提，得法華三昧。聚沙爲塔，僅一萬所。黑蛇傷指而無退息。復寄身商船，往遊諸國，密修禪誦，口放白光。無風三日，舟行萬里。屬商人遇盜，危於併命。畏愍其徒侶，默諷真言，七俱胝尊全現身相，羣盜果爲他寇所殲。寇乃露罪歸依，指蹤夷險。尋越窮荒，又逾毒水，纔至中天竺境，即遇其王。王之夫人，乃畏之女兄〔五〕也，因問捨位之由，稱歎不足。是日攜手同歸，慈雲布陰，一境丕變。畏風儀爽俊，聰叡超羣，解究五乘，道該三學，總持禪觀，妙達其源。藝術伎能，悉聞精練。初詣那爛陀寺，此云施無厭也，像法之泉源，衆聖之會府。畏乃捨傳國寶珠瑩于大像之額，晝如月魄，夜若曦輪焉。寺有達摩掬多者，掌定門之祕鑰，佩如來之密印，顔如四十許，其實八百歲也，玄奘三藏昔曾見之。畏投身接足，奉爲本師。一日侍食之次，旁有一僧，震旦人也，畏視其〔六〕鉢中見油餌尚温，粟飯猶暖，愕而歎曰：「東國去此十萬餘里，是彼朝熟而返也？」掬多曰〔七〕：「汝能不言，真可學焉。」後乃授畏總持瑜伽三密教也，龍神圍遶，森在目前，其諸印契，一時頓受。即日灌頂，爲人天師，稱曰三藏。夫三藏之義者，則内爲戒、定、慧，外爲經、律、論，以陀羅尼總攝之也。陀羅尼者，是菩提速疾之輪，解脱吉祥之海，三世諸佛生於此門，慧照所傳，一燈而已。根殊性異，燈亦無邊。由是有百億釋迦微塵三昧，菩薩以綱總攝於諸定，頓升階位，鄰於大覺，此其旨也。于時畏周行大荒，徧禮聖迹，不憚艱險。凡所履處，皆三返焉。又入雞足山，爲迦葉剃頭，受觀音摩頂。嘗結夏於靈鷲，有猛獸前導，深入山穴。穴明如晝，見牟尼像，左右侍者如生焉。時中印度大旱，請畏求雨。俄見觀音在日輪中，手執軍持〔八〕注水於地。時衆欣感，得未曾有。復鍜金如貝葉，寫大般若經。鎔中金〔九〕爲窣覩波，等佛身量焉。母以畏遊方日久，謂爲已殁，旦夕泣淚而喪其明，洎附信問安，朗然如故。五天之境，自佛滅後，外道峥嶸九十六宗，各專其見。畏皆隨所執破滯析疑，解邪縛於心門，捨迷津於覺路。法雲大小而均澤，定水方圓而任器，仆異學之旗鼓，建心王之勝幢，使彼以念制狂，即身觀佛。掬多曰：「善男子，汝與震旦有緣，今可行矣。」畏乃頂辭而去。

至迦濕彌羅國。薄暮次河，而無橋梁，畏浮空以濟。一日，受請於長者家，俄有羅漢降曰：「我小乘之人，大德是登地菩薩。」乃讓席推尊，畏施之以名衣，升空而去。畏復至烏萇國〔一〇〕，有白鼠馴遶，日獻金錢。講毗盧於突厥之庭，安禪定於可敦之樹，法爲金字，列在空中。時突厥宮人〔一一〕以手按乳，乳爲三道飛注畏口。畏乃合掌端容曰：「我前生之母也。」又途中遭寇，舉刃三斫而肢體無傷，揮劍者唯聞銅聲而已。前登雪山大池，畏不悆〔一二〕，掬多自空而至曰：「菩薩身同世間，不捨生死。汝久離相，寧有病耶？」言訖沖天，之洗然〔一三〕而愈。路出吐蕃，與商旅同次，胡人貪貨，率衆合圍，畏密運心印，而蕃豪請罪。至大唐西境，夜有神人曰：「此東非弟子界也，文殊師利實護神州。」禮足而滅，此亦猶迦毗羅神送連眉也。畏以駝負經，至西州，涉于河，龍陷駝足〔一四〕，沒于泉下，畏亦入泉。三日止住龍宮，宣揚法化，開悟甚衆。及牽駝出岸，經無沾濕焉。

初畏途過北印度境，而聲譽已達中國，睿宗乃詔若那及將軍史獻出玉門塞表以候來儀。開元初，玄宗夢與真僧相見，姿狀非常，躬御丹青，寫之殿壁。及畏至此，與夢合符，帝悦有緣，飾内道場，尊爲教主，自寧、薛王已降皆跪席捧器焉。賓大士於天宮，接梵筵於帝座，禮國師以廣成之道，致人主於如來之乘，巍巍法門，於斯爲盛。時有術士握鬼神之契，參變化之功，承詔御前，角其神異。畏恬然不動，而術者手足無所施矣。開元四年丙辰，賫梵夾始届長安，勅於興福寺南院安置。續宣住西明寺，問勞重疊，錫貺異常。至五年丁巳，奉詔於菩提院翻譯。畏奏請名僧同參華梵，開題，先譯虛空藏求聞持法一卷，沙門悉達譯語，無著筆受綴文，繕寫進内。帝深加賞歎，有勅畏所將到梵本並令進上。昔有沙門無行西遊天竺，學畢言歸，方及北印，不幸而卒。其所獲夾葉悉在京都華嚴寺中，畏與一行禪師於彼選得數本，並總持妙門，先所未譯。十二年，隨駕入洛，復奉詔於福先寺譯大毗盧遮那經。其經具足梵文有十萬頌；畏所出者，撮其要耳，曰大毗盧遮那成佛神變加持經七卷，沙門寶月譯語，一行筆受，删綴辭理，文質相半，妙諧深趣，上符佛意，下契根緣，利益要門，斯文爲最。又出蘇婆呼童子經三卷、蘇悉地揭羅經三卷，二經具足呪毗柰耶也，即秘密禁戒焉。若未曾入曼荼羅者，不合輒讀誦，猶未受具人盜聽戒律也。所出虛空藏菩薩能滿諸願最勝心陀羅尼求聞持法一卷，即金剛頂梵本經成就一切義圖略譯少分耳。畏性愛恬簡，靜慮怡神，時開禪觀，獎勸初學。奉儀形者蓮華敷於眼界，稟言説者甘露潤於心田，超然覺明，日有人矣。法侶請謁，唯尊奉長老寶思惟三藏而已，此外皆行門人之禮焉。一行禪師者，帝王宗重，時賢所歸，定慧之餘，陰陽之妙，有所未決，亦咨稟而後行。

畏嘗於本院鑄銅爲塔，手成模範，妙出人天。寺衆以銷冶至廣，庭除深隘，慮風至火盛，災延寶坊。畏笑曰：「無苦，自當知也。」鼓鑄之日，果大雪蔽空，靈塔出鑪，瑞花飄席，衆皆稱歎焉。又屬暑天亢旱，帝遣中官高力士疾召畏祈雨。畏曰：「今旱，數當然也，若苦召龍致雨，必暴，適足所損，不可爲也。」帝强之曰：「人苦暑病矣，雖風雷亦足快意。」辭不獲已，有司爲陳請雨具，旛幢螺鈸備焉，畏笑曰：「斯不足以致雨。」急撤之。乃盛一鉢水，以小刀攪之，梵言數百呪之。須臾有物如龍，其大如指，赤色矯首，瞰水面，復潛于鉢底。畏且攪且呪，頃之，有白氣自鉢而興，逕上數尺，稍稍引去。畏謂力士曰：「亟去，雨至矣。」力士馳去，迴顧見白氣疾旋，自講堂而西，若一匹素翻空而上。既而昏霾，大風震電，力士纔及天津橋，風雨隨馬而驟，街中大樹多拔焉。力士入奏而衣盡霑濕矣。帝稽首迎畏，再三致謝。又邙山有巨蛇，畏見之，歎曰：「欲決潴洛陽城耶？」以天竺語呪數百聲，不日蛇死。乃安禄山陷洛陽之兆也。一説畏曾寓西明道宣律師房，示爲麤相〔一五〕，宣頗嫌鄙之。至中夜，宣捫虱投于地，畏連呼「律師撲死佛子」。宣方知是大菩薩，詰旦攝衣作禮焉。若觀此説，宣滅至開元中僅五十載矣〔一六〕，如畏出没無常，非人之所測也。

二十年，求還西域，優詔不許。二十三年乙亥十月〔一七〕七日，右脅累足，奄然而化，享齡九十九，僧臘八十。法侶淒涼，皇心震悼，贈鴻臚卿。遣鴻臚丞李現具威儀，賓律師護喪事。二十八年十月三日，葬於龍門西山廣化寺之庭焉。定慧所熏，全身不壞。會葬之日，涕泗傾都，山川變色，僧俗弟子寶畏〔一八〕禪師、明畏禪師、滎陽鄭氏、琅邪王氏痛其安仰，如喪考妣焉。乾元〔一九〕之初，唐風再振，二禪師刻偈，諸信士營龕，弟子舍于旁，有同孔墓之戀。今觀畏之遺形，漸加縮小，黑皮隱隱，骨其露焉。累朝旱澇，皆就祈請，徵驗隨生，且多檀施。錦繡巾帊，覆之如偃息耳。每一出龕，置于低榻，香汁浴之。洛中豪右爭施禪帊浄巾澡豆，以資浴事。今上禳禱，多遣使臣往加供施，必稱心願焉。

唐洛京智慧傳二

釋智慧者，梵名般剌若也，姓橋答摩氏，北天竺迦畢試國人，穎悟天資。七歲發心，違侍二親，歸依三寶。時從大德調伏軍教誦四阿含，滿十萬頌，阿毗達磨三萬頌。及年應法，隨師往別國，納具足戒，誦薩婆多近四萬頌，俱舍二萬八千頌，又誦大婆沙，兼通其義。七年於彼專習小乘，後詣中天竺那爛陀寺，稟學大乘唯識、瑜伽、中邊等論，金剛般若經，因明聲明醫明王律論〔二〇〕等，並依承智護、進友、智友三大論師。復遊雙林，經八塔，往來瞻禮十有八年。聞南北竺頗尚持明，遂往諮稟。彼有灌頂師名達摩耶舍見慧勤重可教，授瑜伽法入曼荼羅三密護身五部印契經，于一年誦徹三千五百餘頌。

常聞支那〔二一〕大國，文殊在中，錫指東方，誓傳佛教。乃泛海東邁，垂至廣州，風飄却返，抵執師子國之東。又集資糧，重修巨舶，徧歷南海諸國。二十二年，再近番禺，風濤遽作，舶破人没，唯慧存焉。夜至五更，其風方止，所賫經論，莫知所之。及登海壖，其夾策〔三〕已在岸矣，於白沙〔四〕内大竹筩中得之，宛爲鬼物扶持而到。乃歎曰：「此大乘理趣等經，想脂那人根熟矣！」遂東北行，半月達廣州，即德宗建中初也。屬帝違難，奉天貞元二年始屆京輦。見鄉親神策軍正將羅好心，即慧舅氏之子也，悲喜相慰。將至家中，延留供養。八年，上表舉慧翻傳，有勑令京城諸寺大德名業殊衆者同譯，得罽賓三藏〔五〕般若開釋梵本，翰林待詔光宅寺沙門利言度語，西明寺沙門圓照筆受，資聖寺道液、西明寺良秀、莊嚴寺應真、醴泉寺超悟、道岸、辯空並充證義。六月八日，欲創經題，勑右街〔六〕功德使王希遷與右神策軍大將軍王孟涉、驃騎大將軍馬有鄰等送梵經出内。緇伍威儀，樂部相間，士女觀望，車騎交駢，迎入西明寺翻譯。即日賜錢一千貫、茶〔七〕三十串、香一大合，充其供施。開名題曰大乘理趣六波羅蜜多經，成十卷。又華嚴長者問佛那羅延力經、般若心經各一卷，皆貞元〔八〕八年所譯也。是歲十月繕寫畢。二十八日設綵車，大備威儀，引入光順門，進帝覽，忻然，慰勞勤至。勑於神策軍賜齋食，嚫〔九〕慧絹五百匹、冬服一副，餘人賜各有差。慧表謝，答詔褒美。同日請譯經，奉天定難功臣開府儀同三司檢校太子詹事羅好心上表云：「臣表弟沙門般剌若先進大乘理趣六波羅蜜梵本經，伏奉今年四月十九日勑令王希遷精選有道行僧於西明寺翻譯。今經帙已終，同詣光順門進上。」答詔云：「卿之表弟早悟大乘，遠自西方，來遊上國，宣六根之奥義，演雙樹之微言。念以精誠所宜欽重，是令翻譯，俾用流行。卿夙慕忠勤，職司〔一〇〕禁衛，省覽表疏，具見乃懷，所謝知。」好心以朱泚圍逼之際，頗有戰功，預其中兵，爲帝寵重。慧得好心啓導，譯務有光，帝製經序焉。慧後終于洛陽，葬龍門之西岡，塔今存矣。

唐玉華寺玄覺傳三

釋玄覺，高昌國人也，西土種姓未得聞焉。學慕大乘，從玄奘三藏研覈經論，亦於玉華宮參預翻譯。及大般若經向就，同請翻寶積經，奘辭惙然。覺因夢一浮圖莊嚴高大，忽然摧倒，遂驚起告奘。奘曰：「非汝身事，此吾滅之徵耳。」覺暗悲安倣，勸諸法侶競求醫藥。覺後莫測終焉。

唐益州多寶寺道因傳四 嵩公　寶暹

釋道因，姓侯氏，濮陽人也。稟祜居醇，含章縱哲，覃訏之歲，粹采多奇，髫齓之辰，殊姿特茂。孝愛之節，慈順之風，率志于斯，因心以極。年甫七歲，丁于內艱，嗌粒絶漿，殆乎滅性。成人之德，見稱州里。免喪之後，思酬罔極，出家之志，人莫我移。便詣靈巖寺求師誦習，曾不浹旬，通涅槃經〔一一〕二帙，舉衆驚駭，謂爲神童。落髪已來，砥礪其行，揣摩義章，即講涅槃，宿齒名流，咸所歎服。及升上品，旋學律儀，又於彭城嵩法師所傳攝大乘。嵩公懿德玄猷，蘭薰月映，門徒學侶，魚貫鳧趨，講室談筵，爲之闐隘。遂依科戒而爲節文，年少沙門且令習律，曉四分者，方許入聽。因夏臘雖幼，業行攸高，獨於衆中，迥見推揖，每敷攝論，即令覆講。後隱泰嶽，凡經四秋。將詣洛中，屬昏季陵夷，法網〔二〕嚴峻，僧無徒侶，弗許遊方。於是杖錫出山，孑焉超邁，恐罹刑憲，静念觀音。少選之間，有僧欻至，皓然白首，請與偕行。迨至銅街，暨於金地，俯仰之際，莫知所在。咸謂善逝之力，有感斯見。未幾，因避難三蜀，居于多寶寺。好事者素聞道譽，乃命開筵攝論、維摩，聽者千數。時有寶暹法師，東海人也，殖藝該洽，尤善大乘，昔在隋朝，英塵久播，學徒來請，接武磨肩。暹公傲爾其間，仰之彌峻，每至因之論席，肅然改容，沈吟久之，方用酬遣。因抗音馳辯，雷驚波注，盡妙窮微，藏牙折角。益州總管酆國公竇璡、行臺左僕射贊國公竇軌、長史中國公高士廉、范陽公盧承慶，及前後首僚，西南嶽牧，並國華朝秀，重望崇班，共籍芳聲〔三〕，俱申虔仰。乃於彭門山寺習道安居。此寺往經廢毀，院宇凋弊，因慨然構懷，專事營緝，未移再稔，蔚成浄埸。又以九部微言，三界式仰，緬惟法盡，將翳龍宫。遂於寺之北巖，刻書經典，窮多羅之祕衷，盡毗尼之正文〔四〕。縱堯世之洪水襄陵，任趙簡之北山燎狩，必無他慮，與劫齊休。

既而清猷遠暢，峻業遐昭，遂簡宸衷，乃紆天綍，追赴京邑，止大慈恩寺，與玄奘法師翻譯校定梵本，兼充證義。奘師偏獎賞之，每有難文，同加參酌，新翻弗墜，因有力焉。慧日寺主楷法師〔五〕者，聰爽温贍，聲藹鴻都，首建法筵，請開奧義。帝城緇俗，具來諮稟，欣焉相顧，得所未聞。因研幾史籍，尤好老莊，咀其菁華，含其腴潤，包四始於風律，綜五聲於文緒，故所講訓，内外該通。其專業者，涅槃華嚴、大品、維摩、法華、楞伽等經，十地、地持、毗曇、智度、攝大乘、對法、佛地等論，及四分等律。其攝論、維摩仍著章疏。已而能事畢矣，示疾終于長安慧日寺，則顯慶三年三月十一日也，春秋七十二。越明年正月，旋神座于益部，二月八日窆于彭門光化寺石經之側。道俗送葬，數有數千。弟子玄疑等嗣其香火。至龍朔中，中臺司藩大夫李儼製碑，歐陽通書焉。

唐波凌國智賢傳五會寧

釋若那跋陀羅，華言智賢，南海波凌亦曰訶凌。國人也，善三藏學。麟德年中，有成都沙門會寧欲往天竺，觀禮聖跡，泛舶西遊，路經波凌，遂與智賢同譯涅槃後分二卷。此於阿笈摩經内譯出，説世尊焚棺、收設利羅等事，與大涅槃頗不相涉。譯畢寄經達交州，寧方之西域。至儀鳳年初，交州都督梁難敵遣使同會寧弟子運期奉表進經，入京。三年戊寅，大慈恩寺沙門靈會於東宫啓請施行。運期奉侍其師，因心莫比，師令賫經行化，故無暇影隨往西域也。

唐洛京白馬寺覺救傳六

釋佛陀多羅，華言覺救，北天竺罽賓人也。賫多羅夾，誓化脂那，止洛陽白馬寺，譯出大方廣圓覺了義經。此經近譯不委何年，且隆道爲懷，務甄詐妄，但真詮不謬，豈假具知年月耶？救之行迹，莫究其終。大和中，圭峯密公著疏判解，經本一卷，後分二卷成部，續又爲鈔，演暢幽邃。今東京、太原、三蜀盛行講演焉。

唐五臺山佛陀波利傳七順貞

釋佛陀波利，華言覺護〔一〕，北印度罽賓國人。忘身徇道，偏觀靈跡，聞文殊師利在清涼山，遠涉流沙，躬來禮謁，以天皇儀鳳元年丙子，杖錫五臺，虔誠禮拜，悲泣雨淚，冀覩聖容。倏焉見一老翁從山而出，作婆羅門語，謂波利曰：「師何所求耶？」波利答曰：「聞文殊大士隱迹此山，從印度來，欲求瞻禮。」翁曰：「師從彼國將佛頂尊勝陀羅尼經來否？此土衆生多造諸罪，出家之輩亦多所犯。佛頂神呪除罪祕方，若不賫經，徒來何益？縱見文殊，亦何能識？師可還西國，取彼經來，流傳此土，即是偏奉衆聖，廣利羣生，拯接〔二〕幽冥，報諸佛恩也。師取經來至，弟子當示文殊居處。」波利聞已，不勝喜躍，裁抑悲淚，向山更禮。舉頭之頃〔三〕，不見老人。波利驚愕，倍增虔恪。遂返本國取得經迴〔四〕，既達帝城，便求進見。有司具奏，天皇賞其精誠，崇斯祕典，下詔鴻臚寺典客令杜行顗與日照三藏於内共譯。譯訖，儭絹〔五〕三十匹〔六〕，經留在內。波利垂泣奏曰：「委棄身命，志在利人。請帝流行，是所望也。」帝愍其專切，遂留所譯之經，還其梵本。波利得經，彌復忻喜，乃向西明寺訪得善梵語僧順貞，奏乞重翻。帝俞其請，波利遂與順貞〔七〕對諸大德翻出，名曰佛頂尊勝陀羅尼經，與前杜令所譯者，呪韻經文少有同異。波利所願既畢，却持梵本入于五臺，莫知所之。或云波利隱金剛窟，今永興龍首岡有波利藏舍利之所焉。

大曆中南嶽雲峰寺沙門法照入五臺山禮金剛窟，夜之未央，剋責撲地。忽見一僧長七尺許，梵音朗暢，稱是佛陀波利。問曰：「阿師如此自苦，得無勞乎？有何願樂？」照對曰：「願見文殊。」曰：「若志力堅强，真實無妄，汝可脱履於板上，咫尺聖顔，令子得見。」照遂瞑目，俄已入窟。見一院題額云金剛般若寺，字體酋健，光色閃爍。其院皆是異寶莊嚴，名目不暇。樓觀複沓，殿宇連延，罘罳密緻，鈴鐸交鳴，可二百所。間有〔八〕秘藏，中緘金剛般若并一切經法，人物魁偉，殆非常所覩也。文殊大聖處位尊嚴，擁從旁午，宣言慰勞，分茶賦食訖。波利引之出去。照苦乞在寺，波利不許。臨別勉之，努力修進，再來可住。照還至板上躡履，迴眸之際，波利隱焉〔九〕。

系曰：道家尸解，説有多端。或隱真形而存假質，矧以登地大士、漏盡羅漢？或此在他亡，或分身易態，皆以之爲遊戲耳，以之爲利物焉。其佛陀波利出没無恒，變化何極，出金剛窟接法照師，蓋與之有緣，闖然而現。故杜多迦葉久隱諸峯，晉法顯往遊靈鷲，見于山下焉。

唐尊法傳八

釋尊法，西印度人也，梵云伽梵達磨，華云尊法。遠踰沙磧，來抵中華，有傳譯之心，堅化導之願。天皇永徽之歲，翻出千手千眼觀世音菩薩廣大圓滿無礙大悲心陀羅尼經一卷。經題但云西天竺伽梵達磨譯，不標年代。推其本末，疑是永徽、顯慶中也。又準千臂經序云：「智通同此三藏譯也。」法後不知其終。

唐西京慧日寺無極高傳九 阿難律木叉師 迦葉師

釋無極高，中印度人，梵云阿地瞿多，華云無極高也。出家氏族未憑書之。高學窮滿字，行潔圓珠，精練五明，妙通三藏。永徽三年壬子歲正月，自西印度賫梵夾來屆長安，勑令慈門寺安置。沙門大乘琮等十六人、英公李世勣、鄂公尉遲德〔一〕等十二人，同請高於慧日寺浮圖院建陀羅尼普集會壇，所須供辦。法成之日，屢現靈異，京中道俗咸歎希逢。沙門玄楷等固請翻其法本。以四年癸丑至于五年，於慧日寺從金剛大道場經中撮要而譯，集成一部，名陀羅尼集經一十二卷，玄楷筆受。

于時有中印度大菩提寺阿難律木叉師、迦葉師等，於經行寺譯功德天法，編在集經第十卷内，故不別出焉。

唐廣州制止寺極量傳十

釋極量，中印度人也，梵名般剌蜜帝，此言極量。懷道觀方，隨緣濟物，展轉遊化，漸達支那，印度俗呼廣府爲支那，名帝京爲摩訶止那也。乃於廣州制止道場〔一〕駐錫。衆知博達，祈請頗多，量以利樂爲心，因敷祕賾。

神龍元年乙巳五月二十三日，於灌頂部中誦出一品，名大佛頂如來密因修證了義諸菩薩萬行首楞嚴經，譯成一部十卷。烏萇國沙門彌伽釋迦釋迦稍訛，正云鑠佉，此曰雲峯。譯語，菩薩戒弟子前正議大夫同中書門下平章事清河房融筆受，循州羅浮山南樓寺沙門懷迪證譯。量翻傳事畢，會本國王怒其擅出經本，遣人追攝，泛舶西歸。後因南使入京，經遂流布，有惟慤法師、資中沇公各著疏解之。

唐洛京大徧空寺實叉難陀傳十一

釋實叉難陀，一云施乞叉難陀，華言學喜，葱嶺北于遁〔一〕人也。智度恢曠，風格不羣，善大小乘，旁通異學。

天后明揚佛日，崇重大乘，以華嚴舊經，處會未備，遠聞于闐有斯梵本，發使求訪，并請譯人。叉與經夾同臻帝闕，以證聖元年乙未於東都大内大徧空寺翻譯。天后親臨法座，焕發序文，自運仙毫，首題名品。南印度沙門菩提流志、沙門義浄同宣梵本，後付沙門復禮、法藏等於佛授記寺譯成八十卷。聖曆二年功畢。至久視庚子，駕幸潁川三陽宫，詔叉譯大乘入楞伽經，天后復製序焉。又於京師清禪寺及東都佛授記寺譯文殊授記等經，前後總出一十九部，沙門波崙、玄軌等筆受，沙門復禮等綴文，沙門法寶、恒景等證義，太子中舍賈膺福監護。長安四年，叉以母氏衰老，思歸慰覲，表書再上，方俞，勑御史霍嗣光送至于闐。暨和帝龍興，有勑再徵。景龍二年，達于京輦，帝屈萬乘之尊，親迎於開遠門外。傾都緇侶，備旛幢導引。仍飾青象，令乘之入城，勑於大薦福寺安置。未遑翻譯，遘疾彌留，以景雲元年十月十二日，右脇累足而終，春秋五十九歲。有詔聽依外國法葬。十一月十二日於開遠門外古然燈臺焚之，薪盡火滅，其舌猶存。十二月二十三日，門人悲智、勑使哥舒道元送其餘骸及斯靈舌還歸于闐，起塔供養。後人復於荼毗之所，起七層塔，土俗號爲華嚴三藏塔焉。

周西京廣福寺日照傳十二

釋地婆訶羅，華言日照，中印度人也。洞明八藏，博曉五明，戒行高奇〔一〕學業勤悴，而呪術尤工。以天皇時來遊此國，儀鳳四年五月，表請翻度所賫經夾，仍準玄奘例，於一大寺別院安置，并大德三五人同譯。至天后垂拱末，於兩京東西太原寺西太原寺後改西崇福寺，東太原寺後改大福先寺。及西京廣福寺，譯大乘顯識經、大乘五蘊論等凡一十八部，沙門戰陀般若提婆譯語，沙門慧智證梵語。勑諸名德助其法化，沙門道成、薄塵、嘉尚、圓測、靈辯、明恂、懷度證義，沙門思玄、復禮綴文筆受，天后親敷睿藻，製序冠首焉。照嘗與覺護同翻佛頂，深體唐言，善傳佛意。每進新經，錫賚豐厚。後終于翻經小房，享年七十五。天后勑葬于洛陽龍門香山，塔見存焉。

周洛京魏國東寺天智傳十三

釋提雲般若，或云提雲陀若那，華言天智，于闐國人也。學通大小，解兼真俗，呪術禪門，無不諳曉。永昌元年，來届于此，謁天后於洛陽，勑令就魏國東寺後改大周東寺。翻譯。即以其年己丑至天授二年辛卯，出華嚴經法界無差別論等六部七卷，沙門處一筆受，沙門復禮綴文，沙門德感、慧儼、法明、恒景等證義。智終年卒地，莫得而聞。

周洛京佛授記寺慧智傳十四明佺

釋慧智，其父印度人，婆羅門種，因使遊此方，而生於智。少而精勤，有出俗之志，天皇時從長年婆羅門僧，奉勑度爲弟子。本既梵人，善閑天竺書語；生于唐國，復練此土言音。三藏地婆訶羅、提雲若那、寶思惟等所有翻譯，皆召智爲證，兼令度語。後至長壽二年癸巳，智於東都佛授記寺自譯觀世音頌一卷。不詳所終。

有沙門明佺者，不知何許人，出家隸業，悉在佛授記寺。尤善毗尼，兼閑經論。天册萬歲元年，勑令刊定經目〔二〕，佺所專纂録，編次持疑，更與翻經大德二十餘人同共參正，號曰大周經録焉。智昇云：「雖云刊定，繁穢尤多。徒見流行，寔難憑準。」蓋此録支經别品，雜沓不倫，致爲昇公之所黜矣。

周洛京寂友傳十五

釋彌陀山，華言寂友，覩貨邏國人也。自幼出家，遊諸印度，徧學經論，楞伽、俱舍，最爲窮覈。志傳像法，不悋鄉邦，杖錫孤征，來臻諸夏，因與實叉難陀共譯大乘入楞伽經。又天授中，與沙門法藏等譯無垢淨光陀羅尼經一卷。其經，佛爲劫比羅戰荼婆羅門説，延其壽命。譯畢進内，尋辭帝歸鄉，天后以厚禮餞之。

校勘記

善無畏傳

〔一〕戍婆揭羅僧訶，李華東都聖善寺無畏三藏碑作「輸波迦羅」（文苑英華卷八百六十一）。

〔二〕分王，碑文分下有八字。

〔三〕恩已斷矣，碑文作「義斷恩矣」。
〔四〕全其義焉，碑文作「行其志也」。
〔五〕女兄，碑文作「妹」，則「女兄」當作「女弟」。
〔六〕視其，原本視作現，揚州本、大正本同。宋本作視，義順，今據改。
〔七〕掬多曰，按碑文此上有「會中盡駭，而和尚默然。本師謂和尚曰：『中國白馬寺重閣新城（成），我適受供而反』」，接下「汝能不言，真可學也」，與此相合，文義始足。原文過簡，疑有脱。
〔八〕軍持，碑文作「净瓶」，夾注：「一作軍持。」按軍持爲音譯，净瓶爲義譯。
〔九〕鎔中金，碑文作「鎔銀」。
〔一〇〕烏萇國，碑文萇作傷。按譯音無定字，傷、萇可通。
〔一一〕宫人，碑文作「之妻」，夾注：「一作宫人。」
〔一二〕不悆，碑文悆作愈，夾注云：「疑作念。」按念字非，疑悆之形譌。
〔一三〕之洗然，揚州本、大正本之作畏。按碑文作則。之猶則也（説詳經傳釋詞），此文殆用古義，自通，不必改字。
〔一四〕涉于河龍陷駝足，碑文作「涉龍沙，陷駝足」。
〔一五〕示爲麤相，按太平廣記卷九十二引開天傳信録云：「（無畏）三藏飲酒食肉，言行麤易，往往乘醉喧競，穢汙絪席，宣律（師）頗不能甘之。」即此所謂麤相。
〔一六〕宣滅至開元中僅五十載矣　按道宣卒於高宗乾封二年（六六七），見本傳卷十四，距開元四年（七一六）無畏至長安日正五十載，焉能相遇？知此説之不可信，故贊寧祇得「以出没無常，非人之所測」遁辭解之。

〔一七〕十月，碑文作「十一月」。

〔一八〕賨畏，碑文作「賨思」。夾注：「（思）一作畏。」無下「明畏禪師」。

〔一九〕乾元，原本乾作故，從揚州本、大正本改。

智慧傳

〔一〕律論，原本律作建，從揚州本、大正本改。

〔二〕支那，原本支作文，從揚州本、大正本改。

〔三〕夾策，原本策作棨，蓋棨（策之俗寫）之譌字，今從揚州本、大正本改正。宋本、元本作葉，亦策之誤。

〔四〕白沙，原本沙作抄，從宋本、元本改。

〔五〕三藏，原本藏作職，非，從揚州本、大正本改。

〔六〕右街，原本街作銜，非，從揚州本、大正本改。

〔七〕茶，原本作荼，宋本、元本同，今從揚州本、大正本改。按荼茶二字古常相淆，此當作茶。説詳顧炎武唐韻正。

〔八〕貞元，原本貞作貴，乃形近而誤，從揚州本、大正本改。

〔九〕嚫，揚州本、大正本作䞋。嚫乃達嚫之省稱，譯文取音同相通。

〔一〇〕職司，原本司字糢胡，描改作可，非，今從揚州本、大正本改正。

道因傳

〔一〕通涅槃經，李儼道因法師碑（金石粹編卷五十四）通作誦。

〔二〕法綱，揚州本、大正本綱作網。按碑文作網，即網字。此傳多據碑辭，網字義洽爲是。

〔三〕芳聲，碑文作聲芳。

〔四〕正文，碑文作妙義。

〔五〕楷法師，原本楷誤作相，從揚州本、大正本及碑文改正。

佛陀波利傳

〔一〕覺護，廣清涼傳（以後省稱清涼傳）卷中作「覺愛」。按翻譯名義集宗翻譯主篇作覺護。覺愛乃「菩提流志」之唐言，愛字誤。

〔二〕拯接，清涼傳作「極濟」，極乃拯之形譌。

〔三〕之頃，原本頃作項，從揚州本、大正本改。清涼傳亦作頃。

〔四〕取得經迴，佛祖通載卷十五云：「以開耀元年取其咒至於長安。」

〔五〕覼縷，揚州本、大正本覼作䙰。按前智慧傳作覼，並與䙰音同通用，説見前。

〔六〕三十四，清涼傳十作千。

〔七〕順貞，清涼傳貞作正。按宋人避仁宗諱，改貞作正。贊寧在先，故貞字不諱。翻譯名義集亦作貞。

〔八〕間有，原本間作問，從揚州本、大正本改。

〔九〕清涼傳有記法照見波利事，文繁從略。

無極高傳

〔一〕尉遲德，按尉遲敬德名恭，以字行，見新唐書本傳。此云「尉遲德」，蓋避宋廟諱而去敬字。

極量傳

〔一〕制止道場，翻譯名義集宗翻譯主篇止作旨。佛祖通載作止，同此。

實叉難陀傳

〔一〕于遁，揚州本、大正本遁作闐。宋本、元本作遁，與此同。按于遁乃于闐之異譯，説詳大唐西域記卷十二。

日照傳

〔一〕高奇，原本奇作音，從揚州本、大正本改。

慧智傳

〔一〕經目，原本目作自，從揚州本、大正本改。

大宋高僧傳卷第三

譯經篇第一之三正傳十四人　附見三人

唐京師總持寺智通傳一

釋智通，姓趙氏，本陝州安邑人也。隋大業中出家受具，後隸名總持寺。律行精明，經論該博。自幼挺秀，即有遊方之志，因往洛京翻經館學梵書并語，曉然明解。屬貞觀中，有北天竺僧賫到千臂千眼經梵本，太宗勅搜天下僧中學解者充翻經館綴文、筆受、證義等。通應其選，與梵僧對譯，成二卷。天皇永徽四年，復於本寺出千囀陀羅尼觀世音菩薩呪一卷、觀自在菩薩隨心呪一卷、清淨觀世音菩薩陀羅尼一卷，共四部五卷。通善其梵字，復究華言，敵對相翻，時皆推伏。又云：「行瑜伽祕密教，大有感通。」後不知所終。

唐京師奉恩寺智嚴傳二

釋智嚴，姓尉遲氏，本于闐國質子也，名樂。受性〔一〕聰利，隸鴻臚寺，授左領軍衛大將軍上柱國，封金滿郡公，而深患塵勞，唯思脱屣。神龍二年五月，奏乞以所居宅爲寺，勑允，題牓曰奉恩是也。相次乞捨官入道，十一月二十四日墨制聽許。景龍元年十一月五日，孝和帝誕節剃染。尋奉勑於此寺翻經，多證梵文，諸經成部，嚴有力焉。嚴重譯出生無邊法門陀羅尼經。後於石鼈谷行頭陀法，又充終南山至相寺上座，體道用和，率從清謹。不知其終。

唐洛京天竺寺寶思惟傳三

釋阿你真那，華言寶思惟，北印度迦濕蜜羅國人，刹帝利種。幼而捨家，禪誦爲業。進具之後，專精律品，而慧解超群，學兼真俗，乾文呪術，尤攻其妙。加以化導爲心，無戀鄉國。以天后長壽二年，屆于洛都，勑於天宮寺安置。即以其年創譯至中宗神龍景午〔一〕，於佛授記、天宮、福先等寺，出不空羂索陀羅尼經等七部。睿宗大極〔二〕元年四月，太子洗馬張齊賢等繕寫進内。其年六月，勑令禮部尚書晉國公薛稷、右常侍高平侯徐彦伯等詳定入目施行。那自神龍之後，不務翻譯，唯精勤禮誦，修諸福業。每於晨朝磨香爲水，塗浴佛像，後方飲食。從始洎終，此爲恒業。衣鉢之外，隨得隨施。後於龍門山請置一寺，制度皆依西域，因名天竺焉。門徒學侶同居此寺，精誠所感，靈應寔繁。壽百有餘歲，以開元九年終於寺，構塔旌表焉。

唐洛京長壽寺菩提流志傳四

釋菩提流志，南天竺國人也，净行婆羅門種，姓迦葉氏。年十二，就外道出家，事波羅奢羅，學聲明、僧佉等論。曆數、呪術、陰陽、讖緯，靡不該通。年逾耳順，方乃迴心，知外法之乖違，悟釋門之淵默，隱居山谷，積習頭陀。初依耶舍瞿沙三藏學諸經論，其後遊歷五天，徧親講肆。高宗大帝聞其遠譽，挹彼高風，永淳二年，遣使迎接〔一〕。天后復加鄭重，令住東洛福先寺譯佛境界、寶雨、華嚴等經，凡十一部。中宗神龍二年，又住京兆崇福寺，譯大寶積經。屬孝和厭代，睿宗登極，勑於北苑白蓮池〔二〕、甘露亭，續其譯事，翻度云畢，御序冠諸。其經舊新凡四十九會，總一百二十卷。先天二年四月八日進内，此譯場中沙門思忠、天竺大首領伊舍羅等譯梵文，天竺沙門波若屈多〔三〕、沙門達摩證梵義，沙門履方、宗一、慧覺筆受，沙門深亮、勝莊、塵外、無著、懷迪證義，沙門承禮、雲觀、神暕、道本次文。次有潤文官盧粲、學士徐堅、中書舍人蘇瑨、給事中崔璩、中書門下三品陸象先、尚書郭元振、中書令張説、侍中魏知古，儒釋二家，構成全美。寶積用賢既廣，流志運功最多，所慊者古今共譯一切陀羅尼末句云「莎嚩訶」，皆不竊考清濁，遂使命章有異。或云「薩婆訶」，或云「馺皤訶」等，九呼不倫，楷定梵音，悉無本旨。此非梵僧傳誦不的，自是執筆之誤，故剋取「莎桑巴反〔四〕嚩無可反　訶呼箇反」爲正矣。

志開元十二年，隨駕居洛京長壽寺。十五年十一月四日，囑誡弟子五日齋時，令侍人散去，右脅安臥，奄然而卒，春秋一百五十六。帝聞軫悼，勑試鴻臚卿，謚曰開元一切徧知三藏。遣内侍杜懷信監護喪事，出内庫物，務令優贍。用鹵簿羽儀，幡幢花蓋，闐塞衢路。十二月一日，遷窆于洛南龍門西北原，起塔，勒石誌之。

系曰：西域喪禮，其太簡乎？或有國王酋長，傾心致重者，匆過昇之火葬。若東夏僧用鹵簿導喪車，罕聞之矣。嗚呼！道尊德貴，不言而邀，此不其盛歟！

唐羅浮山石樓寺懷迪傳五 般若力 善部末摩

釋懷迪，循州人也。先入法于南樓寺，其山半在海涯，半連陸岸，乃仙聖遊居之靈府也。迪久探經論，多所該通，七略九流，粗加尋究。以海隅之地，津濟之前，數有梵僧寓止于此，迪學其書語，自兹通利。菩提流志初譯寶積，召迪至京證義，事畢南歸。後於廣府遇一梵僧，賫多羅葉經一夾，請共翻傳，勒成十卷，名大佛頂萬行首楞嚴經是也。迪筆受經旨，緝綴文理，後因南使附經入京，即開元中也。

又乾元元年有罽賓三藏般若力、中天竺婆羅門三藏善部末摩、箇失密三藏舍那並慕化入朝，詔以力爲太常少卿，末摩爲鴻臚少卿，並員外置，放還本土。或云：「各賫經至，屬燕趙阻兵，不遑宣譯，故以官品榮之。」

唐京兆慈恩寺寂默傳六

釋牟尼室利，華言寂默。其爲人也，神宇高爽，量度真率。德宗貞元九年，發那爛陀寺，擁錫東來。自言從北印度往此寺出家，受戒學法焉〔一〕。十六年，至長安興善寺。十九年，徙崇福、醴泉寺。復於慈恩寺請行翻譯事，乃將奘師梵本，出守護國界主陀羅尼經十卷，又進六塵獸圖。帝悦，檀施極多。元和元年六月十九日，卒于慈恩寺。

初默説中天竺摩伽陀國那爛陀寺周圍四十八里，九寺一門，是九天王所造。默在寺日，住者萬餘，以大法師處量綱任，西域伽藍無如其高廣矣。案守護國界主經是般若譯，牟尼證梵本，翰林待詔光宅寺智真譯語，圓照筆受，鑒虚潤文，澄觀證義焉。

唐丘慈國蓮華寺蓮華精進傳七

釋勿提提羼魚，華言蓮華精進，本屈支城人也，即龜茲國，亦云丘慈，正曰屈支。時唐使車奉朝到彼土，城西門外有蓮華寺，進居此中，號三藏苾芻。奉朝至誠祈請，開譯梵夾，傳歸東夏。進允之，遂譯出十力經，可用東紙三幅成一卷，是佛在舍衛國説。安西境内有前踐山，山下有伽藍，其水滴溜成音可愛，彼人每歲一時採綴其聲以成曲調，故耶婆瑟雞，開元中用爲羯鼓曲名，樂工最難其杖撩之術。進寺近其滴水也。其經是沙門悟空同十地迴向輪經共十一卷，賁進。貞元中請編入藏，值圓照續録，故述其由。

唐北庭龍興寺戒法傳八

釋尸羅達摩，華言戒法也，本于闐人。學業該通，善知華梵，居于是國，爲大法師。唐貞元中，悟空迴至北庭，其本道節度使楊襲古與龍興寺僧請法爲譯主，翻十地經。法躬讀梵文并譯語，沙門大震筆受，法超潤文，善信證義，悟空證梵文。又譯迴向輪經，翻傳纔畢，繕寫欲終，遇北庭宣慰中使段明秀〔一〕事訖迴，與北庭奏事官牛昕、安西奏事官程鍔等相隨入朝，爲沙河不通，取迴鶻路，其梵夾留北庭龍興寺藏。賁所譯唐本至京，即貞元五載也。法譯事方終，却迴豁丹，豁丹一云于遁，此皆嶺北人之呼召耳，若五印度語云瞿薩怛那，華言乳國，亦云地乳也。

唐蓮華傳九

釋蓮華，本中印度人也。以興元元年杖錫謁德宗，乞鐘一口歸天竺聲擊。勑廣州節度使李復修鼓鑄畢，令送於南天竺金塠寺〔一〕。華乃將此鐘於寶軍國毗盧遮那塔所安置。後以華嚴後分梵夾附舶來，爲信者般若三藏於崇福寺翻成四十卷焉。

一云：梵夾本是南天竺烏荼國王書獻脂那〔二〕天子，書云：「手自書寫華嚴經百千偈中所説善財童子五十五聖者，善知識入不思議解脱境界普賢行願品，謹奉進上，願於龍華會中奉覲云」，即貞元十一年也。至十二年六月，詔於崇福寺翻譯，罽賓沙門般若宣梵文，洛京天宫寺廣濟譯語，西明寺圓照筆受，智柔、智通綴文，成都府正覺寺道恒、鑒虚潤文，千福寺大通證義，澄觀、靈邃詳定，神策軍護軍中尉霍仙鳴、左街功德使竇文場寫進，十四年二月解座。

唐大聖千福寺飛錫傳十

釋飛錫，未知何許人也。神氣高邈，識量過人。初學律儀，後於天台法門一心三觀，與沙門楚金棲心研習。天寶初遊于京闕，多止終南紫閣峯草堂寺。屬不空當途傳譯，慎選英髦，錫預其數，頻登筆受、潤文之任。代宗永泰元年四月十五日，奉詔於大明宫内道場同義學沙門良賁等十六人參譯仁王護國般若經并密嚴經。先在多羅葉時，並是偈頌，今所譯者多作散文。不空與錫等及翰林學士柳抗重更詳定，錫充證義正員，辭筆不愧斯職也。

系曰：錫外研儒墨，其筆仍長，時多請其論譔，如忠國師、楚金等碑，與晉陵德宣、吴興晝公〔二〕同獵廣原，不知鹿死何人之手。然宣錫二公亦有不羈之失，緣飾過其實。如晝公合建中之體，擬事得其倫。唯虚與實，不可同日也。

唐京師大安國寺子鄰傳十一

釋子鄰，姓范氏，兖州乾封大范村人也。父峻朝，不喜三寶，或見桑門，必加咄唾，有問其故，即欲毆焉。鄰生已數歲，小字鄰兒，見著袈裟者，則生慕羡之意。開元初，東都廣愛寺慶修律師遊于岱宗〔一〕，經范氏之舍。鄰一見之，喜貫顔色，拜求出家。問曰：「父母云何？」對曰：「不令堂親知，知則遭箠撻矣。師但先去，某乃影隨。」律師行五里間，鄰已至矣。及洛寺，受教之易，若甘之受和焉。染削已，或名志鄰。至十一年，忽思二親，辭歸寧覲。其父喪明，母終已三載矣。因詣嶽廟，求知母之幽趣，即敷坐具，誦法華經，誓見天齊王爲期。其夜，嶽神果召鄰問：「何故懇苦如是？」鄰曰：「母王氏亡來已經除服，敢問大王：母今胡在？」王顧簿吏，對曰：「王氏見繫獄受苦。」鄰曰：「我母何罪？」王曰：「生和尚時，食雞卵，又取白傅頭瘡〔二〕，坐是之故，職汝之由。」鄰悲號委頓，求王請免。曰：「勢縻有分，放釋無門。然則爲法師計，請往鄮山禮阿育王塔，或可原也。」鄰詰朝遵途，到句章山寺，叩頭哀訴，五輪著地，禮畢投策，至四萬數，俄聞有呼鄰聲，若蔡順之解，望空見雲氣中母謝曰：「承汝之力，得生忉利天矣，故來報汝。」倏然不見。

鄰後求解經論，至于關輔閒，外學兼通，美聲籍甚。以名僧之選，恒入肅宗内殿應奉，高其舌端，精於捷對，御前口占，叙述皇道，時輩靡及。敕賜紫方袍，充供奉僧。代宗即位，更崇釋氏。永泰中，不空重譯仁王護國、密嚴等經，鄰與千福寺法崇、西明寺慧静、保壽寺圓寂分職證義，並良賁潤文。鄰莫測其終。先所禮塔，今鄮山育王寺後峯之翠微茅庵基及井存焉。井實方池，其水碧色，緑苔泛泛然，辭人遊者，詩詠絶多矣。

唐醴泉寺般若傳十二

釋般若，罽賓國人也。貌質魁梧，執戒嚴整，在京師，充義學沙門。憲宗敦崇佛門，深思翻譯，奈何有事于蜀部，劉闢阻命，王承宗未平，朝廷多故。至元和五年庚寅，詔工部侍郎歸登、孟簡、劉伯芻、蕭俛等就醴泉寺譯出經八卷，號本生心地觀，此之梵夾乃高宗朝師子國所進者，寫畢進上。帝覽有勅，「朕願爲序」。尋頒下其文，冠于經首，三藏賜帛，證義諸沙門錫賚有差。先於〔一〕貞元中譯華嚴經後分四十卷，此蓋烏茶國王所進者，于時而賜紫衣。後大中中，法寶大師玄暢奏請入藏焉。

唐上都章敬寺悟空傳十三

釋悟空，京兆雲陽人，姓車氏，後魏拓跋之遠裔也。天假聰敏，志尚典墳，孝悌之聲，藹于鄉里。屬玄宗德被遐方，罽賓國願附大唐，遣大首領薩婆達幹與三藏舍利越摩於天寶九載來朝闕庭，請使巡按。明年，勅中使張韜光，將國信行官傔吏四十餘人西邁。時空未出俗名，奉朝授左衛涇州四門府别將，令隨使臣自安西路去。至十二載至健陀羅國，罽賓東都城也，其王禮接唐使。使迴，空篤疾，留健陀羅。病中發願，痊當出家。遂投舍利越摩落髮，號達摩馱都，華言法界，當肅宗至德二年也。洎年二十九，於迦濕彌羅國受具足戒，文殊矢涅地爲親教師，鄔不羼提爲羯磨阿遮利，耶馱里巍地爲教授，於蒙鞮寺諷聲聞戒，習根本律儀。然北天竺國皆薩婆多學也。後巡歷數年，徧瞻八塔，爲憶君親，因咨本師舍利越摩，再三方允。摩手授梵本十地、迴向輪、十力三經，共一夾，并佛牙舍利以贈别。

空行從北路，至覩貨羅國，五十七蕃中有一城，號骨咄國，城東有小海。空行次南岸，地輒摇動，雲陰雨暴，霆擊雹飛。乃奔就一大樹間，時有衆商咸投其下。商主告衆曰：「誰賫佛舍利異物殊珍耶？不爾，龍神何斯忿怒？有則投于海中，無令衆人惶怖。如藏匿者，自貽伊咎。」空爲利東夏之故，潛乞龍神宥過。自卯達申，雨雹方霽。迴及龜兹，居蓮華寺，遇三藏法師勿提提羼魚，善於傳譯。空因將十力經夾請翻之。尋抵北庭，大使復命。空出梵夾，于闐三藏戒法爲譯主，空證梵文并度語，翻成十地迴向輪經。事訖，隨中使段明秀以貞元五年己巳達京師，勑於躍龍門使院安置。進上佛牙、舍利、經本，宣付左神策軍繕寫，功德使竇文場寫畢進呈，勑署空壯武將軍、試太常卿。乃歸章敬寺。次返雲陽問二親，墳樹已拱矣。凡所往來，經四十年，于時已六十餘。所翻經三本，共十一卷。

翻經大德圓照續開元録皆編入藏，復記空之行狀焉。

唐京師滿月傳十四 智慧輪

釋滿月者，西域人也。爰來震旦，務在翻傳瑜伽法門，一皆貫練。既多神効，衆所推欽。開成中，進梵夾，遇僞甘露事去未旋踵，朝廷無復紀綱，不暇翻譯。時悟達國師知玄好學聲明，禮月爲師，情相欵密，指教梵字并音字之縁界，悉曇八轉，深得幽趣。玄曰：「異哉，吾體兩方之言，願參象胥之末，可乎？」因請翻諸禁呪，乃與菩提嚩日羅金剛悉地等重譯出陀羅尼集四卷，又佛爲毗戍陀天子説尊勝經一卷，詳覈三復，曲盡佛意。此土先已有陀羅尼集十二卷，新翻四卷，未聞入藏。月等俱不測其終。

次有般若斫迦三藏者，華言智慧輪，亦西域人。大中中，行大曼拏羅法，已受灌頂爲阿闍梨，善達方言，深通密語，著佛法根本。宗乎大毗盧遮那，爲諸佛所依，法之根本者，陀羅尼是也。至於出生無邊法門，學者修戒定慧以總持助成，速疾之要，無以超越。又述示教指歸，共一千餘言〔一〕，皆大教之鈐鍵也，出弟子紹明，咸通年中刻石記傳焉。

論曰：無漏海中，震潮音而可怪；總持言下，書梵字而不常。未聞者聞，聞光音天之餘響；未解者解，解最上法之所詮。聖賢飲之爲醇醪，凡劣啜之成糟粕。若夫有緣則遇，無道則違。秦獄既械其利防，此無緣也；漢庭肇迎其白馬，斯有感焉。聽彼異呼，覽其橫字，情可求而呼相亂，字雖殊而意且同。是故周禮有象胥氏通六蠻語，狄鞮主七戎，寄司九夷，譯知八狄。今四方之官，唯譯官顯著者何也？疑漢已來多事北方，故譯名爛熟矣。又如周秦輶軒使者，奏籍通別國方言，令君王不出户庭坐知絕遐異俗之語也。若然者，象胥知其遠也，方言知其近也。大約不過察異俗、達遠情者矣。懿乎東漢，始譯四十二章經，復加之爲翻也。翻也者，如翻錦綺，背面俱花，但其花有左右不同耳〔一〕。由是翻譯二名行焉。初則梵客華僧，聽言揣意，方圓共鑿，金石難和，椀配世間，擺名三昧，咫尺千里，覿面難通。次則彼曉漢談，我知梵説，十得八九，時有差違，至若怒目看世尊、彼岸度無極矣。後則猛、顯親往，奘、空兩通，器請師子之膏，鵝得水中之乳，内豎對文王之問，揚雄得絕代之文，印印皆同，聲聲不別，斯謂之大備矣。逖觀道安也，論五失三不易。彦琮也籍其八備，明則也撰翻經儀式，玄奘也立五種不翻，此皆類左氏之諸凡，同史家之變例。今立新意，成六例焉。謂譯字譯音爲一例，胡語梵言爲一例，重譯直譯爲一例，麤言細語爲一例，華言雅俗爲一例，直語密語爲一例也。

初則四句，一譯字不譯音，即陀羅尼是。二譯音不譯字，如佛胸前卍字是。三音字俱譯，即諸經律中純華言是。四音字俱不譯，如經題上二字是。

第二胡語梵言者，一在五天竺，純梵語。二雪山之北是胡。山之南名婆羅門國，與胡絶，書語不同，從羯霜那國字源本二十餘言，轉而相生，其流漫廣，其書豎讀同震旦歟？至吐貨羅，言音漸異，字本二十五言，其書横讀。度葱嶺南，迦畢試國言字同吐貨羅，已上雜類爲胡也。若印度言字，梵天所製，本四十七言，演而遂廣，號青藏焉。有十二章，教授童蒙，大成五明論，大抵與胡不同。五印度境彌亘既遥，安無少異乎？又以此方始從東漢傳譯，至于隋朝，皆指西天以爲胡國，且失梵天之苗裔，遂言胡地之經書。彦琮法師獨明斯致，唯徵造録，痛責彌天，符佛地而合阿含，得之在我；用胡名而迷梵種，失則誅誰？唐有宣公，亦同鼓唱。自此若聞彈舌，或覩黑容，印定呼爲梵僧，雷同認爲梵語。琮師可謂忙於執斧捕前白露之蟬，瞶在迴光照後黄衣之雀。既云西土有梵有胡，何不南北區分，是非料簡？致有三失。一改胡爲梵，不析胡開，胡還成梵，失也。二不善胡梵二音，致令胡得爲梵，失也。三不知有重譯，失也。當初盡呼爲胡，亦猶隋朝已來總呼爲梵，所謂過猶不及也。如據宗本而談，以梵爲主；若從枝末而説，稱胡可存。何耶？自五天至嶺北〔二〕，累累而譯也，乃疑琮公留此以待今日，亦不敢讓焉。三亦胡亦梵，如天竺經律傳到龜兹，龜兹不解天竺語，呼天竺爲印特伽國者，因而譯之。若易解者猶存梵語。如此胡梵俱有者是。四二非句，純華言是也。

第三重譯直譯者，一直譯，如五印夾牒〔三〕直來東夏譯者是。二重譯，如經傳嶺北樓蘭、焉耆，不解天竺言，且譯爲胡語，如梵云鄔波陀耶，疏勒云鶻社，于闐云和尚。又天王，梵云拘均羅，胡云毗沙門是。三亦直亦重，如三藏直賚夾牒而來，路由胡國，或帶胡言。如覺明口誦曇無德律中有和尚等字者是。四二非句，即賚經三藏雖兼胡語，到此不翻譯者是。

第四麤言細語者，聲明中一蘇漫多，謂汎爾平語言辭也；二彦底多，謂典正言辭也。佛説法多依蘇漫多，意住於義，不依於文，又被一切故。若彦底多非諸類所能解故。亦名全聲者，則言音分明典正，此細語也。半聲者，則言音不分明而訛僻，此麤語也。一是麤非細，如五印度時俗之言是。二唯細非麤，如法護、寶雲、奘師、義浄，洞解聲明音律，用中天細語典言而譯者是。三亦麤亦細，如梵本中語涉麤細者是。或注云此音訛僻，即麤言也。四二非句闕。

第五華言雅俗者，亦云音有楚夏同也。且此方言語，雅即經籍之文，俗乃街巷之説，略同西域。細即典正，麤即訛僻也。一是雅非俗，如經中用書籍言是。二是俗非雅，如經中乞頭博頰等語是。三亦雅亦俗，非學士潤文，信僧執筆，其間渾金璞玉交雜相投者是。四二非句闕。

第六直語密語者，二種作句，涉俗爲直，涉真爲密，如婆留師是。一是直非密，謂婆留師翻爲惡口住，以惡口人人不親近故。二是密非直，婆留師翻爲菩薩所知彼岸也，既通達三無性理，亦不爲衆生所親近故。三兩亦句，即同善惡真俗，皆不可親近故。四二非句，謂除前相故。又阿毗持呵婁，目數數得定。鬱婆提，目生起拔根棄背。婆羅目真實〔四〕離散亂。

此諸名在經論中，例顯直密語義也。更有胡梵文字，四句易解。凡諸類例括彼經詮，解者不見其全牛，行人但隨其老馬矣。

或曰：「翻梵夾須用此方文籍者，莫招濫涉儒雅之過乎？」通曰：「言不關典，非子史之言，用其翻對，豈可以委巷之談而糅于中耶？故道安云：『乃欲以千載上之微言，傳所合百王下之末俗』，斯爲不易矣。」或曰：「漢魏之際，盛行斯意，致使陳壽國志述臨兒國云：『浮屠所載，與中國老子經而相出入。蓋老子西出關，過西域之天竺，教胡爲浮屠。』」「此爲見譯家用道德二篇中語，便認云與老子經互相出入也。設有華人能梵語，與西僧言說，兩相允會，可便謂此人爲天竺人耶？盍窮其始末乎？是知若用外書，須招此謗。如童壽譯法華，可謂折中，有天然西域之語趣矣。今觀房融潤文於楞嚴，僧肇徵引而造論，宜當此誚焉。苟參鄙俚之辭，曷異屠沽之譜？然則糅書勿如無書，與其典也，寧俗。儻深溺俗，厥過不輕；折中適時，自存法語，斯謂得譯經之旨矣。故佛說法多依蘇漫多也。又傳譯之興，奉行之意，不明本起，何示將來？今究其宣揚，略陳梗概。夫教者不倫，有三疇類：一顯教者，諸乘經律論也；不同瑜珈論中顯了教，是多分大乘藏教。二密教者，瑜伽灌頂五部護摩三密曼拏羅法也；瑜伽隱密教，是多分聲聞藏教。三心教者，直指人心，見性成佛，禪法也。次一法輪者，即顯教也，以摩騰爲始祖焉。次二教令輪者，即密教也，以金剛智爲始祖焉。次三心輪者，義加此輪。即禪法也，以菩提達磨爲始祖焉。是故傳法輪者以法音傳法音；傳教令輪者，以祕密傳祕密；傳心輪者，以心傳心，此之三教、三輪、三祖，自西而東，化凡而聖，流十五代，漢、魏、晉、宋、齊、梁、陳、隋、唐、朱梁、後唐、石晉、劉漢、郭周、今大宋。法門之貽厥孫謀，萬二千年，真教之克昌厥後。」

或曰：「譯場經館，設官分職，不得聞乎？」曰：「此務所司，先宗譯主，即賫葉書之三藏明練顯密二教者充之。次則筆受者。必言通華梵，學綜有空，相問委知，然後下筆。西晉僞秦已來立此員者，即沙門道含、玄賾、姚嵩、聶承遠父子。至于帝王，即姚興、梁武、天后、中宗，或躬執翰，又謂爲綴文也。次則度語者，正云譯語也。傳度轉令生解，亦名傳語，如翻顯識論，沙門戰陀譯語是也。次則證梵本者，求其量果，密能證知，能詮不差，所顯無謬矣。如居士伊舍羅證譯毗柰耶梵本是也。至有立證梵義一員，乃明西義得失，貴令華語下不失梵義也。復立證禪義一員，沙門大通充之。次則潤文一位，員數不恒，令通内外學者充之。良以筆受在其油素，文言豈無俚俗，儻不失於佛意，何妨刊而正之。故義浄譯場，則李嶠、韋嗣立、盧藏用等二十餘人次文潤色也。次則證義，蓋證已譯之文所詮之義也。如譯婆沙論，慧嵩、道朗等三百人考正文義，唐復禮累場充任焉。次則梵唄，法筵肇啓，梵唄前興，用作先容，令生物善，唐永泰中方聞此位也。次則校勘，讎對已譯之文，隋則彦琮覆疏文義，蓋重慎之至也。次則監護大使，後周平高公侯壽爲總監撿校，唐則房梁公爲奘師監護，相次許觀、楊慎交、杜行顗等充之。或用僧員，則隋以明穆、曇遷等十人監掌翻譯事，詮定宗旨。其處則秦逍遥園、梁壽光殿、瞻雲館、魏汝南王宅。又隋煬帝置翻經館，其中僧有學士之名。唐於廣福等寺，或宫園不定。又置正字字學，玄應曾當是職，後或置或否。朝廷罷譯事，自唐憲宗元和五年至于周朝，相望可一百五十許歲，此道寂然。

迨我皇帝臨大寶之五載，有河中府傳顯密教沙門法進請西域三藏法天譯經于蒲津，州府官表進，上覽大悦，各賜紫衣，因勑造譯經院於太平興國寺之西偏。續勑搜購天下梵夾，有梵僧法護、施護同參其務，左街僧録智照大師慧温證義。又詔滄州三藏道圓證梵字，慎選兩街義解沙門志顯綴文，令遵、法定、清沼筆受，守巒、道真、知遜、法雲、慧超、慧達、可瓌、善祐、可支證義，倫次綴文，使臣劉素、高品王文壽監護，禮部郎中張洎、光録卿湯悦次文潤色，進校量壽命經、善惡報應經、善見變化、金曜童子、甘露鼓等經，有命授三藏天息災、法天、施護師號，外試鴻臚少卿，賜厩馬等。筆受證義諸沙門各賜紫衣并帛有差。御製新譯經序，冠于經首。觀其佛日重光，法輪發軔，赤玉箱而啓秘，青蓮朶以開芳，聖感如然，前代孰堪比也。又以宣譯之者樂略樂繁，隋之已前，經題簡少；義浄已降，經目偏長。古則隨取强名，後則繁盡我意。又舊翻袐呪，少注合呼。唐譯明言，多詳音反，受持有驗，斯勝古蹤。浄師大譯諸經，偏精律部，自高文彩，最有可觀。金剛智也袐藏祖師，阿目佉也多經譯匠，師資相接，感應互彰。無畏言辭且多樸實。覺救加佛頂之句，人無問然。日照出顯識之文，刃有餘地。思惟罥索，學喜華嚴，密語斷章，大人境界。流志寶積，菩提曼荼〔五〕，華胥之理致融明，灌頂之風標祕邃，迪公勤其筆受，般若終乎譯場。其餘諸公，皆翻夾牒，欲知狀貌，聊舉喻言。其猶人也，人皆人也，奈何姿制形儀，各從所肖，肖其父焉。若如此，大則同而小有異耳。良由譯經是佛法之本，本立則道生。其道所生，唯生釋子，是以此篇冠首。故曰先王將禜海，必先有事于河者，示不忘本也。」

校勘記

智嚴傳

〔一〕受性，開元釋教録卷九受作幼。

寶思惟傳

〔一〕景午，開元録景作丙。按唐避高祖父諱，改丙作景，此從諱改。

〔二〕大極，宋本大作太。按大讀作太，不必改字。

菩提流志傳

〔一〕遣使迎接，按翻譯名義集宗翻譯主篇云：「天皇遠聞雅譽，遣使往邀，未及使還，白雲遽駕。」是高宗未及見流志。

〔二〕白蓮池，開元釋教録卷九作「白蓮華亭」。

〔三〕屈多，開元録屈作丘，聲同可通用。

〔四〕桒巴反，原本巴作邑，與正文莎音不諧。揚州本、大正本邑作巴，是也，邑乃形之訛，今從改正。

寂默傳

〔一〕法焉，原本焉誤作馬，從揚州本、大正本正。

戒法傳

〔一〕段明秀，原本段作叚，非，從揚州本、大正本改。凡段字，刻本常誤作叚，以後逕改，不再出校。

蓮華傳

〔一〕金塠寺，大正本塠作堆，通用。

飛錫傳

〔二〕脂那，揚州本、大正本作支那，同。

子鄰傳

〔一〕晝公，原本晝作畫，揚州本、大正本作晝。按下文亦作晝，今從改。晝公即皎然，本書有傳。

〔一〕岱宗，原本岱作代，宋本作岱。按岱宗乃泰山之或名，元和郡縣志十謂「在（兖州乾封）縣西北三十里」。地理相合，今從宋本改。

般若傳

〔二〕傳頭瘡，原本傳作傳，從揚州本、大正本改。

〔一〕先於，原本先作光，從揚州本、大正本改。

滿月傳

〔一〕一千餘言，原本千作十，宋本作千。示教指歸決不止一十餘言，今從宋本改。

論

〔一〕法雲翻譯名義集序引此文云：「如翻錦繡，背面俱華，但左右不同耳。」稍有節略。

〔二〕嶺北，原本北作比，從揚州本、大正本改。嶺北謂葱嶺以北。

〔三〕夾牒，原本夾作失，乃形近而譌，從揚州本、大正本正。

〔四〕真實，原本真作貞，宋本、元本同。揚州本、大正本作真，依義爲長，今從改。

〔五〕曼荼，原本荼作茶，揚州本作荼。按曼荼羅或作曼陀羅，荼與陀音同，茶音不諧，顯是形似而誤，今正。

大宋高僧傳卷第四

義解篇第二之一 正傳二十人 附見七人

唐京兆大慈恩寺窺基傳一

釋窺基，字洪道，姓尉遲氏，京兆長安人也。尉遲之先與後魏同起，號尉遲部，如中華之諸侯國，入華則以部爲姓也。魏平東將軍說六代孫孟都生羅迦，爲隋代州西鎮將，乃基祖焉。考諱宗，唐左金吾將軍松州都督江由縣開國公。其鄂國公德〔一〕則諸父也，唐書有傳。基母裴氏夢掌月輪吞之，寤而有孕。及乎盈月誕彌，與羣兒弗類，數方誦習，神晤精爽。奘師始因陌上見其眉秀目朗，舉措踈略，曰：「將家之種，不謬也哉。脫或因緣相扣，度爲弟子，則吾法有寄矣。」復念在印度時計迴程次，就尼揵子邊占得卦甚吉，「師但東歸，哲資生矣。」遂造北門將軍，微諷之出家。父曰：「伊類麤悍，那勝教詔？」奘曰：「此之器度，非將軍不生，非某不識。」父雖然諾，基亦强拒。激勉再三，拜以從命，奮然抗聲曰：「聽我三事，方誓出家。不斷情慾〔二〕、葷血、過中食也。」奘先以欲勾牽，後令入佛智，佯而肯焉。行駕累載前之所欲，故關輔語曰「三車和尚」。即貞觀二十二年也。一基自序云：「九歲丁艱，漸疎浮俗。」若然者，三車之説，乃厚誣也。至年十七，遂預緇林。及乎入法，奉勑爲奘師弟子，始住廣福寺。尋奉别勑選聰慧穎脱者入大慈恩寺，躬事奘師，學五竺語，解紛開結，統綜條然。聞見者無不嘆伏。凡百揵度跋渠，一覽無差，寧勞再憶〔三〕。年二十五，應詔譯經，講通大小乘教三十餘本。創意留心，勤勤著述，蓋切問而近思，其則不遠矣。造疏計可百本。奘所譯唯識論，初與昉、尚、光四人同受，潤色、執筆、檢文、纂義，數朝之後，基求退焉。奘問之，對曰：「夕夢金容，晨趨白馬，雖得法門之糟粕，然失玄源之醇粹，某不願立功於參糅。若意成一本，受責則有所歸。」奘遂許之。以理遣三賢，獨委於基，此乃量材授任也。時隨受撰録所聞，講周疏畢。無何，西明寺測法師亦俊朗之器，於唯識論講場得計於閽者，賂之以金，潛隱厥形，聽尋聯綴，亦疏通論旨。猶數座方畢，測於西明寺鳴椎〔四〕集僧，稱講此論。基聞之，慙居其後，不勝悵怏。奘勉之曰：「測公雖造疏，未達因明。」遂爲講陳那之論，基大善三支，縱横立破，述義命章，前無與比。又云，請奘師唯爲己講瑜伽論，還被測公同前盜聽，先講。奘曰：「五性宗法，唯汝流通，他人則否。」

後躬遊五臺山，登太行，至西河古佛宇中宿，夢身在半山，巖下有無量人唱苦聲，冥昧之間，初不忍聞。徙步陟彼層峯，皆瑠璃色，盡見諸國土。仰望一城，城中有聲曰：「住住，咄，基公未合到比。」斯須，二天童自城出，問曰：「汝見山下罪苦衆生否？」答曰：「我聞聲而不見形。」童子遂投與劍一鐔曰：「剖腹當見矣。」基自剖之，腹開，有光兩道暉映山下，見無數人受其極苦。時童子入城，持紙二軸及筆投之，捧得而去。及旦，驚異未已。過信夜，寺中有光久而不滅，尋視之，數軸發光者，探之，得彌勒上生經。乃憶前夢，必慈氏令我造疏通暢厥理耳。遂援毫次，筆鋒有舍利二七粒而隕，如吳含桃許大，紅色可愛。次零然而下者，狀如黄粱粟粒。一云，行至太原傳法，三車自隨，前乘經論箱袠，中乘自御，後乘家妓女僕食饌。於路間遇一老父，問乘何人。對曰：「家屬。」父曰：「知法甚精，攜家屬偕，恐不稱教。」基聞之，頓悔前非，翛然獨往。老父則文殊菩薩也。此亦卮語矣。隨奘在玉華宫參譯之際，三車何處安置乎？

基隨處化徒，獲益者衆。東行博陵，有請講法華經，遂造大疏焉。及歸本寺，恒與翻譯舊人往還。屢謁宣律師。宣每有諸天王使者執事，或冥告雜務。爾日基去方來，宣怪其遲暮，對曰：「適者大乘菩薩在此，善神翼從者多，我曹神通爲他所制故爾。」以永淳元年壬午〔五〕示疾，至十一月十三日長往于慈恩寺翻經院，春秋五十一，法臘無聞。葬于樊村北渠〔六〕，祔三藏奘師塋隴焉。弟子哀慟，餘外執紼會葬，黑白之衆盈于山谷。

基生常勇進，造彌勒像，對其像日誦菩薩戒一徧，願生兜率，求其志也。乃發通身光瑞，爛然可觀。復於五臺造玉石文殊菩薩像，寫金字般若經畢，亦發神光焉。弟子相繼取基爲折中，視之如奘在焉。大和〔七〕四年庚戌七月癸酉，遷塔於平原，大安國寺沙門令儉檢校塔亭，徙棺，見基齒有四十根不斷玉如〔八〕。衆彈指言是佛之一相焉。凡今天下佛寺圖形，號曰百本疏主真，高宗大帝製讚。一云玄宗。然基魁梧堂堂，有桓赳之氣，而慈濟之心，誨人不倦，自天然也。其符彩則項負玉枕，面部宏偉，交手十指若印契焉。名諱上字多出没不同者，爲以慈恩傳中云，「奘師龍朔三年於玉華宮譯大般若經終筆，其年十一月二十二日令大乘基〔九〕奉表奏聞，請御製序。至十二月七日通事舍人馮義宣由〔一〇〕」，此云靈基，開元録爲「窺基」，或言「乘基」，非也。彼曰大乘基，蓋慧立、彦悰不全斥，故云大乘基，如言不聽泰耳，猶謹遣大乘光奉表同也。今海内呼慈恩法師焉。

系曰：性相義門，至唐方見大備也。奘師爲瑜伽、唯識開創之祖，基乃守文述作之宗。唯祖與宗，百世不除之祀也。蓋功德被物，廣矣大矣。奘苟無基，則何祖張其學乎？開天下人眼目乎？二師立功與言，俱不朽也。然則基也，鄂公猶子，奘師門生，所謂將家來爲法將，千載一人而已。故書有之，「厥父菑，厥子乃肯播，矧能肯穫」，其百本疏主之謂歟！

唐京師西明寺道世傳二

釋道世，字玄惲，姓韓氏，厥先伊闕人也。祖代因官爲京兆人焉。生且渥潤，漸而聰敏，俄厭衆沙〔一〕，思參救蟻。二親鍾愛，遏絶其請，久而遂心。時年十二，於青龍寺出家，從執德瓶，止臨欣鑑，律宗研覈，書籍鑽尋，特慕上乘融明實性。于時籍甚，三輔欽歸。顯慶年中，大帝以玄奘師所翻經論，未幾詔入内，及慈恩寺大德更代行道，不替於時，世亦預其選。及爲皇太子造西明寺，爰以英博召入斯寺，時道宣律師當塗行律，世且旁敷，同驅五部之車，共導三乘之軌，人莫我及，道望芬然。復因講貫之餘，仍覽甚深之藏。以爲古今繇代，製作多人，雖雅趣佳辭，無足於傳記。由是搴文囿之菁華，嗅大義之瞻蔔，以類編録，號法苑珠林，總一百篇，勒成十袠。始從劫量，終乎雜記，部類之前，各序別論。令學覽之人，就門隨部，檢括所知，如提綱焉，如舉領焉。世之用心周乎十稔，至總章元年畢軸，蘭臺郎李儼爲之都序，此文行于天下。

又著善惡業報及信福論共二十三卷，大小乘禪門觀及大乘觀共十一卷，受戒儀式、禮佛儀式共六卷，四分律討要五卷、四分律尼鈔五卷、金剛經集注三卷，十部都一百五十三卷。世頗多著述，未測其終〔二〕。名避太宗廟諱，多行字耳，故時稱玄惲焉。

唐京兆大慈恩寺普光傳三

釋普光，未知何許人也。明敏爲性，爰擇其木，請事三藏奘師。勤恪之心，同列靡及。至於智解，可譬循環，聞少證多，奘師默許。末參傳譯，頭角特高，左右三藏之美，光有功焉。

初，奘嫌古翻俱舍，義多缺然，躬得梵本，再譯真文，乃密授光，多是記憶西印薩婆多師口義。光因著疏解判。一云其疏至圓暉略之爲十卷，如漢之有渏歟？

又嘗隨奘往玉華宮譯大般若經，厥功出乎禆贊也，時號大乘光。觀夫奘自貞觀十九年創譯，訖麟德〔一〕元年，終于玉華宮，凡二十載，總出大小乘經律論七十五部一千三百三十五卷，十分七八是光筆受，或謂嘉光、普光也。若驗從辯機同參譯務，即普光是也。

唐京兆大慈恩寺法寶傳四 勝莊

釋法寶，亦三藏奘師學法之神足也。性靈敏利，最所先焉。奘初譯婆沙論畢，寶有疑情，以非想見惑，請益之。奘別以十六字入乎論中，以遮難辭。寶白奘曰：「此二句四句爲梵本有無？」奘曰：「吾以義意酌情作耳。」寶曰：「師豈宜以凡語增加聖言量乎？」奘曰：「斯言不行，我知之矣。」自此㤩㑊頡頏于奘之門，至乎六離合釋義，俱舍宗以寶爲定量矣。光師往往同迦濕彌羅餘師禮記衍字也。時光、寶二法師若什門之融、叡焉。後越精義學，令問孔膠。長安三年，於福先寺、京西明寺預義淨譯場，寶與法藏、勝莊等證義，于時頗露頭角，莫之與京歟。

唐京師西明寺圓測傳五薄塵　靈辯

釋圓測者，未詳氏族也。自幼明敏，慧解縱横。三藏奘師爲慈恩基師講新翻唯識論，測賂守門者隱聽，歸則緝綴義章。將欲罷講，測於西明寺鳴鐘召衆，稱講唯識。基慊其有奪人之心，遂讓測講訓。奘講瑜伽，還同前盜聽受之，而亦不後基也。迨高宗之末，天后之初，應義解之選，入譯經館，衆皆推挹。及翻大乘顯識等經，測充證義，與薄塵、靈辯、嘉尚攸方其駕。所著唯識疏鈔，詳解經論，天下分行焉。

唐京師安國寺元康傳六

釋元康，不詳姓氏。貞觀中遊學京邑，有彭亨之譽。形擁腫而短，然其性情酋勇，聞少解多，群輩推許。先居山野，恒務持誦觀音，求加慧解，遂感鹿一首角分八歧，厥形絶異。康見之，撫而馴伏，遂豢養之，乘而致遠，曾無倦色。以三論之文荷之于背，又以小軸繫之於尾，曳入上都，意爲戲弄：説有之徒不達空性，我與輕軸碾之，令悟真理。又衣大布，曳納播，戴竹笠，笠寬丈有二尺。裝飾詭異，人皆駭觀。既入京城，見一法師盛集講經化導。康造其筵，近其座，便就所講義申問，往返數百言，人咸驚康之辯給如此。復戲法師曰：「甘桃不結實，苦李壓低枝。」講者曰：「輪王千箇子，巷伯勿孫兒。」蓋譏康之無生徒也。康曰：「丹之藏者赤，漆之藏者黑，隨汝之赤者非纁絳焉，入汝之黑者非鉛墨焉。」舉衆皆云：「辭理涣然，可非垂跡之大士也？」帝聞之，喜曰：「何代無其人！」詔入安國寺講此三論。遂造疏，解中觀之理。別撰玄樞兩卷，總明中、百門之宗旨焉。後不測其終。

系曰：康師曳納播者何？通曰：「梵言立播，華言裹腹衣，亦云抱腹，形制如偏袒，一幅纔穿得手，肩袖不寬。著在左邊，右邊施帶，多貯絲絮。然是禦寒之服，熱國則否，用此亦聖開。流于東土，則變成色帛，而削幅綴于左右袖上，垂之製曳然，旌表我通贍經論。一本則曳一支，多則多曳。未知稽古自何人始乎？今單言播，略立字耳，全非禦寒之意，翻爲我慢之衣。既失元端，而多濫作，別形聖教以俟後賢，此外無施異制以亂大倫。詩曰：服之不稱，身之災也，〔一〕吁！」

唐簡州福聚寺靖邁傳七

釋靖邁，梓潼人也。少孺矜持，長高志操，特於經論研覈造微。氣性沉厚，不妄交結，遊必擇方，抵于京輔。貞觀中，屬玄奘西迴，敕奉爲太穆太后於京造廣福寺，就彼翻譯。所須吏力，悉與玄齡商量，務令優給。遂召證義大德諳練大小乘經論爲時所尊尚者，得一十一人，邁預其精選，即居慈恩寺也。同普光寺棲玄、廣福寺明濬、會昌寺辯機、終南山豐德寺道宣同執筆綴文，翻譯本事經七卷。邁後與神昉筆受於玉華宮及慈恩寺翻經院，皆推適變，故得經心矣。後著譯經圖紀四卷，銓序古今經目、譯人名位、單譯、重翻、疑僞等科，一皆條理，見編于藏。開元中，智昇又續其題目焉。

唐新羅國順璟傳八

釋順璟者，浪郡〔一〕人也，本土之氏族，東夷之家系，故難詳練。其重譯學聲教，蓋出天然。況乎因明之學，奘師精研，付授〔二〕華僧，尚未多達，璟之克通，非其宿殖之力，自何而至于是歟？傳得奘師真唯識量，乃立決定相違不定量。於乾封年中因使世入貢附至。于時奘師長往向及二年。其量云：「真故極成色，定離眼識，自許初三攝，眼所不攝故，猶如眼根。」良以三藏隱密周防，非大智不明。璟爲宗云：「不離於眼識，自許初三攝，眼所不攝故，猶如眼識也。」如此善成他義。時大乘基覽此作，便見璟所不知。雖然，終仰邊僧識見如此，故歎之曰：「新羅順璟法師者，聲振唐蕃，學包大小，業崇迦葉，唯執行於杜多，心務薄拘，恒馳聲於少欲。」既而蘊藝西夏，傳照東夷，名道日新，緇素欽揖。雖彼龍象不少，海外時稱獨步，於此量〔三〕作決定相，違基師念。遠國之人有茲利慧，搪突奘師，暗中機發，善成三藏之義，惜哉！

璟在本國稍多著述，亦有傳來中原者，其所宗，法相大乘了義教也。見華嚴經中始從發心便成佛已，乃生謗毁不信。或云：「當啓手足，命弟子輩扶掖下地，地則徐裂，璟身俄墜。」時言生身陷地獄焉。于今有坑，廣袤丈餘，實坎窞然，號「順璟捺落迦也」。

系曰：曲士不可以語道者，束其教也。是故好白者以黑爲污，好黑者以白爲污焉。璟怒心尤重，猛利業增如射箭，頃墮在地獄。列高僧品次，起穢以自臭邪〔四〕？

通曰：「難信之法易速謗誚，謗誚豈唯一人乎？俾令衆所知識者直陷三塗，乃知順璟真顯教菩薩也。況乎趙盾爲法受惡，菩薩乃爲法亡身。斯何足怪？君不見尼犍外道一一謗佛，而獨使提婆生陷，後於法華會上受記作佛，静言思之。」

唐京兆大慈恩寺嘉尚傳九

釋嘉尚，未知何許人也。慧性天資，瓌奇氣質，篇聚堅守，性相克攻，勤在進脩，務於翻譯。遠棲心于奘三藏門，見宗廟之富，窺室家之好。久稽考瑜伽師地、佛地論旨、成唯識論，深得義趣。隨奘於玉華宫譯大般若經，充證義綴文，多能傑出。及三藏有疾，命尚具録所翻經論合七十五部，總一千三百三十五卷。又録俱胝畫像一千幀，造十俱胝像，寫經放生燃燈，令尚宣讀。奘合掌歡喜曰：「吾心中願也，汝代導之，得没而無悔焉。」奘卒，著述疏鈔出雜集，義門夥多。天后朝同薄塵、靈辯等預譯場證義，功績愈繁。

尚初侍奘師在玉華宮翻經，至初會嚴淨佛土品，説諸佛菩薩以神通願力盛大千界上妙珍寶諸妙香花及意樂所生五塵妙境供養莊嚴説法處，與寺主慧德夜覩玉華寺内廣博嚴淨，伎樂盈滿。又聞三堂講法。明日白奘，歡喜符合。尚不知所終。

唐淄州慧沼傳十　大願　塵外

釋慧沼，不知何許人也。少而警慧，始預青衿，依于庠序，誦習該通。入法脩身，不違戒範，乃被時諺沼闍黎焉。次攻堅于經論，善達翻傳。自奘三藏到京，恒窺壺奥。後親大乘基師，更加精博。及菩提流志於崇福寺譯大寶積經，沼預其選，充證義，新羅勝莊法師執筆，沙門大願、塵外皆一時英秀，當代象龍。于時武平一充使，盧藏用、陸景初總預斯場。中書侍郎崔湜因行香至翻經院，歎曰：「清流盡在此矣，豈應見隔？」因奏請乞同潤色新經。

初，沼證義於義淨譯場，多所刊正，訛言舛義，悉從指定，無敢踰制。後著諸疏義，號淄州沼也。

唐京兆大慈恩寺彦悰傳十一

釋彦悰，未知何許人也。貞觀之末，觀光上京，求法于三藏法師之門。然其才不迨光、寶，偏長綴習學耳。於玄儒之業，頗見精微。辭筆之能，殊超流輩。有魏國西寺沙門慧立性氣炰烋，以護法爲己任，著傳五卷，專記三藏自貞觀中一行盛化及西域所歷夷險等，號慈恩傳，蓋取寺題也。及削藁云畢，慮遺諸美，遂藏于地穴。至疾亟，命門徒掘土出之而卒。其本數年流散他所，搜購乃獲。弟子等命悰排次之，序引之，或文未允，或事稍虧，重更伸明，曰箋述是也，乃象鄭司農箋毛之詁訓也。或有調之曰：「子與隋彦琮〔一〕相去幾何？」對曰：「賜也何敢望回，雖長卿慕藺，心宗慕於玉宗，故有以也。詩曰：『言念君子，温其如玉』，自許亦顏之士也。」或人許焉。悰不知終所。

唐新羅國義湘傳十二

釋義湘，俗姓朴，雞林府人也。生且英奇，長而出離，逍遥入道，性分天然。年臨弱冠，聞唐土教宗鼎盛，與元曉法師同志西遊，行至本國海門唐州界，計求巨艦，將越滄波。倏於中塗遭其苦雨，遂依道旁土龕間隱身，所以避飄濕焉。迨乎明旦相視，乃古墳骸骨旁也。天猶霢霂，地且泥塗，尺寸難前，逗留不進。又寄埏甓之中，夜之未央，俄有鬼物爲怪。曉公歎曰：「前之寓宿，謂土龕而且安；此夜留宵，託鬼鄉而多祟。則知心生故種種法生，心滅故龕墳不二。又三界唯心，萬法唯識。心外無法，胡用別求？我不入唐。」却攜囊返國，湘乃隻影孤征，誓死無退。以總章二年附商船達登州岸，分衛到一信士家，見湘容色挺拔，留連門下既久，有少女麗服靚粧，名曰善妙，巧媚誨之，湘之心石不可轉也。女調不見答，頓發道心於前，矢大願言：「生生世世歸命和尚，習學大乘，成就大事，弟子必爲檀越供給資緣。」湘乃徑趨長安終南山智儼三藏所，綜習華嚴經。時康藏國師爲同學也。所謂知微知章，有倫有要。德瓶云滿，藏海嬉遊，乃議迴程，傳法開誘。復至文登舊檀越家，謝其數稔供施，便慕商船〔一〕，逡巡解纜。其女善妙預爲湘辦集法服并諸什器，可盈篋笥，運臨海岸。湘船已遠，其女呪之曰：「我本實心供養法師，願是衣篋跳入前船！」言訖，投篋于駭浪。有頃，疾風吹之若鴻毛耳，遥望徑跳入船矣。其女復誓之：「我願是身化爲大龍，扶翼舳艫，到國傳法。」於是攘袂投身于海，將知願力難屈，至誠感神，果然伸形夭矯或躍，蜿蜒其舟底，寧達于彼岸。

湘入國之後，徧歷山川，於駒麗、百濟風馬牛不相及地，曰：「此中地靈山秀，真轉法輪之所。」無何，權宗異部聚徒可半千衆矣。湘默作是念，大華嚴教，非福善之地不可興焉。時善妙龍恒隨作護，潛知此念，乃現大神變於虛空中，化成巨石，縱廣一里，蓋于伽藍之頂，作將墮不墮之狀。羣僧驚駭，罔知攸趣，四面奔散。湘遂入寺中，敷闡斯經，冬陽夏陰，不召自至者多矣。國王欽重，以田莊奴僕施之。湘言於王曰：「我法平等，高下共均，貴賤同揆。涅槃經八不淨財，何莊田之有？何奴僕之爲？貧道以法界爲家，以盂耕待稔，法身慧命籍此而生矣。」湘講樹開花，談叢結果，登堂覩奥者則智通、表訓、梵體、道身等數人，皆啄巨轂飛出迦留羅鳥焉。湘貴如説行，講宣之外，精勤修練，莊嚴刹海〔二〕，靡憚暄涼。又常行義浄洗穢法，不用巾帨，立期乾燥而止。持三法衣，瓶鉢之餘，曾無他物。凡弟子請益，不敢造次，伺其怡寂而後啓發。湘乃隨疑解滯，必無滓核。自是已來，雲遊不定，稱可我心，卓錫而居。學侶蜂屯，或執筆書紳，懷鉛札葉，抄如結集，録似載言，如是義門隨弟子爲目，如云道身章是也。或以處爲名，如云錐穴問答等數章。疏皆明華嚴性海毗盧遮那無邊契經義例也。湘終於本國，塔亦存焉，號海東華嚴初祖也。

唐京兆大慈恩寺義忠傳十三

釋義忠，姓尹氏，潞府襄垣人也。年始九歲，宿殖之性，志願出家，得淄州沼闍梨爲師，若鳳巢中之生鵷鶵也。少秉奇操，慧解不倫。沼授與大涅槃經，時十三歲矣。相次誦徹四十卷，衆皆驚駭，號空門奇童也。二十登戒，學四分律，義理淹通。旁習十二門論二本，即當講演。沼師知是千里之駿，學恐失時，聞長安基師新造疏章，門生填委，聲振天下。乃師資相將，同就基之講肆，未極五年，又通二經五論，則法華、無垢稱及百法、因明、俱舍、成唯識、唯識道等也。由兹開奬，弟子繁多，講樹别茂於枝條，義門旁開於關竅，乃著成唯識論纂要、成唯識論鈔三十卷、法華經鈔二十卷、無垢稱經鈔二十卷。百法論疏最爲要當，移解二無我歸後，是以掩慈恩之繁，于今盛行勿過忠本。所謂列羣玉，貫衆花，玉裝瓊樹之林，花綴蜀機〔一〕之錦。輩流首伏，聲彩悠颺。況基師正照於太陽，忠也旁銜於龍燭，四方美譽，千里歸心者，不可勝筭矣。傳持靡怠，僅五十餘年，計講諸教七十許徧。

至年七十二，忽起懷土之心，歸于昭義，示同初夏誦戒行道。每一坐時，面向西北，仰視兜率天宮，冥心内院，願捨壽時得見天主，永離凡濁，終得轉依。一日，晨興澡洗訖，整肅容儀，望空禮拜，如有哀告之狀。少頃，結加趺坐，囑付流通教法之意畢，忽異香滿室，彩雲垂空。忠合掌仰視曰：「穢弱比丘，何煩大聖躬來引接？」言盡而化。鄉人道俗建塔供養，全身不壞，至今河東鄉里高岡存焉。

唐新羅國黄龍寺元曉傳十四大安

釋元曉，姓薛氏，東海湘州人也。丱鬟之年，惠然入法，隨師稟業，遊處無恒。勇擊義圍，雄横文陣，仡仡然，桓桓然，進無前却，蓋三學之淹通，彼土謂爲萬人之敵，精義入神，爲若此也。嘗與湘法師入唐，慕奘三藏慈恩之門，厥緣既差，息心遊往。無何，發言狂悖，示跡乖疎，同居士入酒肆倡家，若誌公持金刀鐵錫，或製疏以講雜華，或撫琴以樂祠宇，或閭閻寓宿，或山水坐禪，任意隨機，都無定檢。時國王置百座仁王經大會，徧搜碩德，本州以名望舉進之。諸德惡其爲人，譖王不納。居無何，王之夫人腦嬰癰腫，醫工絶驗，王及王子臣屬禱請山川靈祠，無所不至。有巫覡言曰：「苟遣人往他國求藥，是疾方瘳。」王乃發使泛海入唐，募其醫術。溟漲之中，忽見一翁由波濤躍出登舟，邀使人入海，覩宮殿嚴麗，見龍王。王名鈐海，謂使者曰：「汝國夫人是青帝第三女也，我宮中先有金剛三昧經，乃二覺圓通示菩薩行也。今託仗夫人之病，爲增上緣，欲附此經出彼國流布耳。」於是將三十來紙重沓散經付授使人。復曰：「此經渡海中，恐罹魔事。」王令持刀裂使人腨腸，而內于中，用蠟紙纏縢，以藥傅之，其腨如故。龍王言「可令大安聖者銓次綴縫，請元曉法師造疏講釋之，夫人疾愈無疑。假使雪山阿伽陀藥力亦不過是」。龍王送出海面，遂登舟歸國。時王聞而歡喜，乃先召大安聖者黏次焉。大安者，不測之人也，形服特異，恒在市鄽，擊銅鉢唱言「大安大安」之聲，故號之也。王命安，安云「但將經來」，不願入王宮閾。安得經，排來成八品，皆合佛意。安曰：「速將付元曉講，餘人則否。」曉受斯經，正在本生湘州也，謂使人曰：「此經以本始二覺爲宗，爲我備角乘，將案几，在兩角之間置其筆硯。」始終於牛車造疏，成五卷。王請剋日於黃龍寺敷演，時有薄徒竊盜新疏，以事白王，延于三日，重録成三卷，號爲略疏。洎乎王臣道俗雲擁法堂，曉乃宣吐有儀，解紛可則，稱揚彈指，聲沸于空。曉復昌言〔二〕曰：「昔日採百椽時，雖不預會，今朝横一棟處，唯我獨能。」時諸名德俯顔慚色，伏膺懺悔焉。初曉示跡無恒，化人不定，或擲盤而救衆，或噀水而撲焚，或數處現形，或六方告滅，亦盃渡、誌公之倫歟？其於解性，覽無不明矣。疏有廣略二本，俱行本土。略本流入中華，後有翻經三藏改之爲論焉。

系曰：海龍之宮自何而有經本耶？通曰：「經云龍王宮殿中有七寶塔，諸佛所説諸深義，別有七寶篋滿中盛之，謂十二因緣、總待三昧等。良以此經合行世間，復顯大安、曉公神異，乃使夫人之疾爲起教之大端者也。」

周京兆崇福寺神楷傳十五明恂

釋神楷，姓郭氏，太原人也，即漢末林宗之後。世襲冠裳，後隨父宦于秦，爲京兆人也。昆弟六人，楷居其季。幼而聰敏，立志弗羣，不樂浮榮，誓求翦落，禮明恂法師爲弟子，即大乘恂也。洎乎年滿受具，於經論義理，大小該通，耳聞口誦，譬鮮氎之易染。遂講攝大乘、俱舍等論，穎晤輩流罕有齊駕。後因講浄名經，見古師判處，喟然歎曰：「美則美矣，未盡善也！」乃於安陸白趙山撰疏，一云在越州剡石城寺述作素有巧性，於剡溪南巖之下，映水塑貌。今有池，已涸矣，巖下石隙縫間幽暗，然中有木棺者，云是楷殯于此。遊人下窺，歷歷皆覩。又言楷因慈恩、西明等寺度公王〔一〕出家，及翻經論，勑諸道高行才學僧並赴京師，遂應詔而入，配居崇業寺。至天后朝，方行其疏。後卒於此寺，弟子遷塔于南逍遥園焉，實大乘基之法門猶子也。

系曰：楷師遺迹，何京兆、剡溪二處？孰是？令人疑惑，若兩家之俱見蒯訓〔二〕焉。此乃古人名顯於四方，因子孫南北遷徙，追念先宗，遂有僑置焉。如晉氏渡江，衣冠之家多立祖先之遺迹同也。若然者，刹則是楷曾遊歷之地也。

周京兆廣福寺會隱傳十六（一）

釋會隱，不詳何許人也。精明之氣，綽有盈餘，處于等夷，若雞羣之見鶴也。天皇朝慎選高學名德，隱膺斯選。麟德二年勑北門西龍門修書所，同與西明寺玄則等一十人於一切經中略出精義玄文三十卷，號禪林要鈔，書成奏呈，勑藏祕閣。隱亦嘗預翻譯，玄則頗聞著述，高宗朝斯爲龍象之最焉。

周虎丘山寺僧瑗傳十七

釋僧瑗，字辯空，姓郁氏，高平昌邑人也。姬水疏源，狼亭襲慶，魯相繼昌侯之業，歷載彌光；少傅纂尚書之風，清塵不昧。瑗夙殖奇穎，早擅嘉祥。母趙氏娠孕之日，側侍聖賢浮空遊樂。及年六歲，隨母入舍利塔，見聖僧像，欣然跳躍，狀若舊交，因啓母出家。母以其尚幼，抑而未許。至年十三，方遂其志，依虎丘寺慧嚴法師爲弟子。謙揖之操，出自生知；辯慧之能，業稱上首。以龍朔二年奉勑剃翦，冥符所應，還棲此山。暨嚴公長往，乃依慧詡禪師受具足戒，聽常樂寺聰法師三論，甚深無相，疑滯豁除，方便解脫，怡然獨悟。因智從心證，遂詣江寧融禪師求學心法。攝念坐禪，衆魔斯伏；勤行精進，猛獸恒馴。是以名稱普聞，聲光八絶，旗亭趨利，削跡無踐。冬夏不易，常披一納。或滴水以充於夕渴；或數粒將濟於朝飢；或風雪凜凜，禮誦無替於六時；或炎暑爞爞，經行不虧於少選。稱揚歎羨，容色湛如；毁辱訶罵，歡喜而受。每蔭以長松，屬思鴻遠。清泉獨坐，映定水以彫文；虚室高栖，藹禪枝而蕩慮。撰武丘名僧苑一卷、注郁子兩卷、文集三卷，蓋道俗之儀表，人物之師範焉。永昌元年十二月二十日見身有疾，謂弟子曰：「吾聞屍所到處，便爲穢惡，出就别方，乃稱離罪爾。」門弟子等迎止於通波亭北静志莊，忽聞異香從空而下。瑗遺訓勤切，正觀叮嚀，滅後可依外國法。言訖合掌而終，春秋五十有一。緇素奔慟，咸悲眼滅。弟子僧義玄及雉山縣尉檀信等同遵師旨，如法闍維，收其舍利，於寺建塔，勒銘于所。

唐會稽山妙喜寺印宗傳十八

釋印宗姓印氏，吴郡人也。母劉氏始娠，鄰家咸見一沙門端雅，徐步入印舍，白劉曰：「願爲子焉。」母夢同此，再三陳讓，不克。父夢有饋栴檀香木，童子跪授付劉。劉頓厭葷羶，俗閒食味隔在脣吻之外。及生而長，從師誦通經典，末最精講者涅槃經。咸亨元年在京都，盛揚道化。上元中，勑入大愛敬寺居，辭不赴，請於蘄春東山忍大師諮受禪法。復於番禺遇慧能禪師，問答之閒，深詣玄理。還鄉地，刺史王胄禮重殊倫，請置戒壇，命宗度人，可數千百。續勑召入内，乃造慈氏大像。所著心要集，起梁至唐，天下諸達者語言總録焉。又奉勑江東諸寺院天柱、報恩各置戒壇度人。又纂百家諸儒士三教文意表明佛法者，重結集之。手筆逾高，著述流布。至先天二年二月二十一日示終，囑循輪王法葬之，年八十七。會稽王師乾立塔銘焉。

唐太原府崇福寺宗哲傳十九

釋宗哲，西河平遥人也。稚歲而有奇相，聰穎天資，既尋師範，砥節飾躬。屬玄奘三藏新翻諸經論，哲就其門，請益無替，凡幾周星，備窮諸典，若指于掌，於奘門下號爲得意哲，猶隋慧布之題目焉。後因講唱，厥義日新，時謂之爲「法江」。哲曰：「爲吾謝此品藻焉，殊不知法海在乎太原矣。」所指者蓋浮丘爲滄溟也。哲憫學者不達其意而師，諄哉，乃著義例，寰海之内莫不企羡。其如説佛位三事喻中，沼法師言三點三目，强分上下，勝劣配屬，太成巧誣。哲云三事俱得。然無名師品量。退而省之，哲其得矣。號之「得意」，豈虚也乎！沼師所以成餘師之説也。

唐洛京佛授記寺德感傳二十

釋德感，姓侯氏，太原人也。儀容瓌麗，學業精贍，衆典服勤，於瑜伽論特振聲彩。天皇大帝徵爲翻經大德。又與勝莊、大儀等同參義淨譯場，對敭受賜，言謝瀏亮。帝悦，尋授封昌平縣開國公，累井田至三千户。帝爲讚曰：「河汾之寶，山嶽之英，早袪俗累，夙解塵纓。緇門仰德，紺宇馳聲。式亞龍樹，爰齊馬鳴。」爲時君之所貴，爲若此也。御製風行，緇伍榮之。後充河南佛授記寺都維那，晚升寺任，中外肅然。終年六十餘，著義門行于世。如其七方便人迴心漸頓悟義，與湛法師爲勍敵耳，故交綏而退焉。

唐太原崇福寺浮丘傳二十一

釋浮丘，姓張氏，太原人也。挺然奇表，慧悟絶倫。於瑜伽論差成精博，旁綜群書，言分雅俗，四方學者争造其門。然訥於宣剖，敏於通解，深藏若虚，庸庸品類多所不知。于時哲公露其頭角，博聞强識之者懼其觝觸，豈況諸餘〔一〕乎？哲惟神伏丘之義學，故謂爲「法海」焉。享年七十餘，終于所居，然未聞其有所著述矣。

校勘記

窺基傳

〔一〕鄂國公德，按德上當有敬字，説見前無極高傳。清淳傳卷中高德僧事迹窺基下正作「伯父敬德」。

〔二〕情慾，揚州本、大正本慾作欲，通用。

〔三〕再憶，原本憶作億，從揚州本、大正本改。

〔四〕鳴椎，原本椎作稚，揚州本、大正本作椎。按犍椎謂磬或鐘，字或作犍槌，犍音巨寒切，椎音地，説詳翻譯名義集犍椎道具篇。椎、槌同音，稚乃形誤，今據正。

〔五〕永淳元年壬午，清凉傳元作二。李弘慶基公塔銘謂「按吏部李侍郎乂碣文，法師以皇唐永淳元年仲冬壬寅日卒於慈恩寺翻譯院。」（金石萃編卷一百十三）與此傳文合。永淳元年歲次壬午，作二者非。

〔六〕樊村北渠，塔銘及佛祖通載作「樊川」。

〔七〕大和，揚州本、大正本大作太，塔銘作大，同此。大和爲唐文宗年號，大讀作太。

〔八〕玉如，大正本作如玉。宋本、揚州本作玉如。

〔九〕大乘基，按今大慈恩寺三藏法師傳卷十作「窺基」，據此文則贊寧所見本作「大乘基」，故下文云「慧立、彥悰不全斥」也。

〔一〇〕馮義宣由，慈恩傳宣由作「宣敕垂許」，此省文。

道世傳

〔一〕俄厭衆沙，按李儼法苑珠林序云：「幼嶷聚砂，落飾緇衣之歲；慈殷接蟻，資成俱受之壇。」此文之「衆沙」、「救蟻」隸事相同，疑衆爲聚之形誤。徐陵傳大士碑：「聚沙畫地，皆因圖果。」孟浩然登總持寺浮圖詩：「爲童憶聚沙。」謂兒童之戲。

〔二〕未測其終，釋氏稽古略謂道世卒於高宗總章元年。按總章元年爲法苑珠林成書之時，李儼作序未言其已卒，恐未然。佛祖通載卷十五則繫于弘道元年（永淳二年十二月改元），相距十五年，當有所據。

普光傳

〔一〕訖驎德，原本訖作記，揚州本、大正本同，讀記字句。宋本記作訖，字從下讀，義長，今從改。

元康傳

〔一〕詩曰……身之災也，按此不見於詩經。左氏傳僖公二十四年有「服之不衷，身之災也」，正此文所本，詩當作傳。

順璟傳

〔一〕浪郡，浪上疑脱樂字。樂浪郡爲漢時所置，在古朝鮮地區。順璟爲新羅國僧，傳借用漢郡稱耳。若省稱「浪郡」，地志未見同例。

〔二〕付授，揚州本、大正本授作受。

〔三〕此量，元本此作比。

〔四〕臭邪，揚州本、大正本邪作耶，通用。

彥悰傳

〔一〕彥琮，揚州本、大正本琮作悰。按隋彥琮之琮從玉傍，作悰者誤。

義湘傳

〔一〕慕商船，慕疑當作募。

〔二〕刹海，元本刹作利。按刹海乃佛教術語，猶言水陸，利字形近而誤。

義忠傳

〔一〕蜀機，原本蜀作濁，從揚州本、大正本改。蜀錦著名，左思蜀都賦所謂「機杼相和，貝錦斐成」，以借以爲喻。

元曉傳

〔一〕昌言，宋本昌作唱。

神楷傳

〔一〕公王，揚州本、大正本王作者。宋本、元本作王，同此本。

〔二〕蓟訓，音釋云：「蓟，古詣切，姓也。」

會隱傳

〔一〕按傳文兼述玄則之事，依例本題下宜列其名爲附傳。

浮丘傳

〔一〕諸餘，大正本諸誤作請。

大宋高僧傳卷第五

義解篇第二之二正傳十四人　附見五人

周洛京佛授記寺法藏傳一大儀

釋法藏字賢首，姓康，康居人也。風度奇正，利智絶倫，薄遊長安，彌露鋒穎，尋應名僧義學之選。屬奘師譯經，始預其間，後因筆受、證義、潤文，見識不同而出譯場。至天后朝，傳譯首登其數。實叉難陀賫華嚴梵夾至，同義淨、復禮譯出新經。又於義淨譯場，與勝莊、大儀證義。

昔者燉煌杜順傳華嚴法界觀，與弟子智儼講授此晉譯之本。智儼付藏，藏爲則天講新華嚴經，至天帝網義十重玄門、海印三昧門、六相和合義門、普眼境界門，此諸義章皆是華嚴總别義綱，帝於此茫然未決。藏乃指鎮殿金師子爲喻，因撰義門，徑捷易解，號金師子章，列十門總别之相，帝遂開悟其旨。又爲學不了者設巧便，取鑑十面，八方安排，上下各一，相去一丈餘，面面相對，中安一佛像，燃一炬以照之，互影交光。學者因曉刹海涉入無盡之義。藏之善巧化誘，皆此類也。其如宣翻之寄，亦未能捨，蓋帝王歸信緇伍所憑之故。洎諸梵僧罷譯，帝於聖曆二年己亥十月八日，詔藏於佛授記寺講大經，至華藏世界品，講堂及寺中地皆震動，都維那僧恒景具表聞奏。勑云：「昨請敷演微言，闡揚秘賾。初譯之日，夢甘露以呈祥；開講之辰，感地動以標異。斯乃如來降迹，用符九會之文；豈朕庸虚，敢當六種之震。披覽來狀，欣惕于懷」云。其爲帝王所重，實稱非虚，所以華嚴一宗付授澄觀，推藏爲第三祖也。著般若心經疏，爲時所貴，天下流行。復號康藏國師是歟！

唐荆州玉泉寺恒景傳二

釋恒景，姓文氏，當陽人也。貞觀二十二年勑度，聽習三藏，一聞能誦，如説而行。初就文綱律師隸業毗尼，後入覆舟山玉泉寺，追智者禪師習止觀門。於寺之南十里别立精舍，號龍興是也。自天后、中宗朝，三被詔入内供養爲受戒師。以景龍三年奏乞歸山，勑允其請。詔中書、門下及學士於林光宫觀内道場設齋。先時追召天下高僧兼義行者二十餘人，常於内殿修福，至是散齋，仍送景并道俊、玄奘各還故鄉。帝親賦詩，學士應和，即中書令李嶠、中書舍人李乂〔一〕等數人。時景等捧詩振錫而行，天下榮之。景撰順了義論二卷、攝正法論七卷、佛性論二卷。學其宗者，如渴之受漿。至先天元年九月二十五日卒于所住寺，春秋七十九。弟子奉葬于寺之西原也。

系曰：江陵玄奘與三藏法師形影相接，相去幾何。然其名同實異，亦猶藺相如得强秦之所畏，馬相如令揚雄之追慕。然則各有所長短，亦可見也。

唐中嶽嵩陽寺一行傳三

釋一行，俗姓張，鉅鹿人也，本名遂，則唐初佐命鄭國公〔一〕公謹之支孫〔二〕也。丱歲不羣，聰黠明利，有老成之風。讀書不再覽，已暗誦矣。因遇普寂禪師大行禪要，歸心者衆，乃悟世幻，禮寂爲師，出家剃染。所誦經法，無不精諷。寂師嘗設大會，遠近沙門如期必至，計逾千衆。時有徵士盧鴻，隱居於别峯，道高學富，朝廷累降蒲輪，終辭不起。大會主事先請鴻爲導文，序讚邑社〔三〕。是日鴻自袖出其文，置之機案。鐘梵既作，鴻謂寂公曰：「某爲數千百言，況其字僻文古，請求朗儁者宣之，當須面指擿而授之。」寂公呼行，伸紙覽而微笑，復置機案。鴻怪其輕脱。及僧聚於堂中，行乃攘袂而進，抗音典裁〔四〕，一無遺誤。鴻愕視久之，降歎不能已，復謂寂公曰：「非君所能教導也，當縱其遊學。」自是三學名師，罕不諮度。因往當陽，值僧真，纂成律藏序，深達毗尼。然有陰陽讖緯之書，一皆詳究，尋訪筭術，不下數千里，知名者往詢焉。末至〔五〕天台山國清寺見一院，古松數十步，門枕流溪，淡然岑寂。行立于門屏，聞院中布筭，其聲蔌蔌然。僧謂侍者曰：「今日當有弟子自遠求吾筭法，計合〔六〕到門，必無〔七〕人導達耶？」即除一筭子。又謂侍者曰：「門前水合却西流，弟子當至。」行承其言而入，稽首請法，盡授其決焉〔八〕，門前水復東流矣。自此聲振遐邇，公卿籍甚。玄宗聞之，詔入，謂行曰：「師有何能？」對曰：「略能記覽，他無所長。」帝遂命中官取宮籍〔九〕以示之，行周覽方畢，覆其本，記念精熟，如素所習。唱〔一〇〕數幅後，帝不覺降榻稽首曰：「師實聖人也。」嗟歎良久。尋乃詔對無恒，占其災福，若指于掌，言多補益。

時邢和璞者，道術人，莫窺其際，嘗謂尹愔曰：「一行和尚真聖人也。漢落下閎造曆云：『八百歲當差一日，則有聖人定之。』今年期畢矣。屬大衍曆出，正其差謬，則落下閎〔一一〕之言可信。非聖人孰能預於斯矣！」又於金剛三藏學陀羅尼秘印，登前佛壇，受法王寶，復同無畏三藏譯毗盧遮那佛經，開後佛國，其傳密藏，必抵淵府也。睿宗、玄宗並請入內集賢院，尋詔住興唐寺。所翻之經，遂著疏七卷，又攝調伏藏六十卷〔一二〕、釋氏系録一卷、開元大衍曆五十二卷。其曆編入唐書律曆志，以爲不刊之典。又造游儀，黄赤二道以鐵成規，於院製作。

次有王媪者，行鄰里之老媪，昔多贍行之貧，及行顯遇，常思報之。一日拜謁云：「兒子殺人，即就誅矣。況師帝王雅重，乞奏減死，以供母之殘齡！」如是泣涕者數四，行曰：「國家刑憲，豈有論請而得免耶？」命侍僧給與若干錢物，任去別圖。媪戟手曼駡曰：「我居鄰周給迭互，綳褓閒抱乳汝。長成，何忘此惠耶！」行心慈愛，終夕不樂。於是運筭畢，召浄人戒之曰：「汝曹挈布囊於某坊閑静地，午時坐伺，得生類投囊，速歸。」明日，果有猳彘引㹠七箇，浄人分頭驅逐，猳母走矣，得㹠而歸。行已備巨瓮，逐一入之，閉蓋，以六乙泥封口，誦胡語數契而止。投明，中官下詔入問云：「司天監奏昨夜北斗七座星全不見，何耶？」對曰：「昔後魏曾失熒惑星，至今帝車不見。此則天將大儆於陛下也。夫匹夫匹婦不得其所，猶隕霜天旱，盛德所感，乃能退之。感之切者其在葬枯骨乎！釋門以慈心降一切魔，微僧曲見，莫若大赦天下。」玄宗依之。其夜占奏北斗一星見，七夜復初，其術不可測也。又開元中嘗旱甚，帝令祈雨，曰：「當得一器上有龍狀者，方可致雨。」勑令中官同於内庫中徧視之，皆言弗類。數日後指一古鑑，鼻盤龍，喜曰：「此真龍也。」乃將入壇場，一日而雨。其異術通感爲若此也。

玄宗在大明宮，從容密問社稷吉凶并祚運終畢事，行對以他語。帝詢之不已，遂曰：「陛下當有萬里之行。」又曰：「社稷畢得終吉。」帝大悦。復遺帝一金合子，形若彈丸，内貯物，撼必有聲，發之不得，云：「有急則開。」帝幸蜀，倉黄都忘斯事，及到成都，忽憶啓之，則藥分中當歸也。帝曰：「伊藥産於此，師知朕違難至蜀當歸也。」復見萬里橋，曰：「一行之言，信其神矣。」命中官焚香祝之，乃告謝也。及昭宗初封吉王，至太子德王，唐爲梁滅，終行之言「社稷畢得終吉」也。

開元十五年九月於華嚴寺疾篤，將輿病入辭，小間而止。玄宗此夜夢瞰禪居，見繩牀紙隔開扇，曉而驗問，一如所覩。乃詔京城名德致大道場，爲行祈福〔一三〕，危疾微愈。其寵愛如是。十月八日隨駕幸新豐，身無諸患，口無一言，忽然浴香水换衣，趺坐正念，怡然示滅。一云：辭告玄宗後，自駕前東來嵩山謁禮本師，即寂也。時河南尹裴寬正謁寂，寂云：「有少事，未暇與大尹款話。且請踟躕休息也。」寬乃屏從人，止於旁室，伺寂何爲。見潔浄正堂，焚香默坐，如有所待。斯須，叩門連聲云：「天師一行和尚至。」僧號天師，始見於此，言天子師也。行入，頗忽切之狀，禮寂之足，附耳密語，其貌愈恭。寂但頷膺曰：「無不可者。」語訖又禮，禮語者三，寂唯言「是是，無不可者。」行語訖，降階入南室，自閉其户。寂乃徐召侍者曰：「速聲鐘，一行已滅度。」左右疾走視之，瞑目而坐，手掩伺息，已絶。四衆弟子悲號沸渭，撼動山谷，乃停神於罔極寺。自終及葬，凡經三七日〔一四〕，爪甲不變，髭髮更長，形色怡悦，時衆驚異。帝覽奏悲愴曰：「禪師捨朕，深用哀慕！」喪事官供，詔葬于銅人原，謚曰大慧禪師。御撰塔銘〔一五〕，天下釋子榮之。

唐京兆西崇福寺智昇傳四

釋智昇，未詳何許人也。義理懸通，二乘俱學，然於毗尼，尤善其宗。此外文性愈高，博達今古，每慊聶道真、道安，至于明佺、宣律師各著大藏目録，記其翻傳年代人物者，謂之晉録、魏漢等録，乃於開元十八年歲次庚午，撰開元釋教録二十卷，最爲精要。何耶？諸師於同本異出、舊目新名，多惑其文，真僞相亂。或一經爲兩本，或支品作別翻，一一裁量，少無過者。如其舊録江泌女子誦出經，黜而不留，可謂藻鑑。杜塞妖僞之源，有兹獨斷。後之圓照貞元録也，文體意宗，相岠不知幾百數里哉。麟德中道宣出内典録十卷，靖邁出圖紀四卷，昇各續一卷。經法之譜，無出昇之右矣。

唐中大雲寺圓暉傳五 懷遠　崇廙

釋圓暉，未詳何許人也。關輔之間，聲名籍甚，精研性相，善達諸宗。幼於俱舍一門，最爲鋭意。時禮部侍郎賈曾歸心釋氏，好樂斯文，多命暉談此宗相，然其難者則非想見惑，繁者則得非得章。爰請暉師略伸梗槩，究其光師疏義繁極難尋。又聖善寺懷遠律師願心相合，因節略古疏，頌則再牒，而釋論乃有引而具注，甚爲徑捷，學者易知。

後有崇廙著金華鈔十卷以解焉。光、寶二師之後，暉公間出，兩河間、二京道、江表、燕、齊、楚、蜀盛行暉疏焉。

唐京兆華嚴寺玄逸傳六

釋玄逸，姓竇氏，即玄宗神武皇帝從外父也。繁柯懿葉，莫我與京，昆友姪弟，多升朝列，或以靡麗自持，或以官榮相抗。逸乃風神秀朗，蕭灑拔俗，悟色空之迹，到真寂之場，糠粃膏粱，么麽軒冕。既而形厠緇伍，學追上流，秘藏香龕，披閲通理。一日，喟然興歎曰：「去聖日遠，編簡倒錯，或止存夏五，或濫在魯魚，加以筆扎偷行，校讎喪句。若揵度〔一〕失其夾葉，猶禮記脱錯後先，日見乖訛，迷而不復，有一于此，彝倫攸斁！」遂據古今所撰目録，及勘諸經，披文已浩於几案，積卷仍溢於堂宇。字舛者詳義而綸之，品差者賾理而綱之。星霜累遷，功業克著。非夫心斷金石、志堅冰蘖者，曷登此哉！既綜結其科目，諒條而不紊也，都爲三十卷，號釋教廣品曆章焉。考其大小乘經律論，并東西土賢聖集，共一千八十部，以蒲州、共城二邑紙書，校知多少，縛定品次，俾後世無閟焉。其章頗成倫要，備預不虞，古之善制。有樂陵尹靈琛爲序。逸後不知所終。

唐長安青龍寺道氤傳七

釋道氤，俗姓長孫，長安高陵人也。父容，殿中侍御史。母馬氏夢五色雲覆頂，因有娠焉。母常聽講讀大乘經，曉夜不輟，意行太任之胎教也。逮乎誕彌，異香芬馥；成于童稚，神氣俊秀，學問詳明。應進士科，一舉擢第，名喧日下，才調清奇，榮耀親里。後有梵僧扣門分衛，飯訖，願寓宵宿。氤接之談話，言皆詣理，梵僧稱歎。明曉辭訣，方出門，閃然不見。氤由此無調選之心矣，乞願出家。將知良珠度寸，雖有百仞之水，不能掩其雲也，何君親而能阻入道之猛利心焉？乃禮京招福寺慎言律師爲師，請益無替。及登戒法，旋學律科，又隸經論，如是內外偕通矣。時有興善寺復禮法師善屬文，謂氤曰：「籍汝少俊，可爲余造西方讚一本。」遂襞紙援毫，略不停綴，斯須已就，其辭典麗。清淨佛國，境物莊嚴，臨文若現前矣。禮師讀訖，顧左右諸德曰：「奇才秀句，吾輩莫能測也。」自後伏膺窗案，晝夜精勵，辯給難訓，善於立破。禮師仰其風規，嘗於稠人廣衆中宣言曰：「氤之論端，勢若泉涌。」從此聞天，供奉朝廷。玄宗幸雒，勑與良秀、法修隨駕。御史李竫同請氤於天宮寺講淨業障經，其疏亦氤之著述也。時一行禪師國之師匠，過慮將來佛法誰堪扞禦？誰可闡揚？奏召天下英髦學兼內外者集于洛京福先寺，大建論場。氤爲衆推許，乃首登座，於瑜伽、唯識、因明、百法等論，竪立大義六科，敵論諸師茫然屈伏。一行驚異曰：「大法梁棟，伊人應焉。余心有憑，死亦足矣。」及乎大駕西還，勑令扈從。乃有小疾，上表，帝降中使賜藥并方，詔曰：「法師將息，朕此藥并方甚好，服食必差。」所患痊愈，早來西京。」其顧遇也若此。仍屬此際一行遷神，勑令東宮已下京官九品已上並送至銅人原藍田設齋，推氤表白，法事方畢。宰相張燕公說執氤手曰：「釋門俊彥，宇內罕匹。」幸附口録向所導文一本，置于篋笥〔二〕。」由是其文流行天下也。

開元十八年，於花萼樓對御定二教優劣，氤雄論奮發，河傾海注。道士尹謙對答失次，理屈辭殫，論宗乖舛。帝再三嘆羡，詔賜絹伍伯匹，用充法施。別集對御論衡一本，盛傳于代。後撰大乘法寶五門名教并信法儀各一卷、唯識疏六卷、法華經疏六卷、御注金剛經疏六卷。初，玄宗注經，至「若有人先世罪業應墮惡道，乃至罪業則爲消滅」，雖提兔翰，頗見狐疑，慮貽謬解之愆，或作餘師之義。遂詔氤決擇經之功力，剖判是非。奏曰：「佛力經力，十聖三賢，亦不可測。陛下曩於般若會中，聞熏不一，更沈注想，自發現行。」帝於是豁然若憶疇昔，下筆不休，終無滯礙也。續宣氤造疏矣。四海嚮風，學徒鱗萃，於青龍寺執新疏，聽者數盈千計，至于西明、崇福二寺。講堂悉用香泥，築自水際至于土面，莊嚴之盛，京中甲焉。開元二十八年，有疾將終，遣門弟子賫遺表云：「某末品輕生，虚均雨露，得陪緇伍，許自精修。雖常袒右肩，無施舉袂之役，而執錫舒步，得躅負載之勞。屬以時暢玄功，德揚真化，不謂勤劬慕學，造次養生。今月十六日苦腸忽加，湯藥無救。泉門自掩，安沐堯風；夜臺一歸，寧逢舜日。有定瘞於蒼隴，無再謁於丹墀」云。時帝覽惻怛，遣中使内給事賈文環將絹五十匹，就院弔贈，宣口勑奉問。氤弟子等適聞法師遷神寂滅，痛惜良深，未審擬於何處安厝。賜到絹帛等，聖恩追悼，生榮死哀，光于僧伍。俗壽七十三，僧臘五十三。以其年秋八月十二日〔二〕葬于終南山陰逍遥園側，白塔存焉。

唐京師安國寺良賁傳八

釋良賁，姓郭氏，河中虞鄉人也。世襲冠裳，法門之流，不標祖禰，故闕如也。賁識鑒淵曠，風表峻越，外通墳典，内善經論，義解之性，人罕加焉。

永泰中，不空盛行傳譯，實難其人，貢預其翻度。代宗請爲菩薩戒師。因新出仁王護國經，勑令撰疏解判，曲盡經意，以所住寺爲疏目，曰青龍也。原夫是經已當三譯，一晉太始三年法護譯一卷，名仁王般若；次秦羅什出，名仁王護國般若波羅蜜；次梁承聖三年真諦於洪州寶因寺譯，名仁王般若，并疏六卷。然則晉本初翻，方言尚隔。梁朝所譯，隱而不行。僞秦之經，傳流宇内。奈何止言波羅蜜而闕多字？則是虧其到義。是以肅宗皇帝齋心沐德，請不空重譯。及肅皇晏駕，代宗成先聖之願言，詔興譯務，勑軍容使魚朝恩監護於南桃園，起乎告朔，終乎望日，帝御承明殿灌頂道場躬執舊經，對譯新本，而復爲序冠于經首，仍勑貢造疏通經。貢上表曰：「學孤先哲，有玷清流，叨接翻傳，謬膺筆受。幸揚天闕，親奉德音，令於大明宮南桃園修疏贊演，宸光曲照，不容避席。窮玄珠於貝葉，但益慙惶；捧白璧於丹墀，寧勝報效。仰酬皇澤，俯課忠勤，既竭愚誠，庶昭玄造。」貢勤勤筆削，三卷克成，奏乞流行。復上牋疏：「今年二月二十一日恩命令在内園修撰經疏，微僧寡學，懼不稱旨。洗心滌慮，扣寂求音，發明起自於天言，加被仰憑於佛力，咸約經論，演暢真宗，亦猶集羣玉於崑山，納大川於溟海。火生於木，與兩曜而俱明；識轉於如，體一相而等照。成道者法也，載法者經也，釋經者疏也，廣度羣有同於大通，是菩提心如陛下意。所撰經疏，繕寫畢功，文過萬言，部有三卷。施行竊慙於愚見，裁成冀答於聖恩。并念誦儀軌一卷，承明殿講密嚴經對御記一卷同進上。輕塵玄覽，祗畏無任。」答詔云：「法師智炬高明，辭峯逈秀，親憑梵夾，宣闡微言，幽賾真宗，演成章疏。開如來之祕藏，示羣有之迷津，貫玉聯珠，鈎深致遠。再三披閱，頗謂精詳。傳之招提，永爲法寶也。」皇命褒揚，釋門翕盛。又屬章信寺初成，執疏伏膺者常數百衆，雖紙貴如玉，無以加焉。其在安國寺講筵，官供不匱。數年之内，歸學如林。大曆七年正月，不空奏請入目録，勑依。

賁於六年徙居集州，教授傳經，不遑寧處。至十二年三月十日，無疾枕肱，終于符陽，春秋六十一，夏臘二十九。宕渠嘉川之人，哀悼法梁摧折，闍維收夾中舍利百餘粒。遺表中進念誦儀對御記二卷，以其先進者遂留在内中之故，令門弟子賚之重進。後於上都城東置墳塔焉，即大曆十三年也。賁累朝供奉應制，辭辯富贍，學問高深。未塗淪躓，同利涉之徙移〔一〕，若神會之流外，吁哉！

唐越州禮宗傳九

釋禮宗，俗姓宋，會稽人也。道氣酋壯，志求玄微，願遂出塵，決除鞅絆。聞長壽寺和尚通達禪觀，往叩其關，學習之心，未嘗少懈。師誨之曰：「汝之出塵，有大利益，可謂良玉度尺，雖有十仞之土，不能揜其光矣。」乃奮藻擄華，注涅槃經，懷鉛握槧，周于二載。挫鋭解紛，怡然理順，遂成夾注八十卷焉。及鄭卿尚書典郡，聞其盛名，致疏往請，確然拒而不赴。景龍二年，有御史大夫馮思忽爾暴終，入一處，有二童子持簿領馮庭對判官廳，按覆罪僁，令望彼巨樹枝柯可覆數畝。判官身旁舊識者張思義，招手呼馮曰：「吾是汝舅，曾爲洛陽倉吏，被長官越格誣殺，兼假貸太平寺中錢及油麪，于今未脱。汝所坐者，不合於天后宫中亂越，致此暴卒。可發願造涅槃經，鑄鐘。」登即關奏，判放却還人世。臨行，張語馮曰：「在閻浮一日造功德，得福無量，胡忍一生不修功德耶？此涅槃經者，禮宗大師注解，從天台傳授，每有善神守護。」時張差押馮往諸司考校輕重生處，囑之曰：「汝去洛城道光坊内十字街第三宅是吾家。家有池亭竹樹，爲問妻兒安否？」馮起尋經本，未獲，而又死，經三日，立限歸寫經鑄鐘功畢。馮在世得四十八年終。宗亡，春秋九十七焉。

唐錢塘天竺寺法詵傳十

釋法詵，姓孫氏〔一〕。母初夢吞明珠，遂黜魚悪葷。誕彌厥月，生有異表。十五辭親從師，依年受具。行學一集，蔚爲教宗，卷伊吕立功之致，陋黄綺肆志之適。遺形理性，與山木〔二〕爲羣。故地恩貞〔三〕大師囑之以華嚴經、菩薩戒、起信論，心以静銑〔四〕，智與經冥。一夕夢乘大艑直截滄溟，横山當前，峻與天極。不覺孤帆鶱戾，懷襄上濟〔五〕，峯竦竦而忽焉，雲溶溶而在下。既寤，形若委衣，流汗輕醒。自此句義不思而得，一部全文常現心境，事事無礙之旨如貫花焉。天寶六年，於蘇州常樂寺續盧舍那像，化示羣品。大曆二年，於常州龍興寺講，纔登法座，忽有異光如曳紅縷，漸明漸大，縈旋杳空。久修行者會中先覩。前後講大經十徧，撰義記十二卷。大曆十三年十一月七日，沙門慧覺夢巨塔陷地二級。無何，詵示疾而終，春秋六十一，慧命四十二〔六〕。受法弟子太初，付以香鑪談柄。尋陽〔七〕正覺、會稽神秀，亦猶儒氏之有游夏焉。詵初講天竺寺，盛闡華嚴。時越僧澄觀就席決疑，深得幽趣。及終，吴興皎然爲碑，邘城肅公爲頌，合揚其美哉。

唐京師興善寺潛真傳十一　道超

釋潛真，字義璋，姓王氏，太原華族，後徙爲夏州朔方崇道鄉人也。考珍，真即仲子也。年在學數，業尚典墳。幼好佛書，抑從天性，甫及弱冠，投跡空門。開元二十六年隸名于本城靈覺寺，明年納具戒。自此聽習律乘，涉遊論海，凡曰講筵，無不探賾。

屬代宗朝新譯文殊師利菩薩佛刹莊嚴經，勑真造疏，奏云：「此經凡有三譯：一西晉太熙中法護翻，名佛土嚴淨經，文勢多古，語簡理幽；二天后久視中實叉難陀於清禪寺翻，名文殊受記經；三即今大曆六年所譯也。伏唯寶應元聖文武皇帝陛下，天垂帝籙，人歸寶圖，德厚乾坤，明侔日月，仁恕滋物，夷狄仰德，而輸誠慈惠，利生正教，承風而演化。頃者鄜坊節度使兼御史中丞杜冕奏爲國請諸大乘經，明詔下於祇園，梵旨開於貝葉，因請三藏不空譯此經等數十部。續有勑下，天下梵宇各置文殊菩薩像，以旌聖功也。又詔以文殊菩薩爲上座，皆三藏所請。三藏學究瑜伽，解窮法印，身口意業，祕密脩持，戒定慧學，顯通宣暢，唐梵文字，聲韻具知。傳譯此經，善符聖旨，文質相兼，璨然可觀。潛真識智愚昧，學藝庸淺，幸陪清衆，謬在翻傳，虚空藏經，課虚潤色，猥蒙驅策，述疏讚揚，雖文義荒蕪，已傳京邑。今之所作，蓋有由焉。有金閣寺大德道超禪師，學盡法源，行契心本，親覩靈境，密承聖慈，故久在清涼，屬興浄業，仍於現處建窣堵波。尋覯法緣，來詣京國。以此經爲大事，以大聖爲本師，顯揚聖德，無過此者。乃稽首三藏，誓傳大聖法門，不以潛真庸虚，轉祈和尚，邀令述作。和尚不念前之鄙陋，又令讚釋此經。竊恐難契真詮，敢不盡其愚訥。」即大曆八年十一月，疏成奏過。真學通内外，性相融明，考覆幽玄，研精教理，探賾今古，比校親疎，分别異同，歸於一義。辯猶泉涌，思入虚凝，直筆而書記於絶唱，結成三卷，以作準繩，現在未來，永無疑網矣。又述菩提心義、發菩提心戒各一卷，三聚浄戒及十善法戒共一卷。兼稟承不空祕教，入曼拏羅登灌頂壇受成佛印。顯密二教，皆聞博贍。關内河東，代歷四朝，闡揚妙旨，弟子繁多。加復綱紀興善、保壽二處伽藍，懲勸僧尼，真有力也。以貞元〔一〕四年戊辰五月十四日遺誡門人，以疾而卧。二十一日，右脇累足，口誦彌陀佛號，終于興善寺本院。春秋七十一，僧夏四十九云。

唐代州五臺山清涼寺澄觀傳十二

釋澄觀，姓夏侯氏〔一〕，越州山陰人也。年甫十一，依寶林寺今應天山。霈禪師出家，誦法華經。十四，遇恩得度，便隸此寺。觀俊朗高逸，弗可以細務拘。遂徧尋名山，旁求祕藏，梯航既具，壼奥必臻。乾元中，依潤州棲霞寺醴律師，學相部律。本州依曇一，隸南山律，詣金陵玄璧法師，傳關河三論。三論之盛于江表，觀之力也。大曆中，就瓦棺寺傳起信、涅槃。又於淮南法藏，受海東起信疏義。却復天竺詵法師門，温習華嚴大經。七年，往剡溪，從成都慧量法師，覆尋三論。十年，就蘇州，從湛然法師習天台止觀、法華、維摩等經疏。解從上智，性自天然，所學之文，如昨抛捨，鮑靜記井，蔡邕後身，信可知矣。又謁牛頭山忠師、徑山欽師、洛陽無名師，咨決南宗禪法。復見慧雲禪師，了北宗玄理。觀自謂己曰：「五地聖人，身證真如，棲心佛境，於後得智中起世俗念，學世間技藝。况吾學地，能忘是心？」遂翻習經、傳、子、史、小學、蒼、雅、天竺悉曇諸部異執，四圍、五明、秘呪、儀軌，至于篇頌筆語書蹤，一皆博綜。多能之性，自天縱之。

大曆十一年，誓遊五臺，一一巡禮，祥瑞愈繁。仍往峨嵋，求見普賢，登險陟高，備觀聖像。却還五臺，居大華嚴寺，專行方等懺法。時寺主賢林，請講大經，并演諸論。因慨華嚴舊疏，文繁義約，惙然長想。「况文殊主智，普賢主理，二聖合爲毗盧遮那，萬行兼通，即大華嚴〔一一〕之義也。吾既遊普賢之境界，泊妙吉之鄉原，不疏毗盧，有辜二聖矣。」觀將撰疏，俄於寤寐之間，見一金人當陽挺立，以手迎抱之，無何咀嚼都盡。覺即汗流，自喜吞納光明徧照之徵也。起興元元年正月〔一二〕，貞元三年十二月畢功，成二十軸，乃飯千僧以落成也。後常思付授，忽夜夢身化爲龍，矯首于南臺，蟠尾于山北，拏攫碧落，鱗鬣耀日。須臾，蜿蜒化爲千數小龍，騰躍青冥，分散而去。蓋取象乎教法支分流布也。四年春正月，寺主賢林請講新疏。七年，河東節度使李公自良復請於崇福寺講。德宗降中使李輔光宣詔入都，與罽賓三藏般若譯烏荼國王所進華嚴後分四十卷。觀苦辭，請明年入。勑允。及具行，至蒲津，中令梁公留安居，遂於中條山棲巖寺住。寺有禪客，拳眉剪髮，字曰癡人，披短褐，操長策，狂歌雜語，凡所指斥，皆多應驗。觀未至之前，狂僧驅衆僧洒掃曰：「不久菩薩來此。」復次壁畫散脂大將及山麋之怪，往往不息。觀既止此寺，二事俱静。五月，内中使霍仙鳴傳宣催入。觀至，帝頗敦重，延入譯場刊正。又詔令造疏。遂於終南草堂寺編成十卷，進呈，勑令兩街各講一遍爲疏。時堂前池生五枝合歡蓮華，一華皆有三節，人咸嘆伏。尋譯守護國界主經，觀綴文潤色。順宗在春宫，嘗垂教令述了義一卷、心要一卷并食肉得罪因緣。洎至長安，頻加禮接。朝臣歸向，則齊相國抗、韋太常渠牟，皆結交最深。故相武元衡、鄭絪、李吉甫、權德輿、李逢吉、中書舍人錢徽、兵部侍郎歸登、襄陽節度使嚴綬、越州觀察使孟簡、洪州韋丹，咸慕高風，或從戒訓。以元和年卒，春秋七十餘〔四〕。弟子傳法者一百許人，餘堪講者千數。觀嘗於新創雲花寺般若閣下畫華藏世界圖相，又著隨疏演義四十卷，允齊相請述華嚴經綱要一卷、法界玄鑑一卷、三聖圓融觀一卷、華嚴、法華、楞伽、中觀論等。別行小鈔疏共三十卷。設無遮大會十二中，其諸塑繢形像，繕寫經典，不可殫述。門人清沔記觀平時行狀云：「觀恒發十願：一長止方丈但三衣鉢，不畜長；二當代名利，棄之如遺；三目不視女人，四身影不落俗家；五未捨執受，長誦法華經；六長讀大乘經典，普施含靈；七長講華嚴大經；八一生晝夜不卧；九不邀名惑衆伐善；十不退大慈悲普救法界。」觀逮盡形期，恒依願而修行也。

唐京師西明寺良秀傳十三談筵

釋良秀，姓郭氏，蒲津人也。年及佩觿，挺然離俗，乃往中條山柏梯寺〔一〕披削，誦通經業，受具律儀。誓以傳講爲己事，勤苦忘疲，三藏俱尋，九流外贍。于時籍甚，孰不欽崇。貞元四年，奉詔與罽賓國般若三藏同譯大乘理趣六波羅蜜經十卷。至五年二月四日解座，寫本進過。尋奉德宗勅令秀造疏，上表云：「去年十一月二十八日右街功德使王希遷奉宣，令良秀等修撰新翻大乘理趣六波羅蜜經疏者。伏聞至道同源，聖人一貫，大雄示相，演妙音於獨園，寶位分身，霈湛恩於雙闕。開佛日於聖日，降絲綸於法輪，所以揚化慈航，致人壽域。不然，豈得握真符而契合，應休運以感通？況以此經，如來之密印，羣生之度門，得白馬之寶函，啓青龍之秘藏，是第一義理去筌蹄，於最後乘説無分别。加以天文焕發，睿思昭回。真如契心，已闡微於釋氏；般若製序，諒纘文於太宗。慈雲溥潤於大根，湛露垂滋於貝葉。良秀等材惟末學，性異生知，謬寄討論，伏增殞越。上承嚴旨，徒側管以窺天；虔奉本師，懼升堂而鼓瑟。所修撰疏一部，謹附王希遷隨表奉進，伏乞聖慈，許令同修疏沙門談筵於當寺讚演及流布中外。所冀落落真言，示丹青於新學；明明像教，流粉澤於將來。」帝覽奏，勑内給事毛英琦宣慰良秀、談筵、道恒等：「宜共賜絹九十匹，至可領取。比修疏義，甚大勤勞也。秋熱，兼問師等各平安好在。」秀之辭筆義端，時少倫匹。終没罔知時代焉。

唐京師西明寺〔一〕慧琳傳十四

釋慧琳，姓裴氏，疎勒國人也。始事不空三藏，爲室灑，内持密藏，外究儒流，印度聲明，支那詁訓，靡不精奥。嘗謂翻梵成華，華皆典故，典故則西乾細語也。遂引用字林、字統、聲類、三蒼、切韻、玉篇、諸經雜史，參合佛意，詳察是非，撰成大藏音義一百卷。起貞元四年迄元和五載，方得絶筆，貯其本于西明藏中。京邑之間，一皆宗仰。琳以元和十五年庚子卒於所住，春秋八十四矣。殆大中五年，有奏請入藏流行。近以海中高麗國，雖三韓夷族，偏尚釋門，周顯德中，遣使賫金入浙中求慧琳經音義，時無此本，故有闕如。

校勘記

恒景傳

〔一〕李乂，原本乂誤作又，從揚州本、大正本改。按李乂，兩唐書有傳。

一行傳

〔一〕郯國公，揚州本、大正本郯作剡。宋本、元本作郯，同此本。按新唐書張公謹傳作郯，剡乃形誤。

〔二〕舊唐書方伎傳云：「父擅，武功令。」

〔三〕序讚邑社，太平廣記卷九十二引開天傳信記作讚歎其會。

〔四〕典裁，廣記典作興。

〔五〕末至，廣記末作嘗。

〔六〕計合，廣記及舊唐書計作已。

〔七〕必無，廣記及舊唐書必作豈。

〔八〕決焉，原本焉誤作馬，從揚州本、大正本改，廣記及舊唐書「術焉」。決猶訣。

〔九〕宮籍，廣記作「宮人籍」。

〔一〇〕唱，廣記作讀。

〔一一〕落下閎，揚州本、大正本及廣記、舊唐書落並作洛。宋本、元本作落，同此本。按漢書律曆志亦作「落下閎」，落、洛音同通用。

〔一二〕六十卷，舊唐書作「十卷」。

〔一三〕祈福，原本祈作所，從揚州本、大正本改。

〔一四〕三七日，揚州本、大正本三作二。

〔一五〕御撰塔銘，舊唐書作「上爲撰碑文親書於石」。

玄逸傳

〔一〕揵度，揚州本、大正本揵作犍，同。犍度，佛教術語，謂聚篇章。

道氤傳

〔一〕篋筒，揚州本、大正本作篋笥。筒疑笥之形譌。

〔二〕十二日，宋本、元本二作三。

良賁傳

〔一〕徙移，原本徙作徒，從揚州本、大正本改。

法詵傳

〔一〕姓孫氏，皎然杭州靈隱山天竺寺大德詵法師塔銘云：「長沙桓王十有三世孫。」（皎然集卷九）

〔二〕山木，塔銘作「山水」。

〔三〕恩貞，塔銘恩作思。

〔四〕静銑，塔銘銑作鋭，疑是。

〔五〕上濟，塔銘上作止。疑上爲止之形誤。

〔六〕四十二，塔銘四作三。

〔七〕尋陽，揚州本、大正本尋作潯。塔銘作尋，與此同。按二字通借。

潛真傳

〔一〕貞元，原本作「貞乾」，無此年號，宋本作「貞元」，乃德宗年號，四年正當戊辰，是也。今據正。

澄觀傳

〔一〕姓夏侯氏，清涼傳卷中高德僧事迹作「姓載氏」。

〔二〕即大華嚴，揚州本、大正本大作是。按「大華嚴」猶下文言「華嚴大經」，義自通。

〔三〕興元元年正月，清涼傳作「興元元年四月八日」。

〔四〕元和年卒春秋七十餘，華嚴懸談會玄記一云：「開元二十六年戊寅生，開成己未卒，年一百二。」

良秀傳

〔一〕柏梯寺，原本寺作持。從揚州本、大正本改。

慧琳傳

〔一〕西明寺，唐景審一切經音義序作「大興善寺」。

大宋高僧傳卷第六

義解篇第二之三 正傳十四人 附見六人

唐京師崇福寺惟慤傳一 慧震 弘沇

釋惟慤，俗姓連氏，齊大夫稱之後，本馮翊人，官居上黨，爲潞人也。九歲割愛，冠年納戒。母氏昆弟歸于法門，故慤從其受教，瀾漪內湛，葳蕤外發。嗜學服勤，必無倦色。乃辭渭陽，尋師隸業，或經筵首席，或論集前驅，或參問禪宗，或附麗律匠。其志淵曠，欲皆吞納之。年臨不惑，尚住神都，因受舊相房公融宅請。未飯之前，宅中出經函云：「相公在南海知南銓，預其翻經，躬親筆受首楞嚴經一部，留家供養。今筵中正有十僧，每人可開題一卷。」慤坐居第四，舒經見富樓那問生起義，覺其文婉，其理玄，發願撰疏，疏通經義。及歸院，矢誓寫文殊菩薩像，別誦名號，計一十年，厥志堅强，遂有冥感，忽夢妙吉祥乘狻猊自慤之口入。由茲下筆，若大覺之被善現談般若焉。起大曆元年丙午也。及將徹簡，於卧寐中見由口而出，在乎華嚴宗中文殊智也。勒成三卷，自謂從淺智中衍出矣。于今盛行。

一説楞嚴經初是荆州度門寺神秀禪師在内時得本，後因館陶沙門慧震於度門寺傳出，慤遇之，著疏解之。

後有弘沇〔一〕法師者，蜀人也，作義章，開釋此經，號資中疏。其中亦引震法師義例，似有今古之説，此岷蜀行之，近亦流江表焉。

唐京師千福寺懷感傳二

釋懷感，不知何許人也。秉持强悍，精苦從師，義不入神，未以爲得。四方同好就霧市焉，唯不信念佛。少時逕生安養，疑冰未泮，遂謁善導，用決猶豫。導曰：「子傳教度人，爲信後講，爲渺茫無詣？」感曰：「諸佛誠言，不信不講。」導曰：「若如所見，令念佛往生。豈是魔説耶？子若信之，至心念旃〔二〕，當有證驗。」乃入道場三七日，不覩靈瑞。感自恨罪障深，欲絶食畢命。導不許，遂令精虔，三年念佛。後忽感靈瑞，見金色玉毫，便證念佛三昧。悲恨宿垢業重，妄搆衆愆，懺悔發露，乃述決疑論七卷。即羣疑論是也。臨終，果有化佛來迎，合掌面西而往矣。

唐吴興法海傳三

釋法海，字文允，姓張氏，丹陽人。少出家于鶴林寺。白駒匪食其場苗，金翅俄翔其海面，曲從師教，周覽羣經，大壑納川，鄧林聚羽。是以圓入一性，學階空王，擅當代獨悟之名，剖先賢不決之義，一時外學六籍該通。嘗謂人曰：「佛法一門，極唯心地，餘皆椎輪也。」天寶中，預揚州法慎律師講肆，同曇一、靈一等推爲顔、冉焉。復與杼山晝公爲忘形之交，林下之遊。黑白二徒，多從求益焉。

唐洛京佛授記寺慧苑傳四

釋慧苑，京兆人也。少而秀異，蔚有茂才，厭彼塵寰，投于淨域，禮華嚴法藏爲師。陶神練性，未幾深達法義，號上首門人也。有勤無惰，内外該通，華嚴一宗，尤成精博。苑依寶性論立四種教，爲有四類不識如來藏，如生盲人，則凡夫、聲聞、辟支、初心菩薩也。一迷真異執教，當凡夫；二真一分半教，當二乘；三真一分滿教，當初心菩薩；四真具滿教，當識如來藏者也。諸師處判，或依或違，然其綱領教乘一家之説。次以新譯之經未有音釋，披讀之者取決無從。遂博覽經書，恢張詁訓，撰成二卷，俾初學之流不遠求師，覽無滯句，旋曉字源。然禀從賢首之門，不負庭訓之美也。

唐處州法華寺智威傳五慧威

釋智威，姓蔣氏，縉雲人也。穎脱塵蒙，心遊物表，少事師于軒轅氏鍊丹山。聞天台宗教盛，遂負笈往沃洲石城寺，親灌頂禪師求請心要。既而得一融道，體二居宗，定慧方均，寂照相半，雖云自了，急在利他。天與多能，富有辭藻，著桃巖寺碑，與頭陀寺碑氣度相表〔一〕。後以法眼付授慧威焉。時傳威是徐陵後身，其利智雄才，斷可知矣。

又釋慧威，姓留氏，東陽人也。髫角〔二〕之年，露其舊習，抉開愛網，徑入空門，不滯一方，仍參三益。聞縉雲大威禪師盛行禪法，裹足造焉。刻志忘勞，覩威牆奧。一日千里，罔不推稱，至有成業，時謂小威。然其樂静居山，罕交人事。指教門人，不少傑出者，左溪玄朗矣。威常修止觀，匪棄光陰，説與行而並馳，語將嘿而齊貫，落落然汪汪然，人無得名焉。

唐台州國清寺湛然傳六

釋湛然，俗姓戚氏，世居晉陵之荆溪，則常州人也。昔佛滅度後十有三世，至龍樹，始用文字廣第一義諦。嗣其學者號法性宗。元魏、高齊閒有釋慧文默而識之，授南嶽思大師，由是有三觀之學。洎智者大師蔚然興於天台，而其道益大。以教言之，則然乃龍樹之裔孫也，智者之五世孫也，左溪朗公之法子也。家本儒墨，我獨有邁俗之志，童丱邈焉異於常倫。年二十餘，受經於左溪，與之言，大駭。異日謂然曰：「汝何夢乎？」然曰：「疇昔夜夢披僧服，掖二輪，游大河之中。」左溪曰：「嘻，汝當以止觀二法度羣生於生死淵乎？」乃授以本師所傳止觀。然德宇凝精，神鋒爽拔，其密識深行，冲氣慧用，方寸之間，合於天倪。至是始以處士傳道，學者悦隨，如羣流之趣於大川也。

天寶初年，解逢掖而登僧籍。遂往越州曇一律師法集，廣尋持犯開制之律範焉。復於吴郡開元寺敷行止觀。無何，朗師捐代，挈密藏獨運於東南，謂門人曰：「道之難行也，我知之矣。古先至人静以觀其本，動以應乎物，二俱不住，乃蹈于大方。今之人或蕩於空，或膠於有，自病病他，道用不振。將欲取正，捨予誰歸？」於是大啓上法，旁羅萬行，盡攝諸相，入於無閒。即文字以達觀，導語默以還源。乃祖述所傳章句凡十數萬言。心度諸禪，身不踰矩，三學俱熾，羣疑日潰，求珠同影之類，稍見罔象之功行。止觀之盛，始然之力也。

天寶末，大曆初，詔書連徵，辭疾不就。當大兵大饑〔一〕之際，揭厲法流，學徒愈繁，瞻望堂室，以爲依怙。然慈以接之，謹以守之，大布而衣，一牀而居，以身誨人，耆艾不息。建中三年二月五日，示疾佛隴道場，顧語學徒曰：「道無方，性無體〔二〕，生歟死歟，其旨一貫。吾歸骨此山，報盡今夕，要與汝輩談道而訣。夫一念無相謂之空，無法不備謂之假，不一不異謂之中，在凡爲三因，在聖爲三德。爇炷則初後同相，涉海則淺深異流，自利利人〔三〕，在此而已。爾其志之！」言訖隱几，泊如〔四〕而化，春秋七十二，法臘三十四。門人號咽，奉全身起塔，祔于智者大師塋兆西南隅焉。入室弟子吴門元浩，可謂邇其人近其室矣。

然平日輯纂教法，明決前疑，開發後滯，則有法華釋籤、法華疏記各十卷、止觀輔行傳弘訣十卷、法華三昧補助儀一卷、方等懺補闕儀二卷、略維摩疏十卷、維摩疏記三卷、重治定涅槃疏十五卷、金錍論一卷，及止觀義例、止觀大意、止觀文句、十妙不二門等盛行于世。詳其然師，始天寶，終建中，以自證之心，説未聞之法，經不云乎，「云何於少時大作佛事」，然師有焉。其朝達得其道者唯梁肅學士，故摛鴻筆成絶妙之辭。彼題目云：「嘗試論之，聖人不興，其閒必有命世者出焉。自智者以法傳灌頂，頂再世至于左溪，明道若昧，待公而發。乘此寶乘，煥然中興。蓋受業身通者三十有九僧，搢紳先生高位崇名屈體承教者又數十人。師嚴道尊，遐邇歸仁，向非命世而生，則何以臻此！」觀夫梁學士之論，儗議偕齊，非此人何以動鴻儒，非此筆何以銘哲匠？蓋洞入門室見宗廟之富，故以是研論矣。吁，吾徒往往有不知然之道！詩云：「維鵲有巢，維鳩居之。」梁公深入佛之理窟之謂歟！有會稽法華山神邕作真讚，至大宋開寶中吴越國王錢氏追重而誄之，號圓通尊者焉，可不是歟！

唐蘇州開元寺元浩傳七

釋元浩，姓秦氏，字廣成，吴門人也。綺歲依晉陵靈山寺慧日禪師出家，具滿律戒，配本州龍興寺，尋爲荆溪湛然禪師囑累弟子。初受法華止觀，已得醍醐，唯以裂大綱、感大果、成大行、歸大處以爲大願。宴居三昧，常隨佛後，希夷自得，人莫能知，其秘密深遠如海印三昧，不言出處，常行佛事，與夫難行苦行、更相祖述、默傳心要、爲論爲記、靈芝瑞草以爲功德傳於後世者，不同日而語矣。浩注解大涅槃經，爲文首序，德美圓實，志願顯現，蓋録其所證之意而見于文，曰：「余聞先覺之大寶曰常〔一〕，在宥布和之盛典曰教，率土知化之歸宗〔二〕曰行，交感人心之至極曰證。然則以道行一御其時〔三〕，以法性合其運，當應物之際，與顯晦同其光，恢張〔四〕至化而自他昭著者，實播於〔五〕鴻名。欽恭聞思，協和至極，四德克彰者，實存乎妙體。格變羣家，歷觀諸行，至典克修，庶績有成者，實賴乎宗本〔六〕。信以授人，大明宗極，敷暢厥旨，庶幾有補於將來者，實存乎妙用。博綜羣言以立誠訓〔七〕，風行十方率用歸順者，實存乎妙教矣。」此浩之法要，如王輔嗣之法繫辭，司馬遷之自敘，管仲能言輕重，孟子之傳春秋，雖儒釋不同，其義一也。以元和十二年十一月十一日示疾，右脅累足，入于涅槃，非二乘境界，真如來定也。明年十一月十三日闍維，起塔於蘇州西北虎丘東山南原也。

浩躭學味道，不涉餘事，常隨然師聽其言説，曾無倦色。分析義理，派流川注，必默記而暗誦，一言不失。數年之後，人始知之。然師曰：「回也如愚。」罕爲人説，多辭以不能，及被梁田二君苦勸請之，始著涅槃經解述。浩與上都雲華寺華嚴澄觀法師，若孔門之游夏焉。其儒流受業，翰林學士梁公肅、蘇州刺史田公敦。緇流受業者，智恒、子瑜、道儒、仲儀、仲良五人，持經講論，傳之無窮。大比丘尼識微、道巽、志真、悟極，此四人者高潔之倫，深練禪觀。初浩爲二官所請注經，預夢甚爲奇特。又庭階生花，非人閒恒所見者。祥鳥飛馴，五彩絶異。刺史崔恭撰塔碑，立于虎丘山羅漢石壇之左。後有行滿、道暹、明曠皆著述，廣天台之道歟。

唐越州暨陽杭烏山智藏傳八

釋智藏，姓皮氏，西印度種族，祖父從華，世居官宦，後僑寓廬陵。藏少入精舍，覩像設之繁，乃陋俗求真，而於三學各所留心，唯律藏也最爲精敏。大曆三年，遊豫章，因隸名天宫寺，衆懇命臨壇秉度，時仰怤慭，號爲律虎。每登法座，提唱毗尼，堂盈席滿，聽受無厭。辨名理，析微言，連環可解也。貞元中，遇大寂禪師，篤明心要。及遊會稽，於杭烏山頂築小室安禪。乃著華嚴經妙義。宣吐亹亹，學者歸焉。至元和十四年二月，無疾而終，報齡七十九。焚收舍利圓浄者，建塔於院北峯焉。杭烏山者，越俗言訛，合言杭嶋，謂浙江所渡古用杭筏，到岸藏杭，故云嶋也。

唐梓州慧義寺神清傳九義將

釋神清，字靈庾〔一〕，俗姓章氏，緜州昌明人也。生于大安山下，昆季相次三人出俗，皆有名望，清居乎仲。處胎之際，母頓惡葷羶。及爲兒，雖隨戲弄，遇像禮足，逢僧稽顙。年十三，受學於緜州開元寺辯智法師。于時勅條嚴峻，出家者限念經千紙，方許落髮。清即誦法華、維摩、楞伽、佛頂等經，有同再理。時故相喬琳爲緜郡太守，驚其幼俊，躬而降禮請削染焉，則大曆中也。至年十七，聽習粗通，即講法華一經。歲滿，慧義寺依如律師受具戒。夏習尸羅，依學新疏。尋達大宗，乃詣上都。後以優文贍學，入内應奉。暮年鍾其荼蓼，歸慧義寺，講導著述，略無閑日。以元和年中終于本寺峯頂，遷神于白門蘭若，即郪城北郭外也。

清平昔好爲著述，喜作編聯，蓋巨富其才，亦鑿深于學。三教俱曉，該玄鑒極，彝倫咸敍，萬人之敵也。受業弟子黑白四方，計一千餘人〔二〕。前後撰成法華玄箋十卷，釋氏年誌三十卷。新律疏要訣十卷（亦謂清鈔）二衆初學儀一卷，有宗七十五法疏一卷（亦名法源記，此蓋解小乘所計五位色心心所不相應無爲等法，體性業用，一皆詳括，故云法源也。）識心論、澄觀論、俱舍義鈔〔三〕數卷，北山參玄語録〔四〕十卷，都計百餘軸，並行於代。就中語録博該三教，最爲南北鴻儒名僧高士之所披翫焉。寺居郪城之北，長平山陰，故云北山，統三教玄旨，實而爲録，故云參玄也。觀清之述作，少分明二權一實之經旨，大分明小乘律論之深奥焉。

清貌古且奇，皙白而光瑩。相國崔龜從時從事東川，序真讚云：「與奘三藏道顔同，攝物異，時一體耳。」門人數多，其出倫者義將也。獨明俱舍，兼善起信，海內學人望風而至。開成中北山俱舍宗不泯者，清之餘素乎。東川涌潭僧正顔公著碑，本寺講律臨壇光肇，別附語録，略記清言行矣。

唐京師大安國寺端甫傳十

釋端甫，俗姓趙氏，天水人也。世爲秦著姓焉。初，母張夫人夢梵僧謂曰：「當生貴子。」即出囊中舍利使吞之。及誕，所夢僧白晝入其室，摩其頂曰：「必當大興法教。」言訖而滅。既成人，高顙深目，大頤方口，長六尺五寸，其音如鐘。夫將欲荷如來之菩提，鑿生靈之耳目，固必有殊祥奇表歟？始十歲，依崇福寺道悟禪師爲沙彌。十七正度爲比丘，隸安國寺。受具〔一〕於西明寺照律師，學毗尼〔二〕於崇福寺昇律師，傳唯識於安國寺素法師，通涅槃經於福林寺崟法師。甫又夢梵僧以舍利滿琉璃器，使吞之，且曰：「三藏大教，盡貯汝腹矣。」自是經律論無敵於當時，囊括川注，逢源會委，滔滔然莫能濟其畔岸矣。夫將欲伐株杌〔三〕於情田，雨甘露於法種者，固必有勇智宏辯歟？無何，謁文殊於清涼，衆聖皆現；演大經於太原，傾都畢會。德宗皇帝聞其名，徵之，一見大悅，常出入禁中，與儒道議論，賜紫方袍。歲時錫施，異於他等。復詔侍皇太子於東朝。順宗皇帝深仰其風，親之若昆弟，相與卧起，恩禮特隆。憲宗皇帝數幸其寺，待之若賓友。常承顧問，注納偏厚。

而甫符彩超邁，辭理響捷，迎合上旨，皆契真乘，雖造次應對，未嘗不以闡揚爲務。繇是天子益知佛爲大聖人，其教有大不思議事。當是時朝廷方削平區夏，縛吳斡蜀，瀦蔡蕩鄆，而天子端拱無事。詔甫率緇屬迎真骨於靈山，開法場於秘殿，爲人請福，親奉香燈。既而刑不殘，兵不黷，赤子無愁聲，滄海無驚浪〔四〕，蓋參用真宗以毗大政之明効也。夫將欲顯大不思議之道，輔大有爲之君，固必有冥符玄契歟？掌内殿法儀，録左街僧事，以標表浄衆者凡一十年。講涅槃、唯識經論，處當仁傳授宗主，以開誘道俗者，凡一百六十座。運三密於瑜伽，契無生於悉地，日持諸部十餘萬遍，指浄土爲息肩之地，嚴金經爲報法之恩。前後供施數十百萬，悉以崇飾殿，宇窮極雕繪。而方丈單牀，静慮自得。貴臣盛族皆所依慕，豪俠工賈莫不瞻嚮，薦金寶以致誠，仰端嚴而禮足，日有千數，不可殫書。而甫即衆生以觀佛，離四相以修善，心下如地，坦無丘陵，王公輿臺皆以誠接。議者以爲成就常不輕行者，唯甫而已矣。夫將欲駕横海之大航，拯迷塗於彼岸者，固必有奇功妙道歟？以開成元年六月一日，西向右脅而滅，當暑而尊容若生，終夕而異香猶欝。其年七月六日，遷於長樂之南原。遺命荼毗，得舍利三百餘粒，方熾而神光月皎，既燼而靈骨珠圓。賜謚曰大達，塔曰玄秘。俗壽六十七，僧臘可數〔五〕。門弟子僧尼約千餘輩，或講論玄言，或紀綱大寺，脩禪秉律，分作人師，五十其徒，皆爲達者。會昌中相國裴公休爲碑頌德焉。

唐圭峯草堂寺宗密傳十一 圓禪師　照禪師

釋宗密，姓何氏，果州西充人也。家本豪盛，少通儒書，欲干世以活生靈，負俊才而隨計吏。元和二年，偶謁遂州圓禪師，圓未與語，密欣然而慕之，乃從其削染受教。此年進具于拯律師。尋謁荆南張，張曰：「汝傳教人也，當宣導於帝都。」復見洛陽照禪師，照曰：「菩薩人也，誰能識之？」末見上都華嚴觀，觀曰：「毗盧華藏，能隨我遊者其唯汝乎？」初在蜀，因齋次受經，得圓覺十二章〔一〕，深達義趣，誓傳是經。在漢上因病僧付華嚴句義，未嘗隸習〔二〕，即爾講之。由是乃著圓覺、華嚴及涅槃、金剛、起信、唯識、盂蘭盆、法界觀、行願經等疏鈔及法義、類例、禮懺、修證、圖傳、纂略。又集諸宗禪言，爲禪藏，總而序之，并酬答書偈議論等〔三〕。又四分律疏五卷、鈔懸談二卷，凡二百許卷，圖六面。皆本一心而貫諸法，顯真體而融事理，超羣有於對待，冥物我而獨運矣。密累入内殿，問其法要。大和二年慶成節，徵賜紫方袍爲大德。尋請歸山。會昌元年正月六日坐滅於興福塔院，儼若平日，容貌益悦。七日，遷于函，其自證之力可知矣。其月二十二日，道俗等奉全身于圭峯，二月十三日荼毗，得舍利數十粒，明白而潤大。後門人泣而求諸煨中，必得而歸，悉斂藏于石室，其無緣之慈可知矣。俗齡六十二，僧臘三十四。遺誡令舁屍施鳥獸，焚其骨而散之，勿塔，勿得悲慕〔四〕，以亂禪觀。每清明上山，必講道七日而後去。其餘住持儀則當合律科，違者非吾弟子。

初，密道既芬馨，名惟烜赫，内衆慕羶既如彼，朝貴答響又如此。當長慶元和已來，中官立功執政者孔熾，内外猜疑，人主危殆。時宰臣李訓酷重于密，及開成中僞甘露發，中官率禁兵五百人出閤，所遇者一皆屠戮。時王涯、賈餗、舒元輿方在中書會食，聞難作，奔入終南投密。唯李訓欲求剪髮，匿之，從者止之，訓改圖趨鳳翔。時仇士良知之，遣人捕密入左軍，面數其不告之罪，將害之。密怡然曰：「貧道識訓年深，亦知其反叛，然本師教法，遇苦即救，不愛身命，死固甘心。」中尉魚恒志嘉之，奏釋其罪。朝士聞之，扼腕出涕焉。或曰：「密師爲禪耶，律耶，經論耶？」則對曰：「夫密者四戰之國也，人無得而名焉，都可謂大智圓明自證利他大菩薩也。是故裴休論譔云：『議者以師不守禪行，而廣講經論。遊名邑大都，以興建爲務。乃爲多聞之所役乎，豈聲利之所未忘乎？嘻，議者焉知大道之所趣哉！夫一心者萬法之總也，分而爲戒定慧，開而爲六度，散而爲萬行。萬行未嘗非一心，一心未嘗違萬行。禪者六度之一耳，何能總諸法哉？且如來以法眼付迦葉，不以法行。故自心而證者爲法，隨願而起者爲行，未必常同也。然則一心者萬法之所生，而不屬於萬法。得之者則於法自在矣，見之者則於教無礙矣。本非法不可以法說，本非教不可以教傳，豈可以軌迹而尋哉？自伽葉至富那奢凡十祖皆羅漢，所度亦羅漢。馬鳴、龍樹、提婆、天親始開摩訶衍，著論釋經，摧滅外道，爲菩薩唱首。而尊者闍夜獨以戒力爲威神，尊者摩羅獨以苦行爲道跡。其他諸祖，或廣行法教，或專心禪寂，或蟬蛻而去，或火化而滅，或攀樹以示終，或受害〔五〕而償債，是乃法必同而行不必同也。且循轍跡者非善行，守規墨者非善巧，不迅疾無以爲大牛，不超過無以爲大士。故師之道也，以知見爲妙門，寂淨爲正味，慈忍爲甲盾，慧斷爲劍矛。破内魔之高壘，陷外賊之堅陣，鎮撫邪雜，解釋縲籠。遇窮子則叱而使歸其家，見貧女則呵而使照其室。窮子不歸，貧女不富，吾師恥之。二乘不興，四分不振，吾師恥之。忠孝不並化，荷擔不勝任，吾師恥之。避名滯相，匿我增慢，吾師恥之。故遑遑〔六〕於濟拔，汲汲於開誘，不以一行自高，不以一德自聳。人有依歸者，不俟請則往矣；有求益者，不俟憤則啓矣。雖童幼不簡於應接，雖驁佷不怠於叩勵。其以闡教度生，助國家之化也如此。故親師之法者，貧則施，暴則斂，剛則隨，戾則順，昏則開，墮則奮，自榮者慊，自堅者化，徇私者公，溺情者義。凡士俗有捨其家與妻子同入其法、分寺而居者，有變活業、絶血食、持戒法，起家爲近住者，有出而修政理以救疾苦爲道者，有退而奉父母以豐供養爲行者。其餘憧憧而來，欣欣而去，揚袂而至，實腹而歸，所在甚衆，不可以紀。真如來付囑之菩薩，衆生不請之良友。其四依之人乎？其十地之人乎？吾不識其境界庭宇之廣狹深淺矣。議者又焉知大道之所趣哉？』其爲識達大人之所知心爲若此也。密知心者多矣，無如昇平相國之深者，蓋同氣相求耳。」宣宗再闡真乘，萬善咸秩，追謚曰定慧禪師，塔號青蓮。持服執弟子禮四衆數千百人矣。

系曰：「河東相國之論譔，所謂極其筆矣。然非夫人之爲極筆，於他人豈極其筆乎？觀夫影響相隨，未始有異也。影待形起，響隨聲來。有宗密公，公則有裴相國。非相國曷能知密公，相續如環，未嘗告盡，其二公之道如然。則知諦觀法王法，則密公之行甚圓；應以宰官身，則裴相之言可度。今禪宗有不達而譏密不宜講諸教典者，則吾對曰：達磨可不云乎，吾法合了義教。而寡學少知自既不能，且與煩惑相應可不嫉之乎？或有誚密不宜接公卿而屢謁君王者，則吾對曰：教法委在王臣，苟與王臣不接，還能興顯宗教以不？佛言力輪，王臣是歟？今之人情，見近王臣者則非之。曾不知近王臣人之心苟合利名，則謝君之誚也。或止爲宗教親近，豈不爲大乎？寧免小嫌，嫌之者亦嫉之耳。若了如是義，無可無不可，吁哉！

唐京師西明寺乘恩傳十二

釋乘恩，不知何許人也。肇從志學，知遍尋師，凡厠黌堂，必窮義路。常訓門人曰：「好學近乎智，力行近乎仁。仁智稍成，是殊名同實，趨菩薩地，若下坂之走丸耳。」恩樂人爲學，不忘講導。及天寶末，關中版蕩，因避地姑臧。旅泊之間，嗟彼密邇羌虜之封，極尚經論之學。恩化其内衆，勉其成功，深染華風，悉登義府。自是重撰百法論疏并鈔，行于西土。其疏祖慈恩而宗潞府，大抵同而少聞異，終後弟子傳布。迨咸通四年三月中，西涼僧法信精研此道，稟本道節度使張義潮〔一〕表進恩之著述，勑令兩街三學大德等詳定，實堪行用，勑依，其僧賜紫衣，充本道大德焉。

唐彭州丹景山知玄傳十三

釋知玄，字後覺，姓陳氏，眉州洪雅人也。曾祖圖南，任梓州射洪縣令。祖憲，考邈，皆名場不捷。母魏氏夢月入于懷，因而載誕，雖乳哺未能言，見佛像僧形，必含喜色。五歲，祖令詠花，不數步成云：「花開滿樹紅，花落萬枝空，唯餘一朵在，明日定隨風。」祖吟歎不懌曰：「吾育此孫，望其登甲科，雪二代之恥。今見孺子志矣，非貽厥也已，必從空門，乖始望也。」七歲，果遇法泰法師在寧夷寺講涅槃經。寺與居鄰，玄日就講集所，一聆法語，若覩前因。是夕夢其寺殿，佛手摩其頂。寤啓祖父，乞爲勤策，親黨覩其必不可抑奪，故聽之。年十一，遂其削髮。乃隨師詣唐興邑四安寺，授大經四十二卷，遠公義疏、晉空師圓旨，共一百二十五萬言。皆囊括深奥矣。方年十三，指擿緇徒，露老成之氣。時丞相杜公元穎作鎮西蜀，聞玄名，命昇座〔二〕。講談于大慈寺普賢閣下。黑白衆日計萬許人，注聽傾心，駭歎無已。自此蜀人弗斥其名，號陳菩薩耳。傳云，玄前身名知鉉，漢州三學山講十地經，感地變瑠璃焉〔三〕。玄於淨衆寺辯貞律師所受具戒，纔聽毗尼，續通俱舍，則長十山固律師之付授焉。復從本師下三峽，歷荆襄，抵于神京資聖寺。此寺四海三學之人會要之地，玄敷演經論，僧俗仰觀，户外之屨日其多矣。文宗皇帝聞之，宣入顧問，甚愜皇情。後學唯識論於安國信法師。又研習外典，經籍百家之言，無不該綜。玄每恨鄉音不堪講貫，乃於象耳山誦大悲呪，夢神僧截舌换之。明日，俄變秦語矣。

有楊茂孝者，鴻儒也，就玄尋究内典，直欲效謝康樂注涅槃經，多執卷質疑，隨爲剖判。致書云：「方今海内龍象，非師而誰？」次楊刑部汝士、高左丞元裕、長安楊魯士咸造門擬結蓮社。嘗一日玄宴坐，見茂孝披紫服、戴碧冠，三禮畢，乘空而去。玄令人偵問，茂孝其夕誡其子曰：「吾常欲落髮披緇，汲瓶挈屨，侍玄公，所累者簪冕也。吾蓋棺時，殮以紫袈裟、碧芙蓉冠。」至是方驗先見矣。

武宗御宇，初尚欽釋氏，後納蠱惑者議，望祀蓬萊山，築高臺以祈〔三〕羽化。雖諫官抗疏，宰臣屢言，終不迴上意。因德陽節，緇黄會麟德殿，獨詔玄與道門敵言，神仙爲可學不可學耶？帝叉〔四〕手付老氏中理大國若烹小鮮義，共黄冠往復。玄陳帝王理道，教化根本，言神仙之術，乃山林間匹夫獨擅高尚之事業，而又必資宿因，非王者所宜。辯河下傾，辯海横注，凡數千言。聞者爲之股慄，大忤上旨，左右莫不色沮。左護軍仇士良、内樞密楊欽義惜其才辯，恐將有斥逐之命，乃密諷貢祝堯詩。玄立成五篇，末章云：「生天本自生天業，未必求仙便得仙。鶴背傾危龍背滑，君王且住一千年。」帝覽詩微解。帝雖不納忠諫，而嘉其識見口給也。玄即歸巴岷舊山，例施巾櫛，而存戒檢愈更甄明。方扁舟〔五〕

入湖湘閒，時楊給事漢公廉問桂嶺，延止開元佛寺。屬宣宗龍飛，楊公自内樞統左禁軍，以册定功高，請復興天竺教，奏乞訪玄聲迹。玄復挂壞衣，歸上國寶應寺。屬壽昌節講讚，賜紫袈裟，署爲三教首座。帝以舊藩邸造法乾寺，詔玄居寺之玉虚亭。大中三年誕節，詔諫議李貽孫、給事楊漢公，緇黄鼎列論義，大悦帝情。因奏天下廢寺基各勑重建，大興梵刹，玄有力焉。命畫工圖形于禁中，其優重如是。與相國裴公休友善，同激揚中興教法事。八年，上章乞歸故山，大行利濟，受益者多。廣明二年春，僖宗違難西蜀，後遣郭遵泰賫璽書，肩輿詔赴行在。帝接談論，頗解上心。左軍容田令孜與諸達官，問道勤重。帝欲旌其美，令諸學士撰玄師號，皆未愜旨。乃揮御翰云："朕以開示悟入法華之宗旨也。悟者，覺也，明也，悟達大道，悟佛知見。"又云："悟者一刹那，不悟河沙劫，所以悟者真乘了然成佛之義。今賜悟達國師爲號。雖曰强名，用表朕意。"玄陳讓不遂，乃乞歸九隴舊廬。於正月二十一日卧内，見所曾遊歷聖境名跡，皆見在前。二月七日，聞空聲曰："必生浄土。"乃訊之云："孰之語耶？"空又應曰："佛也。"七月中，聞户外有格鬭之聲，逡巡一菩薩降于庭前，事靡滅矣，漸迫僅玄身，丁寧讚喻："勿以此苦爲累也。"言訖而没。又於一夕，有一珠自玄左足下流去，苦楚萬端，諦視其珠中明明有"晁錯"二字。乃知玄是袁盎也，曾因七國反，盎奏斬錯，以謝吴楚諸王，故爲嬰撓耳。召弟子慈燈附口上遺表，囑令棄屍，半飼魚腹，半啗鳥獸。吾久與西方浄土有期如斯。誣諉訖，右脇面西而逝，享年七十三，僧臘五十四。玄咸通中〔六〕曾遊澤州，追問小遠法師，同年亦同終日月焉。

玄堅守禁戒，少欲，過中不食蔬果，服唯布褐，卧則蒭稈。而六時行道，夜卧一更，餘則禪坐。等視衆生，無貴賤少長，待之如一。素結情好深者裴相國休。初，裴鎮荆門，玄遊五臺山，路出渚宫，贈遺初無所取。裴知其儉約，密遣人沿路以供之，若蘇秦遣舍人陰資奉張儀也。嘗經駱谷真符縣雍氏家枕潭，潭中有大魚，如龍四足，而齒牙纖利，其家日飼以食，已四世矣。或欲網釣之意，則輒雲霧晦冥焉。玄扣船撫其頂，瞪目而鼓躍，即爲受歸依。未幾，乃寄夢雍氏曰：「我謝汝累世護念，今受歸依，已生天而永訣矣。」次爲導江玉壘山神李冰廟、益昌北郭龍門神，借受戒法，罷其血食歟。有李商隱者，一代文宗，時無倫輩，常從事河東柳公梓潼幕，久慕玄之道學，後以弟子禮事玄，時居永崇里，玄居興善寺。義山苦眼疾，慮嬰昏瞽，遥望禪宫，冥禱乞願。玄明旦寄天眼偈三章，讀終疾愈。迨乎義山卧病，語僧録僧徹曰：「某志願削染爲玄弟子，臨終寄書偈決别」云。玄生常著如來藏經會釋疏二卷，命僧徹撰法鑑以照像，若十翼焉。大無量壽經疏二卷，僧徹著法燈，類章指焉。勝鬘經疏四卷，僧徹著法苑以錯綜，猶緯書焉。又般若心經、金剛經各有疏義。此外秦蜀之間，作釋氏雜文外篇箴論碑誌歌詩，録成二十餘卷，禮懺文六卷，通計三十萬言。後遷塔於茶籠山附聖寺矣。

中和二年，弟子左街僧録淨光大師僧徹述傳，法孫右街僧録覺輝，輝弟子僞蜀祐聖國師重孫光業僧録，緜緜爪瓞，皆名公也。鳳翔府寫玄真，李義山執拂侍立〔七〕焉。

系曰：玄公何云衰盎，又爲知鉉二人後身耶？通曰：人壽百年，自漢至唐，玄幾經出没乎骸山淚海，斷可知矣。然則玄公多才行道，近古罕聞，法嗣蕃昌，他莫與議也。

唐京兆大安國寺僧徹傳十四

釋僧徹，不知何許人也。敏利天資，高邁逸類，稚歲聰穎，而慕悟達國師，若顔回之肖仲尼也。既而時親函丈，頗見幽微，隨侍翼從，未嘗少厭。窺其門牆，其殆庶幾乎。悟達凡有新義別章，咸囑付徹暢衍之。爲如來藏經疏著法鑑四卷，大無量壽經疏著法燈二卷，勝鬘師子吼經疏著法苑十卷。觀乎悟達爲疏，若左丘明之傳也。徹述三法鈔，猶杜、服之集解歟？初居法乾内寺，師資角立，聲彩風行，凡百官寮無不奉仰率由。徹内外兼學，辭筆特高，唱予和汝，同氣相求。尋充左右街應制，每屬誕辰，升麟德殿法座講談，勑賜紫袈裟。懿宗皇帝留心釋氏，頗異前朝。遇八齋日，必内中飯僧數盈萬計。帝因法集，躬爲讚唄，徹則升臺朗詠。寵錫繁博，勑造栴檀木講座以賜之。又勑兩街四寺行方等懺法，戒壇度僧各三七日。別宣僧尼大德二十人入咸泰殿置壇度内。福壽寺尼繕寫大藏經，每藏計五千四百六十一卷，雕造真檀像一千軀，皆委徹檢校焉。以十一月十四日延慶節，麟德殿召京城僧道赴内講論，爾日徹述皇猷，辭辯瀏亮，帝深稱許。而又恢張佛理，旁懾黄冠，可謂折衝異論者，當時號爲「法將」。帝悦，勑賜號曰淨光大師，咸通十一年也。續録兩街僧事。初徹經江論海，勇於〔一〕揭厲，於青龍寺講貫既循悟達國師義意，寄呈所見，蒙迴八十四字云：「觀君法苑思沖虚，解我真乘刃有餘。若使龍光時可待，應憐僧肇論成初。五車外典知難敵，九趣多才恐不如。蕭寺講軒横淡蕩，帝鄉雲樹正扶疎。幾生曾得闍踰意，今日堪將貝葉書。一振微言冠千古，何人執卷問吾廬？」覽兹奬飾，悲喜盈襟〔二〕。

以廣明中，巢寇犯闕，僖宗幸蜀。其夕徹内宿，明日倉黄與杜光庭先生扈從入於岷峨，再見悟達，痛序艱難。徹極多著述，碑頌歌詩。不知所終。内翰侍郎樂朋龜爲真讚，鳳翔、嘉州皆寫其真相。弟子秦蜀之閒愈多傳法者。

校勘記

惟慤傳

〔一〕弘沇，原本弘作恒，大正本作弘。按宋諱弘字，「弘農縣」改「恒農」，此例相同。但此本卷首目録作「弘沇」，應前後一律，今據改。揚州本弘作宏，乃避清諱改，不同。

懷感傳

〔一〕念旃，揚州本、大正本旃作佛。

智威傳

〔一〕相表，原本表作來，從揚州本、大正本改。

〔二〕鬆角，揚州本、大正本鬆作總。按二字通用。

湛然傳

〔一〕大饑，原本饑作餓，從揚州本、大正本改。

〔二〕道無方性無體，佛祖通載卷十九作「大道無方無體」。

〔三〕自利，原本自作善，從揚州本、大正本及通載改。

〔四〕泊如，揚州本、大正本如作然。

元浩傳

〔一〕余聞先覺之大寶曰常，按佛祖通載卷二十一作「予聞先覺云大寶流輝之不變曰常」，之作云，又多「流輝之不變」五字。二文參校，似通載較長。

〔二〕歸宗，原本宗作三，從揚州本、大正本及佛祖通載改。

〔三〕以道行御其時，原本無行字其字，通載有之，與下句相偶，今據補。

〔四〕恢張，通載張作揚。

〔五〕播於，通載於作厥。

〔六〕宗本，通載作「本宗」。

〔七〕誡訓，通載誡作成。

神清傳

〔一〕靈庾，佛祖通載卷二十一作「靈叟」。

〔二〕計一千餘人，宋沈遼北山録序云：「元和時其道甚顯，爲當世名卿所尊禮，從其學者至千人。」（北山録）

〔三〕俱舍義鈔，佛祖通載作「俱舍訣」。

〔四〕北山參玄語録，今所見書（景宋刊本）題作「北山録」，爲僧慧寶注。宋史藝文志載書名與此傳同，新唐書藝文志作「參玄語録」，通載作「語録十卷」。

端甫傳

〔一〕受具，裴休大達法師玄祕塔碑作「具威儀」，（金石萃編卷一百十三）義同。

〔二〕學毗尼，碑作「稟持犯」，義同。

〔三〕株杌，原本杌作杌，從揚州本、大正本及碑改。

〔四〕驚浪，揚州本、大正本浪作波。碑作浪，同此。

〔五〕可數，碑作「卌八」。

宗密傳

〔一〕十二章，裴休圭峯定慧禪師碑十二作十三。按圓覺經，宗密勒爲三卷，科判爲三分，一序分，二正宗分，三流通分。正宗分又析諸菩薩問爲十一章，如此加首尾二分則可爲十三章。若析十二菩薩問各爲章，則成十二章矣。

〔二〕隸習，碑作「聽受」，隸猶肄，義近。

〔三〕議論等，碑等下有「凡九十餘卷」五字。

〔四〕勿塔勿得悲慕，碑作「勿墓勿塔勿悲慕」。

〔五〕受害，碑作「受苦」。

〔六〕故遑遑，碑故作及。

乘恩傳

〔一〕張義潮，原本潮作朝，各本同。按張義潮以瓜、沙、伊、肅等十一州地歸唐，授歸義軍節度使，見於新唐書宣宗紀、吐蕃傳及資治通鑑。敦煌變文中有張義潮變文，字並作潮，與此傳所述乃是一人，今據改。

知玄傳

〔一〕昇座，揚州本、大正本座作堂。

〔二〕傳云……瑠璃焉，佛祖通載卷二十四云：「或謂玄前身蓋漢川三學山知鉉法師。鉉在世嘗講十地品，感地變金色。及終感病，與玄絕類。」語較詳。

〔三〕以祈，原本祈作所，形近而誤，從揚州本、大正本改。

〔四〕帝叉，揚州本、大正本叉作又。宋本、元本作叉，同此。

〔五〕方扁舟，宋本方作乃。

〔六〕咸通中，原本咸作成，從揚州本、大正本改。

〔七〕侍立，原本侍作時，從揚州本、大正本改。

僧徹傳

〔一〕勇於，原本勇作男，從揚州本、大正本改。

〔二〕盈襟，原本襟作襟，不合，從揚州本、大正本改。

大宋高僧傳卷第七

義解篇第二之四 正傳二十三人 附見四人

唐五臺山華嚴寺志遠傳一 元堪

釋志遠，俗姓宋氏，家于汝南。其父早喪，孤侍孀親，承顔之禮，匪遑晨夕。母常念法華經，精通五卷。遠識度明敏，孤標卓然。年二十八，辭親從師，歸依荷澤宗風，晤解幽旨，經營僧事，聯緜六秋。凡諸取給，未嘗混互。自爾辭師尋禮，復經八年，雖博贍兩宗，情猶繫滯。聞天台一枝，該通妙理，定慧雙融，解進於行。十乘境觀，起自一家。修性三德，清凉盛演。因命同輩追遊五峯，棲遁林泉，履歷前躅，曉六凡四聖之理，了開示悟入之門，百界千如，苞羅〔一〕性相。即遮即照，破立同時。依正圓融，凡聖平等，豁開心目，物我雙亡。僅四十年，闡揚獨步〔二〕。

遠業精道邈，志苦〔三〕神和，卧不解衣，食非别請。時歲不稔，樵炊屢乖，每掬水漱流，將期永日。體有瘡疥，手不塗摩，戒檢遵修，警慎心口。常以四種三昧鍊磨身心。至於緘札題尺，頗閑辭翰蟲篆之美。每有緇素負才學者，異其辯説，或傍搜僻隱，欲爲挫鋭，伺之瑕玷，求其勝負。進雖傲然踞席，退乃踧踖赧容，來高我山，去隨四悉。洎會昌四年，春秋七十七，僧臘四十八，忽絶食數朝，而説法罔憚。以二月十七日誡門人曰：「吾自生修進，不欺心口，今獲二種果報，卧安覺安而無痛惱。」又曰：「天台宗疏務在宣傳，法華疏十卷，本迹二門，三周記別開近顯遠。玄文〔四〕十卷，五義判釋。止觀十卷，境觀雙修，不定頓漸，八教麤妙，遮照平等，行解圓明，一多相即一藏文句，瑩玉樅金，將踐聖階，降兹罕及。禮懺方等，必假精誠，志之永懷，副吾之意也。」于時龍象雲萃，櫛比座隅，咸讚希奇，同稱佛號。慈誨之際，奄至遷靈，風慘雲愁，山昏〔五〕水咽，林巒色變，徒屬悽傷。闍維日，諸子奔馳，罔知所詣。

雖學者如林，達其法者唯元堪，即扶風馬氏之裔也。氣度沖邃，道風素高，蓋遠傾其解脱之瓶，注以醍醐之器，可謂一燈之後復燃一燈。及武宗澄汰之際，稟師先旨，哀慟累夕，以其章疏文句，秘之屋壁。及宣宗再闡釋門，重葺舊居，取其教部，置之影堂，六時經行儼若。前製法華妙經積歲傳唱，摩訶止觀久而敷揚。嗣繼之心已極師資之禮也。

唐越州應天山寺希圓傳二

釋希圓，姓張氏，姑蘇人也。宗親豪富，而獨捨家，從登戒法，便遊講肆。不滯一方，勤修三學，良深歲稔，尤至博通，時推俊邁，因命講訓。光啓中，屬徐約軍亂，孫儒略地，吴苑俶擾。圓由通玄寺附商船，避地于甬東。其估客偕越人也，篤重於圓，召居會稽寶林山寺。形雖么麽，性且强幹，與時寡合，多事宴默。或問之，則曰：「吾逍遥乎無形之場，同師子遊戲耳。」景福中，於山寺演暢經論，同聲相應，求法者至。乃著玄中鈔數卷，皆當義妙辭也。恒勸人急脩上生之業，且曰：「非知之難，行之爲難。汝曹勉旃。」

圓六時禮懺，未嘗少缺。居小房，即瑯琊山頂。是山也，傳云從瑯琊臺飛來，此處〔一〕先是屠坊，故皆鎮于其下。山之冢〔二〕有井，井有鰻鯍焉，水有盈縮，應大江之潮候，甚多靈怪。一云此處禹鏁浙江蛟蜃之屬，其名曰蛆。蛆有雙耳，其色蒼黄，或緣竹木，必風雨至矣。今或出石竅，入僧居溝渠中，見人不驚，握則跳梁如怒狀，唯偏入圓房。圓手執宛轉屑就，乃爲之受歸戒，令勿作風雹之妖。暨圓終，而多暴風雨也。圓之脩習，願見彌勒。一日講次，屹然坐殁于法座，時衆聞異香裛𦞦〔三〕，天樂鏦鏦，或絶或連，七日後已，此真上生之證歟！則乾寧二年四月也。還山之日，僧衆置祭于寺門。無何，有人茜袍象笏拜跪愴然。惝怳之間，杳無蹤迹，衆莫能測焉。荼毗〔四〕，收舍利七百餘粒，被四明人賫往新羅國矣。

唐絳州龍興寺木塔院玄約傳三

釋玄約，姓張氏，正平人也。志韻剛潔，幼萌出塵之心，既諧夙志，入州龍興伽藍，日誦千言，更無再受。落髪之後，滿足律儀，檢察己心，循其戒範，精持止作，未嘗穿穴。自兹名節頓高，流輩窺仰。數稔之間，律論俱贍，偏求知識，探賾玄文。戾止長安崇聖寺，以戒德之選而預臨壇，講律并俱舍共四十餘徧，淵静其性，研覈靡虧。著俱舍論金華鈔二十卷，爲時所貴。而二講登席，可三百餘人，皆北面受業焉。傳稟門生一百許輩，汾沁之閒奔走學者，迨乎老矣。終本院小房，俗壽七十六，法臘五十六。學法弟子道俗收焚坑舍利數百粒，構甎浮圖于郡城之西焉。

梁滑州明福寺彦暉傳四

釋彦暉，姓孫氏，今東京陽武縣人也。佩觿之歲，聞父讀金剛般若，瞪目凝聽，澹然歡喜。又屬家内齋僧，磬梵俱作，於簾幕之下合掌欣然。登年十五，隨師學法，往太原、京兆、洛陽聽采忘勞。年滿，於嵩山少室寺受大戒，隸習毗尼，頗通深趣。次尋經論，皆討玄源。且曰：「爲善不同，同歸乎治。治則戒、定、慧也。入聖機械，此三治性之極致也。」屆洛都，先達無不推伏。至乎四部悉仰柔明，臨鑑則戚少欣多，執瓶則荷輕持重。三衣之外，百一之資，量足而供，更無餘長。所行慈忍，匪事規求。不畜門徒，惟勞自己，勤勤化導，默默進修。是故南燕之人號爲佛子。初寄明福寺，講百法論也，四海英髦，風趨波委，恒溢百餘，且多俊邁，精研論席，鑽仰經宗。其聞碩學兼才，故有分爲上下十惡。十惡者，若八伯之號焉。上十惡則洞閑性相，高建法幢，宗因喻三，立破無滯。下十惡則學包内外，吟詠風騷，擊論談經，聲清口捷，讚揚梵唄，表白導宣。蓋因題目之分，乃極才能之際，云惡則倒背之言，乃是極善也。其門弟子爲若此也。暉因明、百法二論各講百許徧，出弟子一百五十餘人，著鈔曰滑臺，盛行于世。以乾化元年秋八月三日，氣力薾然而奄化矣。春秋七十二，法臘五十二。滑人追慕其德，二衆三百餘人奉神柩歸葬于陽武縣側，營小塔焉。

梁東京相國寺歸嶼傳五

釋歸嶼，姓湄氏，壽春人也。父元旭知子敏利，授以詩書，誦覽記憶，彌見過羣從諸子。而竊願出塵，父母允其頻請，乃禮本郡開元寺道宗律師爲力生焉。末及周星，念通法華、仁王二經。登于弱冠，而全戒足，矜持三行，靡曠四儀，習聽新章，尋通講授。後聞洛京、三輔經論盛行，結侶求師，僅于十載，疏通性相，精大小乘，名數一支，因明一學，俱舍、唯識、維摩、上生，皆深藏若虛也。復往南燕就暉公，重覆所學，研朱益丹，猶慨義章未爲盡善。乃之今東京相國寺，遂糅新鈔，講訓克勤，門生領悟。時朱梁後主與嶼丱角同學庠序，狎密情濃，隔面年深。即位半載，下詔訪之。嶼雖知故舊，終歲不言。事不可逃，應召方入。帝見悲喜交集，宣賚豐厚。時屬嘉慶節，曾下勑止絶天下薦僧道恩命，其年獨賜嶼紫衣，仍號演法大師。兩街威儀迎導，至寺，兼勑東塔御容院爲長講院。時閩帥，以聖節進金剛經一藏，絹三百匹，盡賜嶼焉，法侶榮之。然覩舊鈔有所不安，未極其理，遂搜抉精義於三載，著成二十卷，號曰會要草字，寫畢進呈。帝覽賞歎，勑令入藏，嶼苦辭乃止。如是十五年中，唱導無怠，學徒繼榮、贍公相繼傳持。至後唐清泰三年十月十日，謂門人供演曰：「余氣力惙然，無常將至，汝好住脩進。」焚香合掌，初夜長逝，春秋七十五，僧臘五十五。即以其月十八日遷塔於京東郊寺莊東岡焉。

後唐洛陽長水令諲傳六

釋令諲，姓楊氏，陝府閿鄉人也。幼而履操，廻求出俗，得本邑之師，授浄名經。年既應法，乃納戒律，大小乘教兼而學之。於名數法門，染成淳粹。彌陀、中觀，幹及膏腴，聲光振發，莫之與京。因遊洛南長水，遇歸心檀信構伽藍，就中講貫。一論一經，三十載中宣化，計各五十餘徧。日别誦維摩、上生，以爲恒課。執行持心而絶瑕纇，遠近宗承，若望梅者得飲焉。以清泰二年乙未歲終于邑寺，春秋七十一，法臘五十一。其年遷于山麓，倘西域法火葬，獲舍利，學人檀越共建塔焉。

後唐定州開元寺貞辯傳七

釋貞辯，中山人也。少知出塵，長誓脩學，剋苦之性，人不堪其憂。一志聽尋，暇則刺血書經，又鍼血盡立觀自在像，慈氏像等。嘗因行道困息，有二天女來相撓惱，辯誓之曰：「我心匪石，吾以神呪被汝。」彼衆不容去。自此道勝，魔亦無蹤。辯負笈抵太原城聽習，時中山王氏與後唐李氏封境相接，虞其覘閒者，并州城内不容外僧。辯由此驅出，遂於野外古塚閒宿。會武皇帝畋遊〔一〕，塚在圍場中，辯固不知。方將入域赴講，見旌旗騎卒，縮身還入穴中。武皇疑，令擒見，問其故，遂驗塚中，敷草座，案硯疏鈔羅布，遂命入府供養。時曹太后深加仰重，辯訴於太后曰：「止以學法爲懷，久在王宮不樂，如梏械耳。」武皇縱其自由，乃成其業。洎王處直平，乃歸中山講訓，補故伽藍，無不諧願。有婦人陳氏布髮掩地，請辯蹈之。撰上生經鈔，爲學者所貴，時號辯鈔者是。後終于此寺焉。

後唐會稽郡大善寺虛受傳八

釋虛受，嘉禾禦兒人也。納戒後，於上都習學，内外博通，傳講數本大經論，不憚宣導。咸通中，累應奉聖節充左街鑒義，輩流孰不弭伏。及廣明中，京闕盜據，逃難邐迤，抵越大善寺，同好者命講涅槃、維摩二經，即天祐年中也。因憤謙雅等師釋、崇福疏，繁略不中，其猶以水濟水，終無必濟焉，遂撰義評鈔十四卷。同光中方畢軸。又因講俱舍論疏，有賈曾侍郎序，次僧圓暉序，皆著鈔解之，其文富贍，昔嘗染指知焉。受於涅槃，辯而非略，仍多駮議小遠之疏，免爲青蠅之玷。餘則法華、百法、唯識，各有別行義章。

受性且狷急，與人不同，畜弟子無一可中，嘗自執爨饌齋食，柴生火滅，復吹又熠，怒發，汲水沃之，終日不食而講焉。及晚年眼昏甚，登師子座，戴竹笠而講，貴目不閃爍爾。或譏其慢衆，受亦不介意。屬武肅王錢氏按部至越，遂出謁見，王素嚮風，乃加優禮，言勞再三。暨乾化中，於會稽開元寺度戒，命之充監壇選練，吳會聞行此職者，自受始也。王表於朝廷，薦其紫衣。莊宗制賜，行人賫至營丘。時受講當上生經疏序，至「若洪鐘而虛受」，受捨麈柄〔一〕言曰：「某得名無典實，今後更爲虛受，小子識之。」乃狀聞王，王曰：「此僧必無恩命分，何名虛受乎？」至同光乙酉歲，受終，迨海艦賫誥牒來，稽其終日，正到青社，果符武肅之言。有文集數卷、述義章三十餘卷，行之于代。

後唐杭州龍興寺可周傳九

釋可周，俗姓傅，晉陵人也。出家于本部建元寺。循良厥性，切問于勤。友生勉之曰：「非其地樹之不生，今豫章經謂之江，論謂之海，胡不往請業乎？」周感其開導，挈囊達彼，遇雲表法師盛集，窮法華、慈恩大疏，日就月將，斡運深趣。昭宗初，自江西迴台越之閒，命其啓發。梁乾化二年，受杭州龍興寺召開演，黑白衆恒有半千。兩浙武肅王錢氏命於天寶堂夜爲冥司講經，鬼神現形扈衛，往往人覩焉。嘗有祭銅官祠神，巫氏久請不下，後附巫曰：「吾隨從大神去西關天寶堂聽法方迴。」武肅王聞而鄭重，賚周中金如意并鉢、紫衣一副，加號精志通明焉。以天成元年，終于觀音院本房。初，周乾寧四年戾止台州松山寺講疏，闕鈔，遂依疏節成五卷，曰評經鈔，音訓五帖，解宣律師法華序鈔一卷，行于浙之左右。弟子相繼不絶。

後唐東京相國寺貞誨傳十

釋貞誨，姓包氏，吴郡常熟人也。年始十三，出家於本州龍興寺。其性沈静，分陰是競。方踰一稔，誦徹法華經，如是恒業日周二部。年十九，於揚州擇名師受具足法。自爾西之伊洛，北抵晉郊，凡有講筵，下風求益，覈其經論，窮其性相，輩流之間，罕齊馳騖。至於非朋弱友，棄皆如也。唐天祐元年，至今東京相國寺寓舍，講導法華經十許徧，人未歸重，則知奇貨之售亦有時焉。及梁氏都于是京，人物委輸。貞明二年，會宋州帥孔公仰誨風規，知其道行，便陳師友之禮，捨俸財，置長講法華經堂於西塔院。從此翕然盛集。誨旁讀大藏教文，二時行道〔一〕，精進罔疲。凡世伎術百家之言，黜于議論之外，誡門徒曰：「異端之説，汩亂真心，無記不熏，何須習俗？吾止願爲師子吼，不作野干〔二〕鳴也。」但專香燭塗掃，以内院爲息肩之地。至後唐清泰二年二月十日，召弟子五十餘人，自具香湯澡浴，令唱上生禮佛，罄捨衣資，爲非時僧得施半齋僧訖，至十一日，望空合掌云：「勞其衆聖排空相迎。」滿百徒侣，爾日皆聞天樂之音，頃刻而卒，俗壽七十三，僧夏五十四臘。於寺講貫三十餘年，經講計三十七座，覽藏經二徧，修彌勒內院業。以其年二月十八日葬浚郊東寺莊之原，旛幢威儀，緇白弟子約千餘人會送焉。

後唐洛京長壽寺可止傳十一

釋可止，姓馬氏，范陽大房山高丘人也。年甫十二，迥有出俗之心，依憫忠寺法貞律師。年十五，爲息慈，辭師往真定習學經論。時大華嚴寺有仁楚法師講因明論，止執卷服膺三徧，精義入神，衆推俊邁。有老宿維摩和尚者，釋門之奇士也，問楚師曰：「門人秀拔，孰者爲先？」曰：「有幽州沙彌者温故知新，厲精弗懈。」於是求見，遂質問勝軍比量，隨難應變，辭不可屈。維摩曰：「後生可畏，契經所謂雖小不可欺也。」遂率力請止開講恒陽，緇素無不欽羡焉。迨十九歲，抵五臺山求戒，於受前方便，感文殊靈光燭身。已而歸寧父母及師，於寺敷演。二十三往并部，習法華經、百法論。景福年中，至河池，有請講因明。後於長安大莊嚴寺化徒數載。乾寧三年，進詩，昭宗賜紫袈裟，應制內殿。

本道劉仁恭者，據有北門，控扼蕃漢，聞止之名，移書召歸故鄉。其父與師相次物故，母猶在堂，止持盂乞食，以供甘旨。行誦青龍疏三載，文徹忽有巨蟒〔一〕見于房，矯首顧視，似有所告。時同院僧居曉，博物釋子也，且曰：「蛇則目睛不瞬，今其動乎？得非龍也？」止焚香祝之曰：「貧道念青龍疏，營齋養母，苟實龍神軫念，希值一檀越。」居數日，燕帥〔二〕冢子〔三〕曰：「制勝司徒召申供養。」時莊宗遣兵出飛狐以圍之，歷乎年載，百穀勇貴。止頓釋憂懼，未幾燕陷，劉氏父子俘歸晉陽。止避亂中山，節度使王處直素欽名譽，請於開元寺安置，逐月供俸。止著頓漸教義鈔一卷，見行于代。天成三年戊子，王師問罪，定州陷焉。招討使王晏休得瀛王馮道書，令尋止。既見，以車馬送至洛京，河南尹秦王從榮優禮待之，奏署大師，號文智焉。於長壽淨土院住持。應順元年甲午正月二十二日，忽微疾作，召弟子「助吾往生」，念彌陀佛，奄然而化。俗年七十五，僧臘五十六。閏正月二日荼毗，收遺骨。至清泰二年四月八日，建塔於龍門山廣化寺之東南隅。

止風神峭拔，戒節孤高，百家子史，經目無遺。該博之外，尤所長者，近體聲律詩也。有贈樊川長老詩，流傳人口。在定州日，中山與太原互相疑貳，諸侯兼并，王令方欲繼好息民，因命僧齋於慶雲寺。會有獻曰鵲者，王曰：「燕人詩客試爲詠題。」止即席而成，後句云：「不知誰會喃喃語，必向王前報太平。」王欣然。詩人李洞者風骨〔四〕僻異，慕賈閬仙之模式，景福中在河池相遇，贈止三篇。時宰相孫公渥、趙公鳳、馬公裔孫、竇學士夢徵、符侍郎蒙、李侍郎詳，皆唱予和汝，塤篪韻諧。止頃在長安講罷，遊終南山逍遥園，是姚秦什法師譯經之地，年代窈深，鞠爲茂草。且曰：「吾爲釋子，忍不興乎？」奏昭宗乞重脩，帝允，仍舊賜草堂寺額。後請樊川浄休禪伯聚徒談玄矣。及在洛也，講外長誦金剛經，不知紀極。昔多居終南山、崆峒山，故有三山集，詩三百五十篇，盛行于時。弟子修文、修智、修行，微見師之道焉。

漢太原崇福寺巨岷傳十二

釋巨岷，姓任氏，西河人也。父遊于藝而賁丘園。母王氏戒受八關，心歸三寶，從妊岷也，更好善緣，復求福利，而生令子。及生，年甫七歲，志氣敦篤，暫見佛像，注仰欣然。父母知有宿因，或攜入寺，意欲忘歸。至本郡浄心院，見宣遠論師，志戀其房，泣求攝受。二親知不能阻其願，咸皆可之。年十歲，誦終法華、維摩二經，日持十卷，更無間隔，如執瑠璃之器。其舒徐恣制〔一〕，若老成焉。迨圓滿足，便習尸羅，克通開制之科，恒照欣戚之鑑。自爾大乘理趣，經論精窮，得其師門，則并部永和三學也。俾夜作晝，窗案是臨，不暇諸他。除研習義章，修六事二因也，於大般涅槃經兼因明論，末年〔二〕逾切。又傳輪金論，盡屏餘緣，各講十徧，乃求輔亮，博覽羣書，得義最精，又揚具美。尋稟綸言，住城内天王院，與弟子俱供億不虧，傳持無替。乾祐元年，漢祖以龍潛晉土之日，便仰岷名，特降庭臣賜紫衣，號圓智大師。續有詔宣住崇福寺講堂院，仍充管内僧正。經年而變法於晉，檢策僧徒，如風偃草。至乾祐二年十一月五日，無疾而終。于時四衆含悲，一城戀德。俗齡九十三〔三〕，法臘五十四。乃遵西域茶毗禮，多投香水，或執旛花，黑白之衆盈郊，黯霮之雲蔽日，未容火滅，皆捧寶瓶，待盛粱粟之形，同見熏修之體。時得舍利者，隨自因緣，或多或少。別得遺骨，具表奏聞。漢主勑葬於西山天龍寺，凡事官供，起石塔。勑謚號曰達識焉。

漢棣州開元寺恒超傳十三

釋恒超，姓馮氏，范陽人也。祖父不仕，世修儒道，而家富巨萬。超生而聰慧，居童稚羣，不貪戲弄。年十五，早通六籍，尤善風騷，辭調新奇，播流人口。忽一日因閱佛經，洗然開悟。乃歎曰：「人生富貴，喻等幻泡，唯有真乘，可登運載。」遂投駐蹕寺出俗。未周三祀，方議進修，晝夜不疲，而屬師亡，亦遵釋氏喪儀，守禮無怠。孝悌之名，燕人所美。梁乾化三年，往五臺山受木叉戒，由是陟遐自邇，切問近思。俄徵伐木之章，且狎成人之友，結契遠求名匠，阻兩河間兵未罷，路不通。南則梁祖，北則莊宗，抗衡於輕重之前，逐鹿在存亡之際。當是時也，超止於本州魏、博、并、汾之間，學大小乘經律論，計七本，講通思於雍、洛、梁、宋名師，杳然隔絶。雖然，巡歷非遠，宏暢殊精，瓶滿見知，翼飛名字。是故并部息塵、中山貞辯，夫二人者，言行俱臻，證修有位，一見超，歎曰：「義龍之頭角悉完備矣，待飛奮而爲霖雨焉！」其爲碩德題目，多此類也。

龍德二年，挂錫於無棣，超曰：「此則全齊舊壤，鄒魯善鄰。」遂止開元伽藍東北隅，置院講諸經論，二十餘年，宣導各三十餘徧。節操高邁，舉措舒徐，緇素見之，無不怯懼。

聲無叱咤，語不夸奢，自然而然，且非威勢凌轢之所得也。前後州牧，往來使臣，嚮譽欽風，修名執刺，相禮重者，止令童子辭以講貫，罕曾接對。初有所慊，終伏其高，齊魯之間，造秀不遠數百里，造其門以詰難。諸公一覿超容，傍聽議論，參乎子史，證以教宗。或問因明，超答以詩一首，辭新理妙，皆悉歎降。時郡守李君素重高風，欲飛章舉賜紫衣。超聞驚愕，遂命筆爲詩云：「虛著褐衣老，浮杯道不成。誓傳經論死，不染利名生。猒樹遮山色，憐窗向月明。他時隨范蠡，一棹五湖清。」李君復令人勸勉，願結因緣。超確乎不拔，且曰：「而其復爾，則吾在盧龍塞外矣。」郡將聞而止。又相國瀛王馮道聞其名，知是鄉關宗人，先遺其書，序以歸向之意。超曰：「貧道閑人，早捨父母，刻志修行。本期彌勒知名，不謂浪傳於宰衡之耳也。於吾何益？」門人敦喻，不得已而答書，具陳出家之人豈得以虛名薄利而留心乎？瀛王益加鄭重，表聞漢祖，遂就賜紫衣。自此忽忽不樂，以乾祐二年仲春三日微疾，數辰而終于本院。院衆咸聞天樂沸空，乃升兜率之明證也。春秋七十三，僧臘三十五。門人洞微與學徒百餘人持心喪，傾城士庶僧尼會送城外，具荼毗禮，收舍利二百餘顆分施之。外緘五十顆，於本院起塔以葬之。瀛王末知，別奏賜師號曰德正，乃刊勑文于石塔焉。

漢洛京法林院僧照傳十四

釋僧照，姓張氏，范陽人也。年十四出家，投憫忠寺，聰晤絶倫，神儀偉秀。初受經偈，日誦數千百言，目所覽者過於宿習。吐論知見，有老成之風。遂度爲沙彌。受具已來，歷于再閏，暗誦經典，已踰六大部矣，即最勝王、大悲、維摩、法華等經。旁加聽尋經論，十數年間，深文伏義，藍出青矣。天祐中，遊方南下，爰届中山，元戎王處直請住法華寺。相次易帥請之，太傅隴西公連表薦賜紫方袍，加至真大師。次則扶風馬公請爲僧正，非所好也。及抵洛陽，有命開法華經講，止法林院。況乎都闕浩穰，象龍輻湊，及照之唱導，翕如於下風伏膺矣。以乾祐元年三月二十六日，示滅於講院，春秋七十，僧臘五十。四衆號慕，侍中李公傾易定〔一〕，曾爲外護，復守洛宅，飾終喪禮，悉以資奉。粤四月三日遷神于城南，行荼毗法，收舍利，紅潤可數百粒。濟陽丁公爲保釐之筵職，爲樹塔于廣化之寺南崗。照平昔講凡七十餘座，勤勤爲法。門生頗多。宰臣馬公孫最所欽重，前後贈詩僅數十首，洛中爲美談矣。

漢洛陽天宮寺從隱傳十五夢江

釋從隱，姓劉氏，洛陽三鄉人也。丱年敏慧，誓欲出塵，二親既聽，乃投本邑竹閣院，依師誦習，陶練靈府。尋於嵩陽受戒畢，就長水聽采，纔歷數年，克通百法、中觀、彌陀三經論焉。而譚師年老，深許隱之博達性相。後於洛布金院赴請敷演。至後唐清泰中，譚付講座，日爲衆三登法席。夏中長晷，覽藏經一袟，精進苦節，人無與比。乾祐二年正月，示疾而終，俗壽五十三，僧臘三十二。乃依天竺法火化，收合真體，圓浄堪愛，門人樹塔，至今存焉。

次有長水縣縣泉院釋夢江者，姓楊氏，本邑人也。神彩灑落，超拔凡態，遂願出家，恒誦仁王、般若。進具後講百法論。清泰中龍門廣化寺請爲衆開演，遇帝幸其寺宣問，妙辯天逸，悦可上心，時於御前賜紫袈裟，確乎不受。訓導二十餘年，講罷行道禮佛，日唯一食。慈忍於物，罕逢愠色。周顯德三年疾終，緇素悲慕，爲其建塔矣。

漢杭州龍興寺宗季傳十六

釋宗季者，俗姓俞，臨安人也。稚齒瑰偉，心志剛直。嘗天震鄰家樹，季隨僵仆，有姊尼抱就膝，視之曰：「此非震死，且有生候。」至夜未央，蘇而復作。遂勸令出家，事欣平寺僧。後往衢州，投巨信論師，學名數論，文義淹詳，且難詘伏，鋒芒如也。迨迴杭，龍興寺召講。時僧正藴讓給慧縱横，兩面之敵也。與閭丘方遠先生、江東羅隱爲莫逆之交也，見而申問，季作二百語訓之，讓正賞歎，遂請開講，四十餘年，出弟子七八百人。漢乾祐戊申歲，疾終于本房。

初，季講次遇一異人，作胡語，問西域未來之經論，一衆驚然。季眇一目〔一〕，曾夜行感神光引之，常覽古師之述作曰：「可俯而窺也。」遂撰永新鈔，釋般若心經，暉理鈔解上生經，彌勒成佛經疏鈔、補猷鈔闕，諸別行義章，可數十卷，並行於世。季道行孤僻，性情方正，寡言語，氣貌高邁，誓不趨俗舍。暨老懇請亦罕赴白衣家。居唯屢空，衎然自任，而孜孜手不釋卷，樂道向終。至今此宗越多，弟子講導不泯焉。

周魏府觀音院智佺傳十七

釋智佺，姓張氏，銅臺永濟人也。九歲，於鄴都臨清王舍城寺事師。暨受具戒，身器挺然八尺，面色玉如，行步若舒鴈，言音如扣鐘。人望之凜然，僉曰：「美丈夫也。」恒誦諸經，晝三夜三，禮佛無闕。本師知其法器，遣往滑臺，抵明福寺，就暉師講肆。朞月，頓見諸法體用，喜不自任。時暉之門生怱勇烋幹者數十員，皆出佺之下。侚睢陽人請講，未久，又今東京遇信士捨宅爲萬歲百法院。由此洛京、陳、許、徐、宿、維、青、琴臺咸樂請其敷演，自鳩聚檀嚫，前後飯僧三十萬。天雄軍戴、張、郭三家同建觀音院，命居之。佺敏利之性天資，初終講百法論，可百許徧。登法座，多不臨文，懸述辯給。後三過覽大藏經，以輔見知。其誦諷經呪也，嘗聞户外闃然有彈指聲者，感鬼神讚歎歟？魏帥陳君思讓篤志歸依，表薦紫衣師，號曰歸政。殆臨八十一，而刓意學歐王書體，僅入能妙。或問之，曰：「吾習來生字耳。」顯德五年，年八十三，呼弟子奉晏等囑累，令造木轝一所，斂送闍維。至其年十一月十一日〔一〕奄終，奉木塔，舉高三丈餘。縱燎時有白鶴哀鳴，紫雲旋覆。

收拾舍利，建塔緘焉。

大宋〔一〕秀州靈光寺皓端傳十八

釋皓端，姓張氏，嘉禾人也。九歲，捨家入靈光精舍，師授經法，如温舊業焉。年登弱冠，受形俱無表。于四明阿育王寺遇希覺律師，盛揚南山律，端則一聽旋有通明，義門無壅。尋投金華雲法師學名數一支并法華經。後受吳興緇伍所請講論焉。兩浙武肅王錢氏召於王府羅漢寺演訓，復令於真身塔寺宣導。于時有台教師玄燭者，彼宗號爲第十祖，端依附之，果了一心三觀，遂撰金光明經隨文釋十卷。由是兩宗法要，一徑路通。忠獻王錢氏借賜紫衣，别署大德，號崇法焉。後誓約不出寺門，慕遠公之不渡虎溪也。高尚其事，僅二十餘年，身無長衣，口無豐味，居不施關，坐唯一榻。以建隆二年三月十八日，坐滅于本房，容貌猶生。三日，焚之于城西，得舍利於煨燼之末。俗年七十二，僧臘五十二。凡著述傳録記讚七十許卷，學得其門者止八十餘人。

端性耿介，言無苟且。一坐之間不談世論，唯以佛法爲己務，可謂傅翼之象王矣。秘書監錢昱嘗典秀郡，躬覩端之標格，爲著行録焉。

大宋東京天清寺傳章傳十九

釋傳章，俗姓彭氏，開封東明人也。厥父諲，即邑甸之上農也，塵務之外，正見不回，恒讀佛經，懸解詮旨。母邢氏〔一〕嘗夢入法宇，手探道器，因而娠焉。與父知懷非常之子，指腹誓令出俗。年甫十一，乃禮本邑唯識師秘公爲師，一見異之。初授浄名、仁王、法華三經，及削髮去周羅，隨秘公遊五臺，禮文殊應跡之地。其年受具。爲息慈日，便於浚郊清朗法師座下聽習法華經。後於睢陽道雅法師重温前業，尋學唯識於本師，頗揭厲于義津法水。又親附副僧録通慧因明，且臻其極章。日誦三經兼二戒本，講貫訓徒，向二十載，未嘗少輟。廣順中，左街僧録廣智大師薦聞于周高祖，賜紫方袍。大宋乾德二年，左街僧録道深薦于太祖神德皇帝，賜師號曰義明。俄示疾而終于本院，春秋五十五，法歲三十六。未絶之前，命筆作偈警世，而贈諸朋執矣。所度弟子一十五人，以其年十一月十六日上京之南原，用荼毗之法，薪盡火滅，得舌且不灰，衆歎戒德。門人檀信共立塔焉，則開寶五年也。先是厥父恒務法華經，終後焚之，亦舌不壞。子父同驗，實爲罕有。相國寺清慧大師彝炳爲塔銘焉。

大宋并州崇福寺佛山院繼倫傳二十

釋繼倫，姓曹氏，晉陽人也。弱齒而壯，其志勇，其心決，求出家。本師授法華經，日念三紙，時驚宿習。慧察過人，登戒之後，至年二十一，學通法華經，義理幽賾，唯識、因明二論，一覽能講。由是著述，其鈔至今河東盛行。三講恒一百五十餘徒，從其道訓。又撰法華鈔三卷。其爲人也，慈忍成性，戒範堅强，人望之而心服。以劉氏據有并汾，酷重其道，署號法寶，録右街僧事，寬猛相參，無敢違拒。以僞漢己巳歲冬十月示疾，心祈口述願生知足天。終後頂熱半日方冷，則開寶二年也。享年五十二〔一〕。闍維畢，淘獲舍利，遠近分取〔二〕供養焉。

大宋齊州開元寺義楚傳二十一 修進 省倫

釋義楚，俗姓裴氏，祖相州安陽人也。楚七歲來省歷下，臨壇大德脩進因爲出家師也。進乃楚之諸父也。季父省倫居香嚴院。進也誦觀音普門支經向十萬徧，立禮法華經，字字各拜，拜且徹部焉。倫則青丘主宰，禪居誦大悲、佛頂俱一億徧。

楚執柯伐木〔一〕，熏習相資，登此近圓，勤學不懈，敏慧夙成，俱舍一宗，造微臻極。遂傳講圓暉疏十許徧。後該覽大藏三徧，乃慨儒家爲佛教之文而多謬解，解既謬歟，事多悮用。擬白樂天六帖，纂釋氏義理、文章、庶事、羣品，以類相從，建其門目，總括大綱，計五十部。隨事别列四百四十門，始從法王利見部，終師子獸類部，其間物類，檢括周旋，令供筆之時必無告乏矣。一十年中，孜孜罔倦，起晉開運二年至顯德元年畢，進呈，世宗勑付史館，賜紫衣，仍加號明教大師。以開寶中終于龍興伽藍。俗壽七十四，法臘五十四。

楚始謀此作，隨得便書，裒多益寡，日居月諸，鬱成編録。忽因本院門古石上有六帖二字，天然分明。覩此靈符，乃知宿定，搜今斡古，筆不停綴。時樞密相國王公朴爲楚作序，冠于編首，今行于寰海矣。初，楚著述心亦勞止，而雙目喪明，醫工莫療。遂冥心懺過，慮删碎教文，裁量差脱，如是虔虔更無間息，再歲還明，人謂其徵感焉。

大宋杭州慈光院晤恩傳二十二

釋晤恩，字修己，姑蘇常熟人也。姓路，母張氏嘗夢梵僧入其家而妊焉。及稚孺，見沙門相，必起迎遲。年十三，聞誦彌陀經，遂求出家。親黨饒愛，再三沮之，乃投破山興福寺受訓。後唐長興中受滿分戒，登往崑山慧聚寺，學南山律。晉天福初，從攜李皓端師聽習經論，懸解之性天然，時輩輒難抗敵。後微聞天台三觀六即之説，冥符意解。漢開運中，造錢唐慈光院志因師，講貫彌年，通達法華、光明經、止觀論，咸洞玄微。尋施覆述，出弟子相次角立。雍熙三年八月朔日，恩於中夜覩白光自井而出，明滅不恒，謂門人曰：「吾報齡極於此矣。」乃絶粒禁言，一心念佛。次夢擁納沙門執金鑪焚香，三遶其室，自言「祖師灌頂來此相迎，汝當去矣。」夢覺，呼弟子至，猶聞異香。至二十五日爲弟子説止觀旨歸及觀心義。辰時，端坐面西而化，享年七十五，僧臘五十五。其夜院僧有興、文偃等皆聞空中絲竹嘹亮而無鞦鼓，且多鈴鐸，漸久漸遠，依稀西去。迨九月九日，依西域法焚，獲舍利青白圓粒無筭。

恩平時謹重，一食不離衣鉢，不畜財寶，卧必右脇，坐必加趺。弟子輩設堂居，亦同今之禪室。立制嚴峻，日别親視明相，方許浄人施粥，曾有晚飲薯蕷湯者，即時擯出黌堂。每一布薩，則潸灑不止，蓋思其大集滿洲之言耳。偏誨人以彌陀浄業救生死事，受教得生感祥可見者，往往有之。凡與人言，不問賢不肖，悉示以一乘圓意。或怪不逗機者，乃曰：「與作毒鼓之緣耳。」不喜雜交游，不好言世俗事。雖大人豪族，未嘗輒問名居，況迂趨其門乎？先是天台宗教，會昌毀廢，文義殘缺。談妙之辭，没名不顯。恩尋繹十妙之始終，研覈五重之旨趣，講大玄義、文句、止觀二十餘周，解行兼明，目足雙運。使法華大旨全美流于代者，恩之力也。又慊昔人科節與荆溪記不相符順，因著玄義、文句、止觀、金光明、金錍論科，總三十五帖，見行於世。吁，河漢中有魚泝流而上者何？潛泳有所取故。恩公不寬乘戒而出弟子十有七人，求解而行行耳。

大宋天台山螺溪傳教院義寂傳二十三

釋義寂字常照，姓胡氏，温州永嘉人也。母妊娠公日(一)不喜葷血，生乃首蒙紫帽而誕焉。幼啓二親，堅求去俗，旋入開元伽藍。師授法華經，朞月而徹，寺之耆老稱歎希有。受具已，往會稽學南山鈔。既通律義，乃造天台山研尋止觀，其所易解猶河南一偏照也。先是智者教迹，遠則安史兵殘，近則會昌焚毁，零編斷簡，本折枝摧，傳者何憑？端正其學〔二〕，寂思鳩集也。適金華古藏中得淨名疏而已。後款告韶禪師，囑人泛舟於日本國購獲僅足。由是博聞多識。微寂，此宗學者幾握半珠爲家寶歟？遂於佛隴道場、國清寺相繼講訓，今許王錢氏在兩浙日，累請開演，私署淨光大師并紫方袍，辭讓不却，受而不稱。及興螺溪道場，四方學侶霧擁雲屯。太平興國五年，朝廷條貫緇伍經業，寂從山入州治寺，寺東樓安置。樓近大山，夜夢刹柱陷没于地，意頗惡之。自徙於西偏僧房，其夜春雨甚，山崩樓圮。人咸謂寂先見同修報得之眼焉。因受黄巖邑人請，乘舟泛江放生，講流水長者品。至海門靈石，是智者冬居道場也，勸人修寺塑像，入緣者繁沓。今上遣高品衛紹欽入山重建壽昌寺也，諸官同命受菩薩戒。雍熙初，永安縣請於光明寺受戒。古殿像隳，腹中獲發願辭，即唐咸通六年沙門希皎施戒，勸七鄉人裝塑尊像，願捨報爲男子，童真出家，常布褐傳法利樂衆生云。觀者皆意寂之前身也。四年，臨海、縉雲、永康、東陽諸邑請其施戒。九月，寂至自太末，十月，寢疾本院方丈。十一月四日，囑誡門人：「不許哭泣祭奠。應緣俗禮者，非吾弟子也。」即窆于方丈，樹小塔焉。享年六十九，法臘五十矣。四方傳法弟子見星而舍者數百人。

寂平素講法華經并玄義，共二十許座，光明、淨名、梵網等經、止觀、金錍等論、法界還源等觀、禪源詮、永嘉集各數徧，所著止觀義例、法華十妙不二門科節數卷。自智者捐世，六代傳法湛然師之後，二百餘齡，寂受遺寄，最克負荷，其如炎蒸講貫而無汗之霑洽，曾不久聽而勝解佛乘。每一談揚，則摐金玉應，召羽商和，彼九旬說妙，相去幾何？又嘗寓四明育王寺，夢登國清寺上方，有寶莊嚴幢座，題曰文殊臺，設梐枑闌隔，求入無由。俄覩觀音菩薩從堂徐出，以手攘却行馬，低迓相接。斯須，覺已與觀音身泯合不分，因而驚寤。自是之來，樂說無盡矣。或曰：「入普門智，乘利物悲，上合佛覺，證無上故。下合衆生，凡同體故。開則羣靈混成一法，得是心者，非觀音而誰歟？」是以講談也，施戒也，自甌越之鄉迨三天子障，民多咈戾，俗尚畋獵。受寂之訓也，咸食椹革音，說法之功，所謂善建。由是堂室間可見者，曰澄彧，曰寶翔，曰義通。及乎台之民庶，曾受戒法，迎真相來州治開元寺祭饗，皆縞素哀泣，天爲之變慘，其慈攝之所感。知州鄭公元龜爲詩悲悼焉。

論曰：玄默垂文，聖人俯察。河雒之流有告，圖書之法作程，禹受斯符，乃爲經緯，本六十餘字，訓第表明，號洪範以開章，得彝倫而逌敘。帝王之法粲然可觀，祖述之家翕爾宗此。我之佛道可弗然耶？教自西傳，若龜馬之文乍辯〔一〕；聲由此盛，如夏商之美惟揚。及其講訓相資，籤箋互出，因分異轍，各競顓門，施巧智之莫京，致慧心之懸合。宜乎得正信者必開正眼，見正道者必事正修，倒本前因，則以決擇爲主。原夫能詮之教喻圖書也，所詮之理喻訓第也，經容緯入，緯變經存，令表顯之名言，從體義之相去聲〔二〕雜。唯識僉推於護法，成即司南；婆沙奄有於餘師，説同衍字。良以各迷己見，皆未極成，正不正之説恢張，玄又玄之談崛起。大抵無名相法作名相説，非如色法影質易尋。名色交加，喜生迷競。又以言存一意，義止一途，隨情取捨之時，未爲允當，隨轉理門之處，蓋涉無文。加復教有弛張，意闕詳略，討尋者非英明而莫悟，承領者非行位而那知？在人亡書，以教爲折中。故論中以四種徵理，理則難隱，一觀待，二作用，三法爾，四證成。用斯道理，義豈惑乎？譬如甲氏背人而去，有二三子相問曰：「彼去者誰邪？」一云「乙也」。一云「丙也」。此俱未是。彼有識人云「甲也」。迴面視之，是甲非乙。由其不識，遂有多名，識者一呼，應聲而至。親得自體，不涉異緣，故曰精義無二也。因義生解，解必虚通，除其執情，令生正解，斷其迷執。執情斷，故所執便遣。既能生解，則斷障。二重斷染，依他清淨，依他圓成，故得二勝果焉。不然者，認相似法，墮惡取空，曳曲木於稠林，泛膠舟於苦海，又不可勝道也。瑜伽論中契經體有二，一文二義。文是所依，義是能依。如是二種，總名一切所知境界也。夫以能化之教已翻，所詮之理難悟，苟非宿慧，安喻經心？宿慧當多世之熏，方能生起；經心乃大雄之意，豈易尋求？諺所謂老見事長，佛已三祇之揚歷；多言或中，法從諸聖之同宣。豈得以夏蟲共論其凌凘，井魚互談其瀫瀣〔三〕？此誠不可也。必須近佛菩薩，善慧法師，四無礙居遊戲之中，八辯音演自他之利。秖如天親大士將世尊之一言，中道圓宗成諸法之五位，如龍帶涓滴而起爲雨，望苗稼而施。又同命包作緯於春秋，鑿度爲資於大易，此皆善其通變，能其揣摩，以利根而教鈍根，以正見而誘邪見，都稱爲摩訶般特伽也。西域蒲塞治家子以爲裘，此方俊才鬻乳人而加水。成裘則易，以日見而留心；免水則難，以傳來而隔手。昔以講人論法，造疏尋宗，用成實法數之名，補大乘闕員之義。其有解法名目，隨人見知，未融六釋之端，何暇三隅之反？至若黎邪〔四〕是報非報，化人有心無心，和合怖數之徒，聞熏滅不滅等百有餘科，並三藏、四含之盤根，大小兩宗之鈐鍵，先賢之所不決，今哲之所共疑，但謂闕如，所知成障。

及乎奘師西復，梵本東傳，富瑜伽之寶林，開唯識之淵府，摩訶衍足殺三摩，明名數均著作之家，立破定是非之量。深山大澤，必生龍蛇，有大乘基爲其高足。不緣宿習，多見生知，謂之義天，則明星有爛，謂之理窟，則善閉無關。堂堂合周髀之儀，軋軋應崑崙之軸。有經皆講，無疏不成，權奇百本之名，控壓四人之聖。復次光也寶也，測乎沼乎，章句之學頗長，釋籤之理何富！世茂珠林，邁編圖紀，璟附量度于鯨海，尚綴文榮于玉華，究三論極乎瑗康，窮方等歸乎楷景。觀公撰集華嚴，命章解相入之連環，且無難色；通絶行之斷閡，故立易功。法藏從性海而遊，智昇自名流而出。偉歟一行，所作通神，實僧相之法王，乃人形之菩薩。忠、氤、琳、甫、賁、秀、詵、真，俱參譯判經，盡開荒闢土。於爍宗密，美乎湛然，悟達全才，徹公令範，可以副人之求備哉！餘諸上士，擅美殊方，落落英翹，互有長短。矧以佛之説經，申經者論；經由論顯，論待疏通；疏總義章，義從師述。況以隔羅縠者見猶未盡，大徧知者知方得全。射侯之矢易蹠，診脉之求難中。若非親證親説，得自體之分明，載驅載馳，妄他求之晻曖，如攝異門分，差別之相難知。故智論中吾滅度後，所有撰集者皆爲論藏攝也。俱作導師，指迷人之歸路；悉銜明燭，照暗室之績工。動戒足以行之，入定門而安矣。蓋纏克斷，智慧成功，咸從生死之河，盡度涅槃之岸，此始可與言從聞且思，思至而修證大圓寂者。過此以往未知，執名滯義，問欲何爲？故曰：「精義入神，以致用也。」既有所用，則捨筌蹄而直造佛地，此則深於其道者也。

校勘記

志遠傳

〔一〕苞羅，揚州本、大正本苞作包，通用。

〔二〕僅四十年闡揚獨步，按清涼傳卷下云：「（志遠）就華嚴寺右小院挂錫，演天台圓頓，僅四十年，衆因目其院爲天台焉。」較此詳朗。

〔三〕志苦，原苦誤作若，從揚州本、大正本改。

〔四〕玄文，清涼傳文作門。

〔五〕山昏，原本昏誤作皆，從揚州本、大正本改正。

希圓傳

〔一〕此處，原本此誤作比，從揚州本、大正本改。

〔二〕山之冢，原本冢作家，揚州本、大正本並同。宋本作冢。按爾雅釋山云：「山頂冢。」説文：「冢，高墳也。」高墳亦巔義。山之冢猶言山頂，家乃冢之形誤，宋本爲是，今從正。

〔三〕裛沓，原本裛作褭，各本皆作裛，此乃俗訛，今正。音釋亦作「裛沓」，云：「裛，乙及切。沓，弋入切。裛沓，香襲衣也。」

〔四〕荼毗，原本荼作茶，從大正本改。按「荼毗」字當作荼，但唐人書多與「茶」字相淆，柳公權書玄祕塔碑荼毗亦作「茶毗」，可證，蓋沿習而然也。以下不再出校。

貞辯傳

〔一〕畋遊，原本畋作畎，非，從揚州本、大正本改。

虛受傳

〔一〕麈柄，原本麈作塵，從揚州本、大正本改。

貞誨傳

〔一〕行道，原本行作仁，從揚州本、大正本改。

〔二〕野干，揚州本、大正本干作犴。干乃犴之借字。

可止傳

〔一〕巨蟒，原本巨作臣，從揚州本、大正本改。

〔二〕燕帥，原本帥作師，揚州本、大正本同。宋本作帥。按「燕帥」蓋指劉仁恭，作帥爲是。今正。

〔三〕冢子，原本冢作家，揚州本、大正本作家。按子書無家字，當是冢之形誤，冢子猶言嫡長子，謂劉守光。今正。冡亦冢之誤。

〔四〕風骨，原本骨作青，從揚州本、大正本改。

巨岷傳

〔一〕恣制，原本恣作姿，從揚州本、大正本改。

〔二〕末年，原本末作未，從揚州本、大正本改。

〔三〕九十三，宋本、元本九作七。

僧照傳

〔一〕傾易定，傾字義不順，疑「領」之形誤。「領易定」與下「復守洛宅」句相應。

宗季傳

〔一〕眇二目，宋本二作一，疑是。

智佺傳

〔一〕十一日，宋本一作二。

皓端傳

〔一〕大宋，揚州本、大正本無大字，下同，不重出。

傳章傳

〔一〕邢氏，原本邢作刑，從揚州本、大正本改。

繼倫傳

〔一〕五十二，揚州本、大正本二作一。宋本、元本作二，同此。

〔二〕分取，揚州本、大正本無分字，宋本、元本有，同此。

義楚傳

〔一〕伐木，原本伐作代，從揚州本、大正本改。

義寂傳

〔一〕妊娠公曰，原本曰作白，大正本同；宋本、元本作曰，揚州本作日。按作日義順，今從改。

〔二〕其學，原本其作甚，從揚州本及宋本改。

論

〔一〕乍辯，原本乍作年，從揚州本、大正本改。

〔二〕去聲，揚州本、大正本無此二字夾注，宋本、元本有，同此。

〔三〕潡瀣，揚州本、大正本潡作渤，通用。

〔四〕黎邪，大正本邪作耶，通用。黎邪即阿黎邪之略。

大宋高僧傳卷第八

習禪篇第三之一 正傳十五人 附見三人

唐蘄州東山弘忍傳一

釋弘忍，姓周氏，家寓淮左潯陽，一云黄梅人也。王父暨考，皆于名不利，貴於丘園。其母始娠，移月而光照庭室，終夕若晝。其生也灼爍如初，異香襲人，舉家欣駭。迨能言，辭氣與鄰兒弗類。既成童丱，絶其遊弄。厥父偏愛，因令誦書，無記應阻其宿熏，真心早萌其成現。一旦出門，徙倚〔一〕間如有所待，時東山信禪師邂逅至焉。問之曰：「何姓名乎？」對問朗暢，區别有歸，理逐言分，聲隨響答。信師熟視之，歎曰：「此非凡童也！具體占之，止闕七大人之相，不及佛矣〔二〕。苟預法流，二十年後必大作佛事，勝任荷寄。」乃遣人隨其歸舍，具告所親，喻之出家。父母忻然，乃曰：「禪師佛法大龍，光被遠邇，緇門俊秀，歸者如雲。豈伊小騃，那堪擊訓，若垂虚受，固無留恪。」時年七歲也。至雙峯，習乎僧業，不宜艱辛。夜則斂容而坐，恬澹自居。洎受形俱，戒檢精厲。信每以頓漸之旨，日省月試之。忍聞言察理，觸事忘情，啞正受塵渴方飲水如也。信知其可教，悉以其道授之。復命建浮圖，功畢，密付法衣以爲質要。將知豔雪山之肥膩，構作醍醐；滄海底之金剛，棲傾巨樹。擁納之侶麕至蟬聯，商人不入於化城，貧女大開於寶藏，入其趣者號東山法門歟。以高宗上元二年十月二十三日告滅，報齡七十有四。是日氛霧冥暗，山石崩圮。門弟子神秀等奉瘞全身于東山之崗也。

初，忍於咸亨初〔三〕命二三禪子各言其志，神秀先出偈，惠能和焉。乃以法服付慧能，受衣化於韶陽。神秀傳法荊門、洛下，南北之宗自兹始矣。

又信禪師嘗於九江遥望雙峯，見紫雲如蓋，下有白氣，横開六歧。信謂忍曰：「汝知之乎？」曰：「師之法旁出一枝〔四〕，相踵六世。」信甚然之。及法融化金陵牛頭山，貽厥孫謀，至于慧忠凡六人，號牛頭六祖，此則四祖法又分枝矣。然融望忍則庶孽耳，安可匹嫡乎？

開元中，太子文學閭丘均爲塔碑焉。代宗勑謚大滿禪師，塔曰法雨也。蘄春自唐季割屬偏霸，暨開寶乙亥歲王師平江南之前，忍肉身墮淚如血珠焉。僧徒不測，乃李氏國亡之應也。今每歲孟冬，州人鄰邑奔集作忌齋，猶成繁盛矣。其諱日將近，必雨霧陰慘〔五〕，不然霰雪交霏，至日則晴朗焉。

唐韶州今南華寺慧能傳二

釋慧能，姓盧氏，南海新興人也，其本世居范陽。厥考諱行瑫，武德中流于新州百姓，終於貶所〔一〕。略述家系，避盧亭島夷之不敏也。貞觀十二年戊戌歲生能也，純淑迂懷，惠性間出。雖蠻風獠俗，漬染不深，而詭行么形，駁雜難測。父既少失，母且〔二〕寡居，家亦屢空，業無腴産。能負薪矣，日售荷擔。偶聞鄽肆間誦金剛般若經，能凝神屬垣，遲遲不去，問曰：「誰邊受學此經？」曰：「從蘄州黄梅馮茂山〔三〕忍禪師勸持此法，云即得見性成佛也。」能聞是説。若渴夫之飲寒漿也，忙歸，備所須留奉親老。咸亨中〔四〕，往韶陽，遇劉志略。略有姑無盡藏〔五〕，恒讀涅槃經。能聽之，即爲尼辨析中義。怪能不識文字，乃曰：「諸佛理論，若取文字，非佛意也。」尼深歎服，號爲行者。有勸於寶林古寺修道，自謂己曰：「本誓求師，而貪住寺取乎道也，何異却行歸舍乎？」明日遂行，至樂昌縣西石窟，依附智遠禪師，侍座談玄。遠曰：「行者迨非凡常之見龍，吾不知，吾不知之甚矣！」勸往蘄春五祖所印證去，「吾終於下風請教也。」未幾造焉，忍師覩能氣貌不揚，試之曰：「汝從何至？」對曰：「嶺表來參禮，唯求作佛。」忍曰：「嶺南人無佛性。」能曰：「人有南北，佛性無南北。」曰：「汝作何功德？」曰：「願竭力抱石而舂，供衆而已。」如是勞乎井臼〔六〕，率浄人而在先；了彼死生，與涅槃而平等。忍雖均養，心何辨知？俾秀唱予，致能知汝。偈辭在壁，見解分歧，揭厲不同，淺深斯別。忍密以法衣寄託曰：「古我先師轉相付授，豈徒爾哉。嗚呼！後世受吾衣者命若懸絲，小子識之。」

能計迴生地，隱於四會、懷集之間，漸露鋒穎。就南海印宗法師涅槃盛集，論風旛之語，印宗辭屈而神伏，乃爲其削椎髻於法性寺，智光律師邊受滿分戒，所登之壇即南宋朝求那跋摩三藏之所築也。跋摩已登果位，懸記云：「後當有肉身菩薩於斯受戒。」又梁末真諦〔七〕三藏於壇之畔手植菩提樹，謂衆曰：「種此後一百二十年〔八〕，有開士於其下説無上乘，度無量衆。」至是能爰宅于兹，果於樹陰開東山法門，皆符前讖也。上元中，正演暢宗風，慘然不悦。大衆問曰：「胡無情緒耶？」曰：「遷流不息，生滅無常，吾師今歸寂矣！」凶赴至而信。乃移住寶林寺焉。時刺史韋據命出大梵寺，苦辭，入雙峯曹侯溪矣。大龍倏起，飛雨澤以均施；品物攸滋，逐根荄而受益。五納之客擁塞于門，四部之賓圍遶其座。時宣秘偈，或舉契經，一切普熏，咸聞象藏；一時登富，悉握蛇珠；皆由徑途，盡歸圓極，所以天下言禪道者以曹溪爲口實矣。洎乎九重下聽，萬里懸心，思布露而奉迎，欲歸依而適願。武太后、孝和皇帝咸降璽書，詔赴京闕，蓋神秀禪師之奏舉也。續遣中官薛簡往詔，復謝病不起。子牟之心敢忘鳳闕，遠公之足不過虎溪，固以此辭，非邀君也。遂賜摩納〔九〕袈裟一緣、鉢一口、編珠織成經巾、緑質紅暈花緜巾、絹五百匹，充供養云。又捨新興舊宅爲國恩寺焉。神龍三年，勑韶州可修能所居寺佛殿并方丈，務從嚴飾，賜改額曰法泉也。延和元年七月，命弟子於國恩寺建浮圖一所，促令速就。以先天二年八月三日俄然示疾，異香滿室，白虹屬地，飯食訖，沐浴更衣，彈指不絶〔一〇〕，氣微目瞑，全身永謝。爾時山石傾墮，川源息枯，鳥連韻以哀啼，猿斷腸而叫咽。或唱言曰：「世間眼滅，吾疇依乎！」春秋七十六矣〔一一〕，以其年十一月遷座于曹溪之原也。

弟子神會若顔子之於孔門也，勤勤付囑，語在會傳。會於洛陽荷澤寺崇樹能之真堂。兵部侍郎宋鼎爲碑焉。會序宗脉，從如來下西域諸祖外，震旦凡六祖，盡圖繢其影。太尉房琯作六葉圖序。又以能端形不散，如入禪定，後加漆布矣。復次蜀僧方辯塑小樣真，肖同疇昔。能曾言：「吾滅後有善心男子必取吾元，汝曹勿怪。」或憶是言，加鐵環纏頸焉。開元十一年，果有汝州人受新羅客購，潛施刃其元，欲函歸海東供養。有聞擊鐵聲而擒之。其塔下葆藏屈眴，布鬱多羅僧，其色青黑碧縑複袷，非人間所有物也。屢經盜去，迷倒却行而還褫之。至德中，神會遣弟子進平送牙癢和一柄。朝達名公所重，有若宋之問謁能，著長篇。有若張燕公説寄香十斤并詩，附武平一至，詩云：「大師捐世去，空留法身在！願寄無礙香，隨心到南海。」武公因門人懷讓鑄巨鐘，爲撰銘讚，宋之問書。次廣州節度宋璟來禮其塔，問弟子令韜無生法忍義。宋公聞法歡喜，向塔乞示徵祥。須臾，微風漸起，異香襲人，陰雨霏霏，只周一寺耳。稍多奇瑞，逭繁不録。後肅宗下詔能弟子令韜，韜稱疾不赴，遣明象賫傳法衣鉢進呈畢，給還。憲宗皇帝追謚曰大鑒，塔曰元和正真〔一二〕也。迨大唐季劉氏稱制番禺，每遇上元燒燈，迎真身入城，爲民祈福。大宋平南海後，韶州盜周思瓊叛换，盡焚其寺塔，將延燎平時肉身，非數夫莫舉，煙熛向逼，二僧對舁，輕如夾紵像焉。太平興國三年，今上勑重建塔，改爲南華寺矣。

系曰：五祖自何而識一介白衣，便付衣耶？通曰：「一言知心，更無疑貳。況復記心輪閒如指之掌。」忍師施一味法〔一三〕，何以在家受衣鉢乎？秀師則否。通曰：「是法寧選緇白？得者則傳。周封諸侯，乃分分器，同姓異姓别也。以祖師甄别精粗，以衣爲信。譬如三力士射堅洛叉，一摩健那射則中而不破；二鉢羅塞建提破而不度；三那羅延箭度而復穿餘物也。非堅洛叉有强弱，但由射勢力不同耳。南能可謂那羅延射而獲賞焉。」信衣至能不傳，莫同夏禹之家天下乎？通曰：「忍言受傳衣者，命若懸絲，如是忍之意也。又會也稟祖法則有餘，行化行則不足。故後致均部之流，方驗能師之先覺，不傳無私恪之咎矣。故曰知人則哲也，吁！」

唐荆州當陽山度門寺神秀傳三

釋神秀俗姓李氏，今東京〔一〕尉氏人也。少覽經史，博綜多聞。既而奮志出塵，剃染受法。後遇蘄州雙峯東山寺五祖忍師，以坐禪爲務，乃歎伏曰：「此真吾師也。」決心苦節，以樵汲自役而求其道。昔魏末有天竺沙門達磨者，得禪宗妙法，自釋迦佛相傳，授以衣鉢爲記，世相傳付，航海而來。梁武帝問以有爲之事，達磨貴傳逕門心要，機教相乖，若水投石。乃之魏，隱於嵩丘少林寺，尋卒〔二〕。其年魏使宋雲於葱嶺見之。門徒發其冢，但有衣履而已。以法付慧可，可付粲，粲付道信，信付忍。忍與信俱住東山，故謂其法爲東山法門。秀既事忍，忍默識之，深加器重，謂人曰：「吾度人多矣，至於懸解圓照，無先汝者。」忍於上元中〔三〕卒，秀乃往江陵當陽山居焉。四海緇徒，嚮風而靡，道譽馨香，普蒙熏灼。

則天太后聞之，召赴都〔四〕，肩輿上殿，親加跪禮。内道場豐其供施，時時問道。勑於昔住山置度門寺，以旌其德。時王公已下，京邑士庶競至禮謁，望塵拜伏，日有萬計。洎中宗孝和帝即位，尤加寵重。中書令張説嘗問法，執弟子禮，退謂人曰：「禪師身長八尺，厖眉〔五〕秀目，威德巍巍，王霸之器也。」

初，秀同學能禪師與之德行相埒，互得發揚無私於道也。嘗奏天后請追能赴都，能懇而固辭。秀又自作尺牘，序帝意徵之，終不能起，謂使者曰：「吾形不揚，北土之人見斯短陋，或不重法。又先師記吾以嶺南有緣，且不可違也。」了不度〔六〕大庾嶺而終。天下散傳其道，謂秀宗爲北，能宗爲南。南北二宗，名從此起。

秀以神龍二年卒〔七〕，士庶皆來送葬，詔賜謚曰大通禪師。又於相王〔八〕舊邸造報恩寺，岐王範、燕國公張説、徵士盧鴻〔九〕各爲碑誄。服師喪者，名士達官不可勝紀。門人普寂、義福並爲朝野所重，蓋宗先師之道也。

系曰：夫甘苦相傾，氣味殊致。甘不勝苦則純苦乘時，苦不勝甘則純甘用事，如是則爲藥治病，偏重必離也。昔者達磨没而微言絶，五祖喪而大義乖，秀也拂拭以明心，能也俱非而唱道。及乎流化北方，尚修練之勤；從是分歧南服，興頓門之説。由茲荷澤行于中土。以頓門隔修練之煩，未移磐石；將絃促象韋之音〔一〇〕，空費躁心。致令各親其親，同黨其黨，故有盧奕之彈奏，神會之徙遷，伊蓋施療專其一味之咎也。遂見甘苦相傾之驗矣。理病未効，乖競先成。秖宜爲法重人，何至因人損法。二弟子濯擊師足，洗垢未遑，折脛斯見，其是之喻歟。

唐袁州蒙山慧明傳四

釋慧明〔一〕，姓陳氏，鄱陽人也，本陳宣帝之孫，國亡散爲編甿矣。明少出家于永昌寺，懷道頗切，扣雙峯之法。高宗之世，依忍禪師法席，極意研尋，初無證悟，若喪家之犬焉。忽聞五祖密付衣鉢與盧居士，率同意數十許人躡迹急追，至大庾嶺，明最先見，餘輩未及。能祖見已，便擲袈裟，明曰：「我來爲法，非望衣鉢也。」時能祖便於嶺首一向指訂，明皆洞達，悲喜交至，問能曰：「某宜何往？」能記之曰：「遇蒙當居，逢袁可止。」明再拜而去，便更其名，以舊云道明也。下嶺，紿諸僧曰：「向陟崔嵬，遠望杳無蹤跡。」僧即退轉。一説，居士擲衣鉢於磐石曰：「此衣爲信，豈可力争邪？任君拈去。」明遂手掀，如負鈞石，而無舉分，拱立捨旃，則咸亨四年也。以明未捨家曾署諸衛，故有「將軍」之號矣。宜春太守秦琢奏謚號焉。

唐洛京荷澤寺神會傳五

釋神會，姓高〔一〕，襄陽人〔二〕也。年方幼學，厥性惇明，從師傳授五經，克通幽賾。次尋莊老，靈府廓然。覽後漢書，知浮圖之説。由是於釋教留神，乃無仕進之意，辭親投本府國昌寺顥元法師下出家。其諷誦羣經，易同反掌。全大律儀，匪貪講貫。聞嶺表曹侯溪慧能禪師盛揚法道，學者駿奔，乃斅善財南方參問，裂裳裹足，以千里爲跬步之間耳。及見，能問會曰：「從何所來？」答曰：「無所從來。」能曰：「汝不歸去？」答曰：「一無所歸。」能曰：「汝太茫茫。」答曰：「身緣在路。」能曰：「由自未到。」答曰：「今已得到，且無滯留。」居曹溪數載，後徧尋名跡。開元八年，敕配住南陽龍興寺。續於洛陽大行禪法〔三〕，聲彩發揮。先是，兩京之間皆宗神秀，若不淰之魚鮪附沼龍也。從見會明心六祖之風，蕩其漸脩之道〔四〕矣。南北二宗時始判焉，致普寂之門盈而後虚。天寶中，御史盧弈阿比於寂，誣奏會聚徒疑萌不利。玄宗召赴京，時駕幸昭應湯池，得對言理允愜，敕移往均部。二年〔五〕，敕徙荆州開元寺般若院住焉。十四年，范陽安禄山舉兵内向，兩京版蕩，駕幸巴蜀。副元帥郭子儀率兵平殄，然於飛輓索然。用右僕射裴冕權計，大府各置戒壇度僧，僧稅緡謂之香水錢，聚是以助軍須。初洛都先陷，會越在草莽，時盧奕爲賊所戮，羣議乃請會主其壇度。于時寺宇宫觀，鞠爲灰燼，乃權創一院，悉資苫蓋〔六〕，而中築方壇，所獲財帛頓支軍費。代宗、郭子儀收復兩京，會之濟用頗有力焉。肅宗皇帝詔入内供養，勑將作大匠併功齊力，爲造禪宇于荷澤寺中是也。會之敷演，顯發能祖之宗風，使秀之門寂寞矣。上元元年，囑别門人，避座望空，頂禮歸方丈，其夜示滅。受生九十三歲〔七〕矣，即建午月十三日也。遷塔于洛陽寳應寺，勑謚大師曰真宗，塔號般若〔八〕焉。

系曰：修其教不易其俗，齊其政不易其宜者，貴其漸也。會師自南徂北，行曹溪之法，洛中彌盛，如能不自異，外護已成，則可矣。況乎旁無力輪，人之多僻，欲無放逐，其可得乎？或曰：「其過不多，何遽是乎？」通曰：「犯時之忌，罪不在大。失其所適，過不在深。後之觀此，急知時事歟？是以佛萬劫學化行者，知化行難耳。無令固己而損法，慎之哉！」

唐潤州竹林寺曇璀傳六

釋曇璀，俗姓顧氏，吴郡人也。肇國著姓，其來彌光。丞相有佐命之勳，尚書有挺濟之譽。衣冠鼎冑，太嶽峻岱峯之高；令問徽猷，江漢爲南國之紀。星象降精，靈祇効祉，德備胎教，香符夢徵。玄珪應上聖之祥，神寶蓄河汾之氣。特受異準，生而不凡，襁褓之日而童蒙來求，佩觿之時而忘身殉道。和敏而純素，温恭而克明，神器夙昭，清風漸扇。遂勉節出塵，栖心物表，金經祕藏，一日萬言，不逾歲敍，而大經淹通。遂於晚年緬懷宗匠，始事牛頭山融大師。融醇懿瓌雄，東夏之達磨歟！梵幢寶柱，大海津梁，目以上根，乃誨之曰：「色聲爲無生之鴆毒，受想是至人之坑穽。致遠多泥，子不務乎？」璀默而審之，直轡獨上，飡甘露味，飲蒲萄〔一〕漿，猶金翅不食異類，帝釋無共鬼居。迺晦跡鍾山，斷其漏習，養金剛定，趣大能位，納衣空林，多歷年所。

時淮南導首廣陵覺禪師、江左名德建業如法師，咸杖錫方來，降心義體，握珠懷寶，虛往實歸。則天皇母臨朝，虔行佛事，高其道業，周勤詔書。時棲霞約法師，梵門之秀傑，躬以敦勸朝天，抗詔皇明，恐未然也。璀曰：「支伯辭帝舜之師，干木謝文侯之命，玄暢以善論而抗宋王，惠遠不下山而傲齊后，彼何人哉！」由是遁北阜，踰東崗，考槃雲冥，後止于竹林之隩，葺宇篁缶而告老焉。

既而紹列聖之鴻徽，繼前賢之能事，翼亮皇梵，保寧天人。俄端然入定，七日而滅，春秋六十二。是歲天授三年二月六日也。翌日，依天竺法火化，遺骸收灰建塔，士庶含酸，悉皆號慟。門弟子僧感、僧顒等刻石紀事，奉全師禮。正議大夫使持節潤州刺史汝南郡昇嚮風遐想，悦而久之，褒德尚賢，贊成厥美焉。

唐金陵延祚寺法持傳七

釋法持，俗姓張氏，潤州江寧人也。儀貌邕肅，膚體至潤，幼而棄俗，長事明師，天機內發，識浪外澄。年十三〔一〕，聞黄梅忍大師，特往禮謁，蒙示法要，領解幽玄。後歸青山，重事方禪師，更明宗極，命其入室，傳燈繼明，紹述山門，大宣道化。方既出山，凡是學衆，咸悉從其咨稟心要，聲價騰遠，海内聞知。數年之中，四部依慕。時黄梅謝緣去世，謂弟子玄賾〔二〕曰：「後傳吾法者可有十人，金陵法持即其一也。」是知兩處禪宗重代相襲。後以法眼付門人智威。長安二年九月五日，終于延祚寺，遺囑令露骸松下，飼諸禽獸，令得飲食血肉者發菩提心。其日空中有神旛數首從西而來，遶山數轉，衆人咸見。先居幽棲故院，竹林變白。報齡六十有八矣。

唐越州雲門寺道亮傳八

釋道亮，姓朱氏，越州人也。厥考前刺會稽郡。亮年八歲出家，極通經業。受具後學河中三論，復講涅槃經。尋入深谷，破衣覆形，蔬食資命，不交俗務，直守童真。神龍元年，孝和皇帝詔亮與法席宗師十人，入長樂大内坐夏安居。時帝命受菩薩戒。睿宗及妃后送異錦衾氊席。二年，詔於西園問道，朝廷欽貴。大都督李孝逸、工部尚書張錫、國子監周業、崔融、秘書監賀知章、睦州刺史康詵，同心慕仰，請問禪心，多結師資，或傳香火。卒年八十二，門人慧遠等建塔，萬齊融爲銘記述。

唐荆州碧澗寺道俊傳九

釋道俊，江陵人也。住枝江碧澗精舍，修東山無生法門，即信、忍二祖號其所化之法也。勤潔苦行，跡不出寺，經四十餘載。室邇人遠，莫敢請謁者，唯事杜默。如是聲聞于天，天后、中宗二朝崇重高行之僧，俊同恒景，應詔入内供養。至景龍中求還故鄉，帝賜御製詩，并奘、景同歸枝江，卒于本寺焉。

唐温州龍興寺玄覺傳十

釋玄覺，字明道，俗姓戴氏，漢末祖侃公第五、燕公九代孫諱烈渡江，乃爲永嘉人也。總角出家，齠年剃髮，心源本浄，智印全文，測不可思，解甚深義。我與無我，恒常固知。空與不空，具足皆見。既離四病，亦服三衣。德水沐其身，所以清浄；良藥治其眼，所以光明。兄宣法師者，亦名僧也，并猶子二人，並預緇伍。覺本住龍興寺，一門歸信，連影精勤，定根確乎不移，疑樹忽焉自壞。都捐我相，不污客塵。覩其寺旁别有勝境，遂於巖下自構禪庵。滄海盪其胷，青山拱其背，蓬萊仙客，歲月往還；華蓋煙雲，晨昏交集。粤若功德成就，佛寶鬱興；神鐘震來，妙屋化出。覺居其間也，絲不以衣，耕不以食，豈伊莊子大布爲裳，自有阿難甘露作飯。覺以獨學孤陋，三人有師，與東陽策禪師〔一〕肩隨，遊方詢道，謁韶陽能禪師而得旨焉。或曰：「覺振錫遶庵答對」，語在別録。至若神秀門庭，遐征問法，然終得心于曹溪耳。既決所疑，能留一宿，號曰一宿覺，猶半偏清也。以先天二年十月十七日於龍興別院端坐入定，怡然不動。僧侶悲號，以其年十一月十三日殯于西山之陽，春秋四十九。

初覺未亡前，禁足於西巖，望所住寺喟然歎曰：「人物駢闐，花暈蓊蔚，何用之爲！」其門人吴興興師、新羅國宣師數人同聞，皆莫測之。尋而述之曰：「昔有一禪師，將諸弟子遊賞之次，遠望一山，忽而唱曰：『人物多矣。』弟子亦不測，後匪久此師捨壽，殯所望地也。」西山去寺里有餘程，送殯繁擁，人物沸騰，其感動也若此。又未終前，有舒鴈千餘飛于寺西，侍人曰：「此將何來？」空中有聲云：「爲師墓所，故從海出也。」弟子惠操、惠特、等慈、玄寂，皆傳師之法，爲時所推。後李北海邕爲守括州，遂列覺行録爲碑，號神道焉〔二〕。覺唱道著明，修證悟入，慶州刺史魏靖都緝綴之，號永嘉集是也。

初覺與左溪朗公爲道契，朗貽書招覺山棲，覺由是念朗之滯見于山，拘情於講，迴書激勸，其辭婉靡，其理明白。俾其山世一如，喧静互用，趣入之意，暗詮于是，達者韙之。終，勑謚號無相，塔曰淨光焉。

唐金陵天保寺智威傳十一 本浄

釋智威，俗姓陳氏，江寧人也。住近青山〔一〕，地盤嘉氣，善符宿瑞，維嶽降神。爰在童年，器殊衆識，至於戲弄，曾不染俗。性惡浮飾，人皆異焉。無何一朝，忽失其所，父母莫知攸往，乃徧歷諸寺尋訪之，威已依天保寺〔二〕統法師。誦大乘經，早數百紙，聰敏超倫，衆咸歎服。年二十，遇恩剃落，隸名于幽巖寺，因從持禪師諮請禪法，妙達深理，繼踵前脩。既獲髻珠，淡然閑放，形容温潤，面如滿月，言辭清雅，慧德蘭芳。望重一期，聲聞遠近，江左定學往往造焉。其中頓悟心源，即慧忠〔三〕禪師，乃命嗣山門，盛傳道化。威自出止延祚寺，説法利人，廣施饒益。以開元十年〔四〕二月十八日，終于住寺，遺囑林中〔五〕飼鳥獸，弟子玄挺等依言奉行。春秋七十七。

威一時夜行頭陀，將值天曉，有三虎遇之。威截路中過，了無怖色。虎隨至山門，四顧而去。每有二兔一犬庭際遊戲，各無間畏。蓋大悲平等，物我一均，故其然也。

次司空山釋本浄，姓張氏，東平〔六〕人也。少入空門，高其節操。遊方見曹溪六祖，決了疑滯。開元初於南嶽司空山〔七〕閑放自處，人不我知，蔽僞之故也。天寶中因楊庭光〔八〕採藥，邂逅相逢，論道終日，迴奏，詔赴京，於白蓮華亭安置。帝知佛法幽深，孰堪商榷，勑召太平寺遠法師及兩街三學碩德，發問鋒起，若百矢之逐一兔焉。浄舉措容與，四面枝梧，譬墨翟之解九攻機械矣。既而辯若建瓴，詶抗之餘，乃引了義教援證。復説伽陀，一無留滯。皇情懌悦，觀者歎嗟。以上元二年五月五日歸寂，壽齡九十五。勅謚大曉禪師，亦帶所居爲名，曰司空山禪師也。

唐睦州龍興寺慧朗傳十二　習公〔一〕

釋慧朗，新定遂安人也。年二十有二，於衢州北山遇南宗頓教之首，將請爲師，乃逆相謂曰：「汝久積浄業，吾非汝師，可往天台，當逢哲匠。」至剡溪石城寺見一禪翁，莫知其來，鶴髮冰膚，目如流電，聲含鐘律，神合太虛。乃問朗曰：「子將何之？」答曰：「欲往天台，求佛大法。」因同行十數里，憩林樹下，而指訓之曰：「法常寂然，彼亦如也。何必適遠，當化有緣，宜歸本生，度無量衆。」言畢，求之無方，豁然本心悟佛知見，林棲谷飲，凡經數載，乃却歸故邑慧安寺。浄名白衣，服非法服，純陀工巧，心如佛心。驪珠尚潛，師子未吼，弱喪之終，涉川迷津。

一日，秦望山林嶺振動，俄有大龜呈質，咸相謂言「此何祥也？」尋有禪僧曰習，自會稽雲門而來，身長八尺四寸，高鼻大目，睛光射人，明大品、思益、維摩等經，兼博通諸論。衆曰：「神僧也，大龜應乎此也。」朗祕菩薩行，請之爲師。習徵維摩經義，答曰：「如日照螢火海沃牛跡耳。」習公深器之曰：「真浄名也。」景龍中，鄉人吴川縣尉余少興、宗黨新昌縣令余仁等十數家咸共宗事，遞請降臨。一夕，忽覩神光從項而出，旁燭山川，盈十數里，含情之類罔不歸依。咨公加師資之禮，由兹反拜，請朗登座。乃先示法身徧同羣有，次明徧化一切皆如。道俗欣然而各歎曰：「昔山之震動，龜之敎祥，非咨公之應明矣。」至是四方學禪觀者臻萃。開元四年，本州牧李思絢於龍山之陽建伽藍，延以居之。方大設戒壇，廣邀律德，有光州岸公、會稽超公而爲上首。既而發希有心，受具足戒，珠圓月滿，内外俱明，徧臨壇爲戒師，旋請益爲學士，衆情加重，道在益尊。七年，刺史韋利器深心歸向。八年，歙州長史許思恭請往治所。朗升法座，無何熊伏于前，聞鐘而來，衆散而去。時皆驚懼，虞其搏攫。原其有聽法之心耳，其馴猛獸也若此。十三年九月二十一日，告門人曰：「吾將去矣。吾三生此州，今一生矣。」言訖，儼然而寂，春秋六十四。稟遺命荼毗建塔。學者既多穎脱，則開元寺道歆、慧祐、道禪，龍興寺咨海，寧國寺進玉，越州寶林寺有沛、遠整，杭州竹林寺一行等，並傳朗之法，相繼若瓜瓞然。至大曆十二年，新定太守蕭定述碑，司馬劉長卿書，刺史李揆篆額，所謂俱是名公，盛誇全美有矣〔一〕。

唐郢州安國院巨方傳十三 智封

釋巨方，姓曹氏，安陸人也。弱齡幹節立身，從師稟業於州治明福院朗禪師，而聽誦法華、維摩二經，功畢受具。講述南宗論數席，即拂衣而起。禪會必參，後造北宗秀公所，鋭精稽考，一見默許之。秀問曰：「白雲散處如何？」曰：「不昧也。」又問：「到此間後如何？」曰：「正見一枝生五葉。」秀頷之。數載之間，入室侍對，庶幾真道，罕有倫儗。乃辭觀方，至上黨寒嶺而居。積稔之間，學徒數百，求請無阻。凡所提唱，真妄同源，遲速異劑，得心助道，在乎修治，大較如此。鄆帥吴文涣侍中欽慕其風，遣使請歸府建安國院。傳法化徒，尚祖風者不離于席，頓悟多矣。鄆帥問曰：「今日後如何？」答云：「地布金沙，人安寶刹。」吴帥信伏。因兹一府軍民，咸加宗仰。吴氏家無少長，重若神明，檀施豐厚。

方後於五臺山道化，涉二十餘載。入滅時告衆曰：「吾齒盡於此矣。」言訖長逝，春秋八十一。以開元十五年九月三日，全身入塔云。

次河中府安國院釋智封，姓吴氏，懷安人也。中年學道，勵操謹躬，行頭陀之行，卯食之後，水漿不度齒焉。於本州清静寺恒法師下落髮受具，綜習惟識論〔一〕。或人所詰，責之以滯于名相。憤發罷講，遊行登武當山，見秀師會疑冰解泮。思養聖胎，倏辭出蒲津安峯山，禁足十年，木食澗飲。屬州牧衛文昇請歸城内，建新安國院居之。因兹奔走毳衣，蔚然繁盛。使君問曰：「某今日後如何？」對曰：「日從濛汜出，照樹全無影。」使君初不喻旨，拱揖〔二〕而退。少選開曉，充詘于懷。封來往中條山二十餘年，儉薄不充。得其道者不可勝紀。入滅後，門人於州北三十步建塔焉。

唐鄆州大佛山香育傳十四

釋香育，姓李氏，濟陰人也。父爲兗府椽。育有道性，常研習莊老，根器奮發。俄於釋典留神，決捐俗態。趨滄州安定寺智元律師所，乞求削染。滿足戒後，精力律學，垂欲卒業。一旦辭師觀遊聖跡，陟天台，登南嶽，或入巖阿，或棲樹下，末至五臺。後參預秀師盛化，夙心相契，擊節希聲。秀問之，育答密若隱書，一皆開釋。秀默異之。在藂衆間，多歷年所，洞徹心源，則辭秀去。入富水大佛山，勁節安禪，卯前一食。州將韓閏篤欽其道，堅召出山。育稱疾而已。因是黑白之衆渴仰歸依，韓使君輜車繼運，供施交駢，樹造法堂，嚴飾奇麗，時來問道。韓侯問：「佛法已後事如何？」答云：「如同太虚，委在有力。」韓侯欽尚，徒衆常有千計，賢不肖駮雜而居，往往聞有不測之僧預其聽受焉。一旦說法次，告衆曰：「善哉是會，遭遇者艱。須決所疑，無遺虚度。」命水滌盥，端坐而化，春秋七十有三矣。

唐兗州東嶽降魔藏師傳十五

釋藏師，姓王氏，趙郡人也。父爲亳州〔一〕掾。稚齒尋師，居然慕法，而性好獨處。譙多厲鬼，持魅於人。藏七歲〔二〕，隻影閑房，孤形逈野，曾無少畏。至年長，彌見挺拔，故號降魔藏歟。請列青衿于廣福院明讚禪師，師意其法器，乃發擿之，譍對辯給，答出問表。因留執事，服勤受法，俾誦法華，踰月徹部，登即剃落，受具習律焉。次講南宗論，大機將發。俄投麈尾，九州靈跡罕不登升。後往遇北宗鼎盛，便誓依棲。秀問曰：「汝名降魔，我此無山精木怪，汝翻作魔邪？」曰：「有佛有魔。」秀云：「汝若是魔，必住不思議境界也。」曰：「是佛亦空，何不思議之有？」時衆莫不異而欽之。先是秀師懸記之：「汝與少皞之墟有緣。」尋入泰山數年，學者臻萃，供億克周，爲金輿谷朗公行化之亞也。一日，告門人曰：「吾今老朽，物極有歸，正是其時。」言訖而終，春秋九十一矣。

校勘記

弘忍傳

〔一〕徙倚，原本徙作從，從揚州本、大正本改。

〔二〕不及佛矣，按傳燈録卷三作「逢一智者，歎曰：『此子闕七種相，不逮如來！』」不謂道信言，與此異。

〔三〕咸亨初，傳燈録作「咸亨中」。按「咸亨」紀年可疑，説見後。

〔四〕一枝，宋本枝作支。

〔五〕陰慘，原本慘作參，從揚州本、大正本改。

慧能傳

〔一〕武德中……貶所，按法海六祖大師緣起外紀云：「（行瑫）武德三年九月左官新州。」（壇經附録）

〔二〕母且，原本且作旦，從揚州本、大正本改。
〔三〕馮茂山，敦煌寫本南宗頓教六祖壇經茂作墓。
〔四〕咸亨中，按緣起外紀謂慧能受弘忍衣法在龍朔元年辛酉，早於咸亨十餘年。外紀出自能門人之手，似較可信，則此與弘忍傳之「咸亨初」並可疑矣。
〔五〕略有姑無盡藏，按壇經曹溪原本參請機緣篇記能遇劉志略與無盡藏尼事在自黄梅得法之後，與此異。傳燈録卷五同此傳。
〔六〕井臼，原本臼誤作曰，從揚州本、大正本改。
〔七〕真諦，緣起外紀作「智藥」。
〔八〕一百二十年，外紀作「一百七十年」。
〔九〕摩納，王維六祖能禪師碑銘作百衲。（王右丞集卷二十五）
〔一〇〕不絶，王維碑銘作不留。
〔一一〕七十六矣，劉禹錫大鑒禪師碑云：「三十出家，四十七年而没。」
〔一二〕元和正真，按柳宗元賜謚大鑒禪師碑云：「詔謚大鑒禪師，塔曰靈照之塔。」（柳河東集卷六）傳燈録塔名作「元和靈照」，五燈會元卷一同。
〔一三〕一味法，原本無一字，從揚州本、大正本補。

神秀傳

〔一〕今東京，張説大通禪師碑銘作「陳留」。（張説之集卷十九）
〔二〕尋卒，舊唐書方伎傳神秀傳作「遇毒而卒」。

〔三〕上元中，舊唐書作「咸亨五年」。按前弘忍傳作「上元二年」，與此相應。慧能傳亦謂「上元中」，能曰：「吾師今歸寂矣。」

〔四〕召赴都，碑銘云：「久視年中，禪師春秋高矣，詔請而來。」

〔五〕厖眉，原本厖作尨，從揚州本、大正本及舊唐書改。

〔六〕了不度，舊唐書了作竟。

〔七〕神龍二年卒，按碑銘云：「神龍二年二月二十八日……化滅。禪師武德八年乙酉受具於天宮，至是年丙午復終於此寺，蓋僧臘八十矣。生於隋末，百有餘歲，未嘗自言，故人莫審其數也。」請益録則云「年一百有七」。

〔八〕相王，原本王誤作三，從揚州本、大正本改。

〔九〕盧鴻，舊唐書及傳燈録卷四鴻下有一字。按盧鴻見新唐書隱逸列傳，舊唐書同傳作「盧鴻一」。

〔一〇〕之音，原本音作者，從揚州本改。

慧明傳

〔一〕慧明，敦煌寫本六祖壇經作「慧順」，餘本順作明，同此。傳燈録卷四、五燈會元卷二作道明。本傳以「道明」爲慧明之初名，燈録則以「慧明」爲初名，避六祖名諱改作「道明」，互異。

神會傳

〔一〕姓高，按宗密圓覺大疏鈔卷三下慧能神會略傳作「姓萬」，又作「姓嵩」，但各書皆作「高」，當是字誤。

〔二〕襄陽人，按敦煌本壇經作「南陽人」，疑是據神會後住南陽而言。

〔三〕續於洛陽大行禪法，按宗密略傳云：「天寶四載，兵部侍郎宋鼎請入東都。……於是曹溪了義大播於洛陽，荷澤頓宗派流於天下。」傳燈録卷五神會傳云：「天寶四年方定兩宗，乃著顯宗記，盛行于世。」並與本傳所記相應，可知時在玄宗天寶四年。

〔四〕漸脩之道，宋本道作遇。

〔五〕二年，按二年謂「移往均部」後二年。宗密略傳謂會黜弋陽（均州）在天寶十二年，賈餗大悲禪師碑（唐文粹卷六十四）同。

〔六〕苫蓋，大正本苫作苦，非。

〔七〕九十三歲，按宗密略傳謂死於乾元元年五月十三日，年七十五，與本傳異。傳燈録謂死於上元元年，與傳同，「俗壽七十五」，又同略傳。

〔八〕塔號般若，略傳云：「大曆五年，敕賜祖堂額，號真宗般若傳法之堂；敕賜塔額，號般若大師之塔。」

曇璀傳

〔一〕蒲萄，宋本萄作菊，形近而誤。

法持傳

〔一〕年十三，傳燈録卷四「十三」作「三十」。

〔二〕玄賾，原本賾作頤，從揚州本、大正本改。傳燈録卷四亦作賾。

玄覺傳

〔一〕東陽策禪師，原本策作榮，從揚州本、大正本及傳燈録卷五改。策或作筞，與榮易淆。

〔二〕號神道焉，原本焉作馬，從揚州本、大正本改。

智威傳

〔一〕住近青山，傳燈録卷四近作迎。

〔二〕天保寺，傳燈録保作寶。

〔三〕慧忠，揚州本、大正本忠作思。按傳燈録及五燈會元卷二並作「慧忠」。慧忠爲五祖道信門下第五世智威之法嗣，作「思」者誤。

〔四〕開元十年，傳燈録「十年」作「十七年」。

〔五〕林中，傳燈録林上有「將屍」二字，語意較明，此疑有脱。

〔六〕東平，傳燈録卷五本浄傳作「絳州」。

〔七〕司空山，傳燈録山下有「無相寺」三字。

〔八〕楊庭光，傳燈録作「楊光庭」。

慧朗傳

〔一〕⿱竝言公，揚州本⿱竝言作辯，下同。按⿱竝言或作⿱竝曰，乃辯之俗字，見玉篇。揚州本改從正字耳，實同。

〔二〕有矣，宋本有作者。

巨方傳

〔一〕惟識論，揚州本、大正本及傳燈録卷四惟作唯。原書亦作唯，但唯惟二字可通用，今不改。

〔二〕拱揖，原本揖作葉，大正本同。揚州本及傳燈録作揖。按葉當是揖之音誤，今據正。

降魔藏師傳

〔一〕亳州，原本亳作毫，從揚州本、大正本及傳燈録卷四改。

〔二〕七歲，傳燈録云：「七歲出家。」「出家」謂其「出家門」，非歸依佛教，與下文不悖。

大宋高僧傳卷第九

習禪篇第三之二 正傳十四人 附見四人

唐京兆慈恩寺義福傳一 行思

釋義福，姓姜氏，潞州〔一〕銅鞮人也。幼慕空門，黍累世務，初止藍田化感寺，處方丈之室凡二十餘年，未嘗出房宇之外。後隸京師慈恩寺，道望高峙，傾動物心。開元十一年〔二〕，從駕往東都，經蒲虢〔三〕二州，刺史及官吏士女皆賫旛花迎之，所在途路充塞，拜禮紛紛，瞻望無厭。以二十年卒〔四〕，有制謚號曰大智禪師，葬於伊闕之北。送葬者數萬人。中書侍郎嚴挺之躬行喪服，若弟子焉，又撰碑文。神秀禪門之傑，雖有禪行，得帝王重之無以加者，而未嘗聚徒開法〔五〕也。洎乎普寂始於都城傳教二十餘載，人皆仰之。

初福往東洛，召其徒戒其終期，兵部侍郎張均〔六〕、太尉房琯、禮部侍郎韋陟常所信重，是日皆預造焉。福乃升堂，爲門人演說，且曰：「吾没日昳，當爲此決別耳。」久之，張謂房曰：「某夙歲餌金丹，未嘗臨喪。」言訖，張遂潛去。福忽謂房曰：「與張公遊有年矣。

張公將有非常之咎，名節皆虧。向來若終此法會，足以免禍。惜哉！」乃提房手曰：「必爲中興名臣，其勉之！」言訖而終。後張均陷賊庭也，受其僞官，而房翼戴兩朝，畢立[七]大節，皆終福之言矣。

又釋行思，姓劉氏，廬陵人[八]也。濡潤厥躬，貞諒其性。出塵之後，納戒已還，破觚求圓，斵雕爲樸，厥志天然也。往韶陽見大鑒禪師，一言蔽斷，猶擊蒙焉。既了本心，地祇迭告還，復吉州闡化，四方禪客繁擁其堂。開元二十八年十二月十三日入滅于本生地，勑謚大師，號曰洪濟，塔曰歸真[九]。其塔會昌中例從堙毁，後法嗣者重崇樹之。

唐京師興唐寺普寂傳二

釋普寂，姓馮氏，蒲州河東人也。年纔稚弱，率性軒昂，離俗升壇，循于經律。臨文揣義，迥異恒流。初聞神秀在荆州玉泉寺，寂乃往師事，凡六年。神秀奇之，盡以其道授焉。久視中，則天召神秀至東都論道，因薦寂，乃度爲僧。及秀之卒，天下好釋氏者，咸師事之。中宗聞秀高年，特下制令普寂代本師統其法衆。開元二十三年[一]，勑普寂於都城居止。時王公大人競來禮謁，寂嚴重少言，來者難見其和悦之容，遠近尤以此重之。二十七年，終于上都興唐寺，年八十九。時都城士庶謁者皆制弟子[二]之服。有制賜謚曰大慧[三]禪師。及葬，河南尹裴寬及其妻子，並縗麻列于門徒之次。傾城哭送，閭里爲之空焉。

裴尹之重寂，職有由矣。寂之闡化，神異頗多，裴皆目擊，又得心印，歸向越深。時多譏誚，裴日夕造謁，執弟子禮曾無差脱。一日詣寂，寂懸知弟子一行之亡。及寂之終滅，裴之悲慟若喪所親，縗絰徒步出城，妻子同爾，搢紳之譏生於是矣。

系曰：人之情也有愛惡焉，愛之者不見可惡，惡之者不見可愛矣。夫萬物紛綸，任其愛惡，折中之道，可愛而不可惡。愛之者君子也，惡之者小人也，愛之不以道，則君子之病矣。裴尹冠裳在御，職事在躬，不避密行，顯掇時謗，宜哉。譬諸僧躭俗務，胡不捨袈裟而衣逢掖乎？若實得道，後終期脱屣，有何不可邪？寛不抽簪，何悖禮於丘之門歟？寛若行方外之道，復何誅焉。達人大觀，物無不可矣。

唐南嶽觀音臺懷讓傳三

釋懷讓，俗姓杜，金州安康人〔一〕也。始年十歲，雅好佛書，炳然殊姿，特有靈表，識者占是出家相，非染俗貴。人寶來瑞，國慶無疆，方之麟鳳龜龍，無萬數也。天地無全功，氣序有盈虛，綱維缺壞，補塞不足，皆冥維密祐，惟應度者乃燭厥理，非庸庸所知也。弱冠〔二〕詣荆南玉泉寺，事恒景〔三〕律師，便剃髮受具。歎曰：「夫出家者爲無爲法，天上人間無有勝者，經之所謂出四衢道露地而坐也。」時坦禪師〔四〕乃勸讓往嵩丘覲安公，安啓發之，因入曹侯溪，覲能公。能公怡然，無馨無臭，洪波泛臻大壑之廣乎？韶濩〔五〕合奏大樂之和乎？讓之深入寂定，住無動道場，爲若此也。能公大事緣畢，讓乃躋衡嶽，止于觀音臺。時有僧玄至拘刑獄，舉念願讓師救護。讓早知而勉之，其僧脱難，云是救苦觀音，得斯號也亦由此焉。化緣斯盡，傳法弟子曰道峻，曰道一，皆升堂覩奥也。其後一公振法鼓于洪州，其門弟子曰惟寬、懷暉。道一大緣將訖，謂寬等曰：「吾師之道存乎妙者也，無待而常，不住而至，能事集矣。金口所生，從法而化，於我爲子，及汝爲孫，一燈所傳，何有盡者？」

讓以儀鳳二年生，至天寶三載八月十日〔六〕終于衡嶽，春秋六十八，僧臘四十八。一公建塔于别峯。

元和中〔七〕，寬、暉至京師，揚其本宗，法門大啓，傳百千燈。京夏法寶鴻緒，於斯爲盛。至八載，衡陽太守令狐權問讓前迹，權捨衣財以充忌齋。自此每歲八月爲觀音忌焉。寶曆中，勑謚大慧禪師，塔號最勝輪。元和年中常侍歸登撰碑云。

唐京師大安國寺楞伽院靈著傳四 法翫

釋靈著，姓劉氏，緜州巴西人也。年殆志學，方遂出家，登戒尋師，不下千里。年四十，精毗尼道，兼講涅槃，一律一經，勤於付授。晚歲請問大照禪師，領悟宗風，守志彌篤。

後詣長安，誕敷禪法，慕道求師者不減千計，若魚龍之會淵澤也。以天寶五載四月十日申時，示滅于安國寺石楞伽經院，享壽五十六，僧夏三十六。將終，寺中亟多變怪，蓋法門梁棟之頹撓也。著加趺而坐，怡然而化。三七日後荼毗，起塔于龍首崗，鄰佛陀波利藏舍利之所，帝女媧之墳右，以其年十月十日遷入塔焉。弟子朗智、道珣、如一追慕師德，香火不絕。内侍上柱國天水趙思侃命釋子善運撰碑于塔所焉。

有錢塘靈智寺釋法翫，俗姓馮，本長樂人也，隨祖宦于江東，遂爲錢塘人也。父子通，字元達，世襲冠裳，傳其素業。然精覈百氏之餘，執志慕淨名之應質，談論多召禪林之士，於家別室供禮，願生令嗣。彌久，翫誕于家，歧嶷之性，天發端謹。纔勝衣也，啓父求出俗，固不阻留。披剃登具，探賾三乘，如指掌焉。而性終耿介，於此寺之深塢，實浙江之陽也，别搆蘭若，去伽藍敻遠，終日安禪。時同志者造門請益，翫隨事指南，多有所證。以天寶二載十二月十三日，天之將曉，告侍者，端坐奄從泥曰，春秋六十五，僧臘三十年。于時山鳥哀鳴，雲霧蒙慘，遠近檀越悲泣者如堵。以其月十九日遷殯于寺側山原。有弟子俞法界及子懷福、猶子希秀等，舊所歸心，結塔營事，皆出其家。塔因會昌中所毀，今存阯焉。碑石漫没，吁哉！

唐潤州幽棲寺玄素傳五

釋玄素，字道清，俗緣馬氏，潤州延陵人也。生有異度，幼而深仁，乳育安靜。髫齓希尚，求歸釋門，父母從之，出依浄域。以如意年中，始奉制度，隸名于江寧長壽寺。進具已後，戒光騰燭，定水澄漣，思入玄微，行逾人表。既解色空，常慕宗匠。晚年乃南入青山〔一〕幽棲寺，因事威禪師，躬歷彌載，撞鐘大鳴。威誨以勝法，得其不刊之旨。從是伏形苦節，交養恬和，敗納襯身〔二〕，寒暑不易，貴賤怨親，曾無喜愠，時目之爲嬰兒行菩薩。道業既高，人希〔三〕瞻禮。開元年中，僧注密〔四〕請至京口，郡牧韋銑屈居鶴林，四部歸誠，充塞寺宇。素納衣空牀，未嘗出户，王侯稽首，不爲動摇。顧世名利，猶如幻焉。忽於一日，有屠者來禮謁，自生感悟，懺悔先罪，求請素明中應供，乃欣然受之，降詣其舍。士庶驚駭，咸稱「異哉」。素曰：「佛性是同，無生豈别〔五〕？但可度者，吾其度之，何異之有？」天寶之初，吴越瞻仰如想下生。揚州僧希玄請至江北，竊而宵遁。黑月難濟，江波淼然，持舟擬風。俄頃有白光一道，引棹直渡，通波獲全。楚人相慶佛日再耀。傾州奔赴，會於津所。人物拒道，間無立位，解衣投施，積若山丘。略不干其懷抱，令悉充悲田之費。禮部尚書李憕爲揚州牧，齋心虔虔，二時瞻近。未幾而京口道俗思渴法音，仍移牒渡江，再請還郡。二處紛諍，莫決所從。李時謂人曰：「本期奉道，反成愛憎。」因任從所請，却歸南郡，其感物慕德，罕有與倫。以天寶十一載十一月十一日中夜，無疾而化，春秋八十有五〔六〕。哀感人倫，慟徹城市。以其月二十一日奉全身建塔于黄鶴山西所住之地。方伯邑宰，盡執喪師之禮，率衆申哀，江湖震響。素往於寺内坐禪之所，高松偃覆如蓋，及移他樹，還互如前。又當捨壽之夕，房前雙桐無故自枯。識者以爲雙林之變。但真乘妙理，絶相難思，嘉瑞靈祥，應感必有。經云「隨緣赴感」，即其事也。有門弟子法鑑〔七〕及吴中法欽，此二大士重光道原，僉具別傳。受菩薩戒弟子吏部侍郎齊澣、廣州都督梁卿〔八〕、潤州刺史徐嶠、京兆韋昭理、給事中韓賞、御史中丞李舟〔九〕、禮部崔令欽，並道流人望，咸歎師資，亦嘗問道於徑山，猶樂正子春於夫子，洗心瞻仰，天漢彌高。水鑑明心，悟深者衆矣。洎大和〔一〇〕中，遠慕遺風，高其令德，追謚大律禪師，大和大寶杭之塔〔一一〕。後人多以俗氏召之曰馬祖，或以姓名兼稱曰馬素是也。

系曰：彌天以出家子咸姓釋氏，懸合後到阿含經，可不務乎？素師以俗姓呼之，必有由矣。噫，繁盛法嗣，猶不能遏此訛稱，則知素師名翼一飛，四海仰止，故登俗域。今警將來，宜正名也。

唐均州武當山慧忠傳六

釋慧忠，俗姓冉氏，越州諸暨人也。孰辨甲子？或謂期頤之年。肌膚冰雪，神宇峻爽。少而好學，法受雙峯，默默全真，心承一印。行無住相，歷試名山，五嶺、羅浮、四明、天目，白崖倚帝，紫閣摩穹，或松下安居於九旬，或嵌空息慮於三昧。既懸明月之戒，亦浄瑠璃之心，已度禪定之門，不起無生之見。嶷若蘇盧，八風莫能動；清如浄鑑，萬象何所隱？可止也我，則武當千峯狎於麋鹿；可行也我，則虎溪一徑分衛人間。薄遊吴楚，以至于順陽川焉。卜居黨子之林泉，四十餘祀；深入法王之聖定，八萬廣門。道聲洋乎，力量充矣！開元年中，刺史前中書侍郎開國公王琚、司馬太常少卿趙頤貞，信潭以清，聞風而悦，税駕扣寂，杳然虚空。禮足散金銀之華，不異彌伽長者；執手見微塵之佛，等毗目仙人。上奏玄宗，徵居香刹，則龍興寺也。由是罷相、節使、王公、大人，罔不膜拜順風，從而問道。忠博達詁訓，廣窮經律，降魔制外，孰之與京？不可以威畏，不可以利動，皦日而食，對月澄心，清風飛霜，勁節凌竹，辭檢〔一〕理詣，折彼幔幢。論頓也不留朕迹，語漸也返常合道。得之於心，伊蘭作栴檀之樹；失之於指，甘露乃蒺藜之園。妙不可傳，花多果少，世有執礫水中，若獲瑠璃之寶；掬泡瓶内，謂得摩尼之珠。忠所以訶之止之，不能已矣。故有超毗盧之説，令其不著佛求；越法身之談，俾夫無染正性。豈毗盧之可越而法身之可超哉？是以虚空之心合虚空之理，纖妄若雲翳，宗通如日月。朝郎結駟而至，安禪不動，受其頂謁，儼如也。蓋所謂昔人不迎七步，以福於萬乘之君，豈止百寮而已哉。

肅宗皇帝載定區夏，聞其德高，以上元二年正月十六日勑内給事孫朝進馹騎〔二〕迎請，其手詔曰：「皇帝信問，朕聞調御上乘以安中土，利他大士共濟羣生。師以法鑑高懸，一音演説，藏開祕密，境入圓明，大悲不倦於津梁，至善必明於兼濟。尊雄付囑，實在朕躬。思與道安宣揚妙用，廣滋福潤，以及大千。傳罔象之玄珠，拔沈迷之毒箭，良緣斯在，勿以爲勞。仗錫〔三〕而來，京師非遠。齋心已久，副朕虚懷。春寒，師得平安好！遣書指不多及。」忠常以道無不在，華野莫殊，遂高步入宫，引登正殿。霜杖初下，日照龍衣，天香以焚，風飄羽蓋。時忠驤首接武，神儀肅若。天子欽之，待以師禮。奏理人治國之要，暢唐堯、虞舜之風。帝聞竦然，膝之前席。九龍灑蓮華之水，萬乘飲醍醐之味。從是肩舁上殿，坐而論道，不拘彝典也。尋令驃騎朱光輝宣旨住千福寺〔四〕。相國崔涣從而問津，理契於心，談之朝野。識真之士，往往造焉。洎夫寶應〔五〕臨御，以孝理國，匪移前睠，劃開萬里之天，若見三江之月。又勑内侍袁守宏迎近闕下光宅寺〔六〕安置，香飯雲來，紫衣天降。雖使臣擁禪門而不進，御府列玉帛而盈庭，了之如泡，觀之若夢，澹然閑任，自樂天倪。亦可羅浮不歸，方名宴坐；雙峯長往，始契無生者哉。成聖元胎，於是乎在，固所以萬行齊發、千門不累於心矣。則兜率之鼓，無形乃聲，脩羅之琴，不撫而韻，香傳天主，花兩空王，見之於忠矣。常以思大師有言，「若欲得道，衡嶽武當」，因奏武當山請置太一延昌寺，白崖山黨子谷置香嚴長壽寺，各請藏經一本，度僧護持。二聖御影，鎮彼武當。王言惟允，有司承式。猴江鴈塔，雖未飾於中峯，茅棟柴扉，便以名於梵宇。睿札〔七〕題額，鸞廻鵲飛，山川光煌，黑白抃躍，想金殿之可期，覩瑶臺之非遠。至大曆八年，又奏度天下名山僧中取明經律禪法者，添滿三七人。道門因之，羽服緇裳，罔不慶懌。數盈萬計，用福九重也。

忠往在南陽，陷於賊境，固請迴避，皆不允之。臨白刃而辭色無撓，據青雲而安坐不屈。魁帥觀具禪德淡若，風韻高逸，投劍羅拜，請師事焉。于時避寇遇寇者衆矣。無何，羣盜又至，乃曰：「未可以踵前也。」遂杖錫發趾，沿江而去。有數其先蹤，堅住不避者，盡被誅戮。則知雲物氣象，有如先覺，存而不論，道何深也！金籍曰「般若無知而無不知」，斯之謂歟！内德既充，外應彌廣，自藏珍寶，人莫之窺。於戲，論龍奮迅，而䆮多不知，忉利雨花，而明徹莫識。前賢猒世，正眼隨滅，不亦悲夫！

忽疾將亟，國醫罔効，自知〔八〕去辰，衆問後事，乃曰：「佛有明教，依而行之，則無累矣。吾何言哉？」粤十年十二月九日子時右脇纍足，泊然長往。所司聞奏，皇情憫焉。中使臨弔，賻贈甚厚。勑謚號曰大證禪師。有詔歸葬于黨子之香嚴寺，循其本也。威儀手力，所在支給，具飾終之禮，哀慟梵場也。勑常修功德使檢校殿中監興唐寺沙門大濟，早接道論，豁如披雲，雖非門人，哀逾法嗣。凡有敷奏，聖皆允焉。在家弟子開府孫知古并弟内常侍朝進、居士景超昆季等，僧弟子千福寺志誠、光宅寺智德、香嚴寺主道密等，凡數萬人，痛石室之末籌，悲雲峯之聳塔，晨鐘徒擊於高殿，夕梵空奏於前山，哲人云亡，疇將倣仰！譯經沙門飛錫爲碑紀德焉。

唐太原甘泉寺志賢傳七

釋志賢，姓江，建陽人也。夙心剛整，幼且成規，既遂出家，尋加戒品，雩嘗漸教，守護諸根，抗節修心，不違律範。天寶〔一〕元年，於本州佛跡巖承事道一禪師，曾無間然，汲水拾薪，惟務勤苦。遊方見金華山赤松洞，是皇初平叱石羊〔二〕之地，鬱林峻嶺，泉湖百步許。意樂幽奇，既棲巔頂，野老負香秔蔬茹以供之。時天大旱，賢望空擊石，曼罵諸龍曰：「若業龍，無能爲也。其菩薩龍王，胡不遵佛勑救百姓乎？」敲石纔畢，霈然而作，婺人咸悦。後遊長安，名公碩德列請爲大寺功德之師，賢悚然不顧。明日遂行，登五臺，尋止太原甘泉寺，道俗請學禪理者繼至。無疾而終，勑謚大遠禪師，旌乎厥德矣。

唐黄龍山惟忠傳八

釋惟忠，姓童氏，成都府人也。幼從業於大光山道顒禪師，神驥伏櫪，雖止也，發蹄則超忽千里焉。遊嵩嶽，見神會禪師，折疑沈默，處于大方。觀覽聖跡，見黄龍山鬱翠而奇異，乃營茅舍。其窮溪極谷而多毒龍，噴氣濛濛，山民犯者多如中瘴焉，醫工寡効。忠初不知，獨居禪寂，澗飲木食〔一〕，其怪物皆卷而懷矣，山民無害。或聞空中聲云：「得師居此，民之多幸，令我解脱也。」鄉人因號是山爲伏龍，言忠弭伏鱗蟲之長，故此名焉。以建中三年入滅，報齡七十八。其年九月遷塔云。

唐南嶽石頭山希遷傳九

釋希遷，姓陳氏，端州高要〔一〕人也。母方懷孕，不喜葷血。及生岐嶷，雖在孩提，不煩保母。既冠，然諾自許，未嘗以氣色忤人。其鄉洞獠，民畏鬼神，多淫祀，率以牛酒，祚作聖望。遷輒往毀叢祠，奪牛而歸，歲盈數十〔二〕，鄉老不能禁其理焉。聞大鑒禪師南來，學心相踵。遷乃直往，大鑒衎然持其手，且戲之曰：「苟爲我弟子，當肖。」遷逌爾而笑曰：「諾。」既而靈機一發，廓若初霽。自是上下羅浮，往來三峽間。開元十六年，羅浮受具戒，是年歸就山，夢與大鑒同乘一龜，泳於深池。覺而占曰：「龜是靈智也，池是性海也。吾與師乘靈智遊性海久矣，又何夢邪？」後聞廬陵清涼山思禪師爲曹溪補處，又攝衣從之。當時思公之門，學者麏至。及遷之來，乃曰：「角雖多，一麟足矣。」天寶初，始造衡山南寺。寺之東有石狀如臺，乃結庵其上，杍載絶嶽，衆仰之，號曰石頭和尚焉。初，嶽中有固、瓚、讓三禪師，皆曹溪門下，僉謂其徒曰：「彼石頭真師子吼，必能使汝眼清涼。」由是門人歸慕焉。或問解脱，曰：「誰能縛汝？」問浄土，曰：「誰能垢汝？」其答對簡速，皆此類也。

廣德二年，門人請下于梁端。自江西主大寂，湖南主石頭，往來憧憧，不見二大士爲無知矣。貞元六年庚午歲十二月二十五日順化，春秋九十一，僧臘六十三。門人慧朗、振朗、波利、道悟、道銑、智舟相與建塔于東嶺。塔成三十載，國子博士劉軻素明玄理，欽尚祖風，與道銑相遇，盛述先師之道。軻追仰前烈，爲碑紀德，長慶中也。勑謚無際大師，塔曰見相焉。

唐成都府净衆寺神會傳十

釋神會，俗姓石，本西域人也。祖父徙居，因家於岐，遂爲鳳翔人矣。會至性懸解，明智内發，大璞不耀，時未知之。年三十，方入蜀，謁無相大師，利根頓悟，冥契心印。無相歎曰：「吾道今在汝矣！」爾後德充慧廣，鬱爲禪宗。其大略寂照滅境，超證離念，即心是佛，不見有身。當其凝閉無象，則土木其質。及夫妙用默濟，雲行雨施，蚩蚩羣甿，陶然知化，覩貌遷善，聞言革非。至於廓蕩，昭洗執縛，上中下性隨分令入。以貞元十年十一月十二日示疾，儼然加趺坐滅，春秋七十五，法臘三十六。沙門那提得師之道，傳授將來。以十二年二月二十二日，門人弟子緇俗遷座于本院之北隅，孺慕師德，號哭之聲，山林爲之變色。

初，會傳法在坤維，四遠禪徒臻萃千寺。時南康王韋公皐最歸心于會，及卒，哀咽追仰，蓋粗入會之門，得其禪要。爲立碑，自撰文并書，禪宗榮之。

唐杭州徑山法欽傳十一

釋法欽〔一〕，俗姓朱氏，吴郡崑山人也。門地儒雅，祖考皆達玄儒，而傲睨林藪不仕。欽託孕，母管氏，忽夢蓮華生於庭際，因折一房繫於衣裳，既而覺已，便惡葷羶。及迄誕彌歲，在於髫辮，則好爲佛事。立性温柔，雅好高尚，服勤經史，便從鄉舉。年二十有八，俶裝赴京師，路由丹徒，因遇鶴林素禪師，默識玄鑒，知有異操。乃謂之曰：「觀子神府温粹，幾乎生知。若能出家，必會如來知見。」欽聞，悟識本心，素乃躬爲剃髮，謂門人法鑑曰：「此子異日大興吾教，與人爲師。」尋登壇納戒，鍊行安禪，領徑直之一言，越周旋之三學。自此辭素南征，素曰：「汝乘流而行，逢徑即止。」後到臨安，視東北之高巒，乃天目之分徑，偶問樵子，言是徑山。遂謀挂錫於此，見苫蓋〔二〕覆罝網，屑近而宴居，介然而坐。時雨雪方霽，旁無煙火，獵者至，將取其物，頗甚驚異嘆嗟，皆焚網折弓而知止殺焉。下山募人〔三〕營小室，請居之。近山居，前臨海令吴貞捨别墅以資之。自茲盛化，參學者衆。

代宗睿武皇帝大曆三年戊申歲二月，下詔曰：「朕聞江左有藴道禪人，德性冰霜，淨行林野，朕虚心瞻企，渴仰懸懸。有感必通，國亦大慶，願和尚遠降中天，盡朕歸向。不違願力，應物見形。今遣内侍黄鳳宣旨，特到詔迎，速副朕心。春暄，師得安否！遣此不多及。」勑令「本州供送，凡到州縣，開净院安置，官吏不許謁見，疲師心力。弟子不算多少，聽其隨侍。」帝見，鄭重咨問法要，供施勤至。司徒楊綰篤情道樞，行出人表，一見欽於衆，退而嘆曰：「此實方外之高士也，難得而名焉！」帝累賜以縑繒，陳設御饌，皆拒而不受。止布衣蔬食，悉令弟子分衛，唯用陶器行。少欲知足，無以儔比。帝聞之更加仰重，謂南陽忠禪師曰：「欲錫欽一名。」手詔賜號國一焉。德宗貞元五年，遣使賫璽書宣勞，并慶賜豐厚。欽之在京及廻浙，令僕公王節制州邑名賢執弟子禮者，相國崔涣、裴晉公度、第五琦、陳少遊等。自淮而南婦人禮乞號，皆目之爲功德山焉。六年，州牧王顔請出州治龍興寺浄院安置，婉避韓滉之廢毁山房也。八年壬申十二月〔四〕示疾，説法而長逝，報齡七十九，法臘五十。德宗賜謚曰大覺。所度弟子崇惠禪師，次大禄山顔禪師，參學范陽杏山悟禪師，次清陽廣敷禪師。于時奉葬禮者，弟子實相、常覺等，以全身起塔于龍興浄院。

初，欽在山，猛獸鷙鳥馴狎。有白兔二跪于杖屨之間。又嘗養一雞，不食生類，隨之若影，不遊他所。及其入長安，長鳴三日而絶。今雞冢在山之椒。欽形貌魁岸，身裁七尺〔五〕，骨法奇異，今塔中塑師之貌，憑機猶生焉。

杭之錢氏爲國，當天復壬戌中，叛徒許思作亂，兵士雜宣城之卒發此塔，謂其中有寶貨。見二甕上下合，藏肉形全在而髮長覆面。兵士合甕而去。刺史王顔撰碑述德，比部郎中崔元翰、湖州刺史崔玄亮、故相李吉甫、丘丹各有碑碣焉。

唐壽春三峯山道樹傳十二

釋道樹，姓聞氏，唐州人也。少以辯智，沉静虚豁，躭嗜經籍，曾無少懈。其爲人也，貞固足以幹事，隱括足以矯時。偶遇僧敦喻，遂誓出塵，自慨年近不惑，求法淹遲。禮本部明月山大光院惠文爲授業，登即剃染。二年受具，乃觀方向道，天台、南嶽，無所不遊。

後迴東洛，遇秀宗裔〔一〕，如芙蓉開，通達安静。至壽州三峯，結茅而居。常有野人，服色樸素，言談異常，於言笑之外，化作佛形、仙形、菩薩、羅漢，或放神光，或呈聲響，如是涉一十年，學侣覩之，不測端緒，後皆寂爾。樹告衆曰：「野人作多色伎倆，眩惑於人。只消老僧不見不聞，伊伎倆有窮，吾不見不聞無盡。所謂作僞心勞而日拙，其自知之，卷著懷拙而去，追無朕迹矣。」樹於寶曆初年〔二〕示疾而終，報齡九十二。明年正月遷塔焉。

系曰：大鈞播物，物類紛錯，窮數達變，因形移易者謂之化，謂之幻。知幻化之不異生也，始窮幻化矣。吾與汝俱幻也。推之於實，則幻化或虚；置之於虚，則幻化時實。實虚理齊，不自我之先後歟？體道無心，物我均矣。故佛言「凡所見相，唯所見心」。又云「若見諸相非相，則見如來」，樹師有焉。

唐陝州迴鑾寺慧空傳十三元觀

釋慧空，姓崔，江陵人也。家世儒雅，弈葉纓緌，父任陝服靈寶縣。空丁艱天屬，堅請入空門，庸報乳哺重恩。乃投迴鑾寺恒超下，授受經業。三載誦通，及格蒙度，聽習敏利。因入嵩少，遇寂師禪會，豁如開悟。乃迴三峯，於仙掌間有道流綢繆論道，薄暮方散，非止一過。州帥元公頗知歸向，召之，多以疾辭，或至，必登元席。代宗皇帝聞其〔一〕有道，下詔俾居京師廣福寺，朝廷公卿罔不傾信。後終于寺，春秋七十八。大曆八年癸丑九月四日，全身堅固而遷塔焉。

次南嶽東臺釋元觀，姓袁氏，長安人也。父爲河中府掾。母兄爲沙門，甚敦道化，見觀幼齡聰慧，風標秀舉，有成人之度，因勸其出家。乃投興善寺，誦經通利。五年得度，乃於律部俱舍二本，涣然條理。後出遊方，登諸禪會，明悟真性，如醒宿酲。遂趨衡山，於東臺而止。其道彌昌，冥有所感。恒得神人密送供施，隨其衆寡，不聞有闕。忽一日，神現形再拜曰：「我是此山檀越，常送薄供者，我身是也。」觀問：「汝何業所致？」曰：「我前身曾稱知識，體悟匪全，妄受信施，坐此爲神。偶師居此，我曹饋糧，粗副私願。今二十年已足，得遂超度，故來決別也。」觀化緣斯極，囑累禪徒而終，春秋七十九。大和四年十月二日遷塔焉。

唐洛京龍興寺崇珪傳十四全植

釋崇珪，姓姜氏，郟城人也。門傳儒素，相綴簪裾。自天寶已來，安史之亂，侵敗王略，家族遷蕩。父爲商估趨利，遵塗於鞏洛間。父亡于逆旅，珪慨責曰：「少遭不造，孑遺〔一〕哀煢！」遂議出家。至年十八，經業蔚通得度。俄有雲水之興，遊南嶽。棲息數齡起廻，樂南徐茅山，乃依棲霞寺。珪已登徑門，道聲洋溢。會贊皇李公德裕廉問是邦，延諸慈和寺。一交雅談，如遊形器之外，曰：「吾有幽憂之疾，非是居侯藩聚落之人也。」明歲遂行，重抵嵩少，居于嶽寺。大和戊申歲，洛下亢陽，唯嶽中雨信相繼。或謂爲珪之德動龍神之故也。開成元年，贊皇公攝冢宰〔二〕，請珪於洛龍興寺化徒。兩京緇白往來問道，檀施交駢。其所談法，宗秀之提唱，獲益明心者多矣。忽告衆決別，入方丈而滅，春秋八十六。白侍郎撰塔銘。會昌元年辛酉八月十日入塔云。

次淮南都梁山釋全植，姓芮，光州人也。少稟異操，自言學作佛度生去。忽投本州榮光禪院大智下求度。師頗嚴謹，約其誦經。受具後，至洛陽，參問禪法，徹了無疑辭。師觀方至淮南都梁山，建立茅舍。太守衛文卿命於州治長壽寺化徒。衛侯問：「將來佛法隆替若何？」植曰：「真實之物無振，自古于今，往復軌躅〔三〕。有爲之法，四相遷流。法當隉厄。君侯翹足可見。」預言武宗毁教也。植終年九十三，門人建塔立碑。會昌四年甲子九月七日入浮圖焉。

校勘記

義福傳

〔一〕潞州，嚴挺之大智禪師碑作「上黨」。（金石萃編卷八十一）又云：「系本於齊，官因於潞」，二句兼言其氏族與籍貫。

〔二〕十一年，舊唐書方伎傳同。大智碑則作「十三年」。

〔三〕蒲號，原本號作號，從揚州本、大正本及舊唐書改。

〔四〕二十年卒，按大智碑福卒於開元二十四年，此傳係據舊唐書，當以碑文爲正。

〔五〕開法，舊唐書作「開堂傳法」，此略。

〔六〕太平廣記卷九十七引明皇雜録「張均」下有「中書侍郎嚴挺之」。

〔七〕畢立，廣記畢作竟。

〔八〕廬陵人，傳燈録卷五行恩傳作「吉州安城人」。

〔九〕勑謚……歸真，傳燈録云：「僖宗謚弘濟禪師歸真之塔。」

普寂傳

〔一〕開元二十三年，舊唐書方伎傳作「十三年」。

〔二〕弟子，原本子作將，從揚州本、大正本及舊唐書正。

〔三〕大慧，舊唐書作「大照」。按李邕撰普寂碑文亦作大照禪師塔銘（全唐文卷二百六十二）。大慧及懷讓之謚號（見下傳），此疑誤。

懷讓傳

〔一〕安康人，張正甫觀音大師碑銘云：「京兆杜氏，其先因家安康，即爲郡人。」（唐文粹卷六十二）

〔二〕弱冠，傳燈録卷五懷讓傳作「年十五」。

〔三〕恒景，傳燈録恒作弘。按宋人諱弘，改弘爲恒。此疑贊寧撰傳諱改，而傳燈録則從正字耳。碑銘作「大士智京」，又異。

〔四〕坦禪師，傳燈録坦作「坦然」。

〔五〕韶濩，原本濩作護，從揚州本、大正本改。

〔六〕十日，傳燈録作「十一日」。

〔七〕元和中，碑銘作「元和十八年」。

玄素傳

〔一〕南入青山，李華潤州鶴林寺故徑山大師碑銘作「入南牛頭山」。（唐文粹卷六十四）

〔二〕襯身，原本襯作攖，從揚州本、大正本改。

〔三〕人希，原本人作入，從揚州本、大正本改。

〔四〕注密，揚州本、大正本作「汪密」。碑銘作「法密」。當以碑銘爲正。

〔五〕佛性……豈別，傳燈録卷四作「佛性平等，賢愚一致」。

〔六〕春秋八十有五，按碑銘云：「菩提位中六十一夏」，是僧臘六十一也，傳失載。

〔七〕法鑑，碑銘鑑作鏡，此避宋嫌諱而改。

〔八〕梁卿，碑銘作「梁昇卿」。

〔九〕李舟，揚州本、大正本舟作丹，按碑銘作「李舟」。李舟見於杜詩及唐國史補，但不詳其是否一人。

〔一〇〕大和，揚州本、大正本大作太，下同。按大可讀作太。

〔一一〕大律……之塔，傳燈録作「大津禪師大和寶航之塔」。依文義推之，杭與航通，「大津」與「大杭」相應，似作津爲是。

慧忠傳

〔一〕辭檢，原本檢作嶮，從揚州本、大正本改。

〔二〕馹騎，揚州本、大正本馹作驛。

〔三〕仗錫，揚州本、大正本仗作杖，通用。

〔四〕千福寺，傳燈録卷五寺下有「西禪院」。

〔五〕寶應，傳燈録作「代宗」。按寶應爲肅宗最後年號，其年四月代宗即位，改元廣德。此「寶應」二字應作「廣德」。

〔六〕光宅寺，傳燈録作「光宅精舍」。

〔七〕睿札，原本札作扎，從揚州本、大正本改。

〔八〕自知，原本知作而，從揚州本、大正本改。

志賢傳

〔一〕天寶，原本天作大，大正本同。揚州本及宋本作天，按唐帝無「大寶」年號，應是字誤，今從正。

〔二〕皇初平叱石羊，原本皇作黄，揚州本、大正本同；叱作吒，揚州本、大正本作叱。按皇初平叱石爲羊事見神仙傳，黄與皇音近而誤，吒爲叱之形誤，今並正。

惟忠傳

〔一〕木食，原本木作水，揚州本、大正本水作木。宋本、元本作水，同此本。按水食與上澗飲義重，木字爲長，今據正。

希遷傳

〔一〕高要，揚州本、大正本作「高安」。宋本、元本作「高要」，同此本。傳燈録卷十四、五燈會元卷五希遷傳亦作「高要」。按端州，唐屬嶺南道，其縣有高要，無高安。揚州本等誤。

〔一〕數十，原本十作千，揚州本、大正本同。宋本作十，傳燈録亦作「數十」，是也，今從改。

法欽傳

〔一〕法欽，傳燈録卷四作「道欽」，佛祖通載卷十八同。

〔二〕苫蓋，原本苫作苦，從揚州本、大正本改。「苫蓋」亦見前神會傳。

〔三〕募人，原本募作慕，從揚州本、大正本改。

〔四〕十二月，李吉甫故杭州徑山寺大覺禪師碑銘月下有「二十八夜」四字。（文苑英華卷八百六十五）

〔五〕身裁七尺，碑銘作「身長六尺」。

道樹傳

〔一〕遇秀宗裔，傳燈録卷四作「遇秀禪師，言下知微」。按神秀歿於唐中宗神龍二年（七〇六）。道樹歿於敬宗寶曆元年（八二五），年九十二，逆算其生年當玄宗開元二十二年（七三四），距秀之死二十八年，何能相見？此必是神秀法嗣，故云「宗裔」。燈録有誤。

〔一〕初年，傳燈録作「元年」。

慧空傳

〔一〕聞其，原本聞誤作開，從揚州本、大正本改。

崇珪傳

〔一〕孑遺，原本孑作子，從揚州本、大正本改。

〔二〕冢宰，原本冢誤作家，從揚州本、大正本改。

〔三〕真實……軌躅，傳燈録卷四全植傳此三句作「真實之物，無古無今，亦無軌躅」。

大宋高僧傳卷第十

習禪篇第三之三 正傳十六人　附見八人

唐洪州開元寺道一傳一 智藏

釋道一，姓馬氏，漢州人也。華以喻性，不植於高原；浪以辯識，發明於溟海。生而凝重，虎視牛行。舌過鼻準，足文大字〔一〕。根塵雖同於法體，相表特異於幻形，既云在凡之境，亦應隨機之教。年方稚孺，猷視塵躅，脱落愛取，遊步恬曠，削髮於資州唐和尚，受具於渝州圓律師。示威儀之旨，曉開制之端，浣衣鍜金，觀門都錯，大龍香象，羈絆則難。權變無方，機緣有待。聞衡嶽有讓禪師，即曹溪六祖之前後也，於是出岷峨玉壘之深阻，詣靈桂貞篁之幽寂。一見讓公，泯然無際，頓門不俟於三請，作者是齊於七人。以爲法離文字，猶傳蠹露，聖無方所，亦寄清源，遂於臨川棲、南康龔公二山〔二〕，所遊無滯，隨攝而化。先是，此峯岫間魑魅叢居，人莫敢近，犯之者災釁立生。當一宴息于是，有神衣紫玄冠致禮言：「捨此地爲清浄梵場。」語終不見。自爾猛鷙毒螫，變心馴擾；沓貪背憎，即事廉讓。郡守河東裴公家奉正信，躬勤諮禀。降英明簡貴之重，窮智術慧解之能。每至海霞斂空，山月凝照，心與境寂，道隨悟深。自明者在乎周物，博施者期乎濟衆。居無何，裴公移典廬江、壽春二牧，於其進修惟勤，率化不墜。大曆中，聖恩溥洽，疑名於開元精舍。其時連率路公〔三〕聆風景慕，以鍾陵之壤，巨鎮奥區，政有易柱之絃，人同湊轂，禪宗戾止，降祥則多，順而無違。居僅十祀，日臨扶桑，高山先照；雲起膚寸，大雨均霑。建中中，有詔僧如所疑，將歸舊壤。元戎鮑公密留不遣。至戊辰歲，舉措如常，而請沐浴訖，儼然加趺歸寂，享年八十，僧臘五十〔四〕。先於建昌鄙山名石門，環以絶巘，呀爲洞壑，平坦在中，幽偏自久。是謀薪火塵劫之會，非議岡阜地靈之吉。亞相觀察使隴西李公藩寄嚴厲，素所欽承，于以率徒依歸，緬懷助理。爰用營福，道在觀化，情存飾終，輟諸侯之旌旗，資釋子之幢蓋。其時日變明晦，人萃遐邇，檝覆水而爲陸，炬通宵而成晝。山門子來，財施如積；邑里僧供，飯香普熏。自昔華嚴歸真於嵩陽，善導瘞塔於秦嶺，禮視齋斬，人傾國城，哀送之盛，今則三之。初於林中經行，座下開示，平等垂法，不標於四科，安恬告盡，刻期於二月，此明一終之先兆也。示疾云逝，俾葬遠山，凡百攀援，願留近郭。終遂窮僻，式遵理命，此又明一晦跡之素誠也。將歸靈龕，爰泝淺瀨，人力未濟，舟行爲遲。膏雨驟下於遠空，窮溪遄變於深涉，此又明一通神之應感也。惟一知真在空，無我於有，是二俱離，假一爲乘。示生死者人能作佛，辨邪正者魔亦似聖。現身不留於大士，負手俄萎於哲人。

弟子智藏、鎬英、崇泰等奉其喪紀，憲宗追謚曰大寂禪師〔五〕，丹陽公包佶爲碑紀述，權德輿爲塔銘。今海昏縣影堂存焉。

又唐虔州西堂釋智藏，姓廖氏，虔化人也。生有奇表，親黨異其偉器。八歲從師，道趣高邈。隨大寂移居龔公山，後謁徑山國一禪師，與其談論周旋，人皆改觀。屬元戎路嗣恭請大寂居府，藏乃廻郡，得大寂付授納袈裟。時亞相李公兼、國相齊公映、中郎裴公通皆傾心順教。元和九年四月八日終，春秋八十，夏臘五十五。即遷于塔，諫議大夫韋綬追問藏言行，編入圖經。太守李渤〔六〕請旌表，至長慶元年謚大覺禪師云。

唐宣州靈湯泉蘭若志滿傳二

釋志滿，姓康氏，洛陽人也。幼少之年，屬其家命沙門陳佛會，滿意樂不捨，遂投潁川龍興寺出家。聞洛下神會禪師法席繁盛，得了心要。南遊到黄山靈湯泉所，結茅茨而止。後採黄連，鄉人見滿喜躍，滿問：「此何處耶？」鄉人曰：「黄連山，屬宣城也。」願師鎮此，奈何虎豹多害？」滿曰：「虎亦有佛性。」乃焚香祝厭之，由兹弭息，遂成大禪院。後示寂，春秋九十一。永貞元年入塔焉。

唐沂州寶真院光瑶傳三道堅

釋光瑶，姓周氏，北京人也。幼鍾荼蓼，都不勝情，誓志出家。捨講肆，入禪林，凡嚮宗師，悉從求益。末遭會禪師，金錍抉瞙〔一〕，明視十方。後到沂水蒙山，結草成庵，怡然宴坐。鄮費之人翕然從化。時慎邑大夫知重首創禪宫，次兖州節使王僚尚書躬請入州行化，奏署〔二〕額號寶真。學侣憧憧，多霑大利。元和三年示滅，享年九十二云。

又唐襄州慈恩寺釋道堅，姓王氏，丹陽人也。初發心於牛頭山〔三〕慧忠禪祖。大曆元年，栖隱池州南泉山。後詣襄漢，泊慈恩寺。元和初載，相國燕公鎮于漢南，深相欽重，問道周勤，施供繁沓。遂於鳳林關外造寺請居。二年示滅，春秋七十三云。

唐揚州華林寺靈坦傳四

釋靈坦，姓武氏，太原文水人也，則天太后姪孫〔一〕。父諱宣，洛陽縣令。母夏侯氏，初妊坦也，夢神僧授與寶鑑，表裏瑩然，且曰：「吾以此寄汝，善保護之。」及誕，親無所苦。年甫七歲，誦習畢通，應童子舉。十三從宦，旋升太子通事舍人〔二〕。如是悦學不休，三教之書彌增洞達。然而恒嗟朽宅，誓入空門，已備大乘之資糧，終到涅槃之境域。于時洛都盛化荷澤寺神會禪師也，方遮普寂之光，漸没秀師之道，坦往參焉。會施善誘，頓見其心，默而許之，容其執侍。父母不能迴其意。飛颺莫繫，始末研磨，得破疑滯。天寶初載，召坦曰：「吾有一句，是祖祖相傳至曹溪，曹溪付吾，汝諦受之。吾當有留難，遂辭遊方焉。」未幾，果敕移會于弋陽〔三〕。坦遂向廬州浮槎寺〔四〕，覽大藏經。後聞忠國師自南陽詔入，於大曆五年禮覲之。八年，欲出關，忠奏曰〔五〕：「此人是貧道同門，俱神會弟子。」勑賜號曰大悲，兼賚墨勑。行化至梁園，時相國田公神功供養。邐迤適維揚、六合，方嘆大法凌夷，忽聞空中聲云：「開心地。」即見菩薩如文殊像曰：「與汝印驗。」令舉項以掌按之，尋觀有四指赤痕，其印迹恒現。又止潤州江中金山，今澤心〔六〕也。其山北面有一龍穴，常吐毒氣如雲，有近者多病或斃。坦居之，毒雲滅迹。又於江陰定山結庵，俄聞有讚嘆之聲。視之，則白龜二，坦爲受皈戒。又見二大白蛇，身長數丈，亦爲受戒懺悔。如是却往吳興林山造一蘭若，有三丈夫衣金紫，趨步徐正，稱嘆道場唯善，村落之民多棄罟網。元和五年，相國李公鄘之理廣陵也〔七〕，以峻法操下，剛決少恩，一見坦，鄭重加禮，召居華林寺。寺内有大將軍張遼墓，寺僧多爲鬼物惑亂。坦居，愀然無眹矣。又揚州人多患山妖木怪之所熒惑，坦皆遏禦焉。人争歸信。至十年，忽見二胡人稱自龜兹國來，彼無至教，遠請和尚敷演。十一年五月十三日，於荷澤忌齋，告衆：「吾赴遠請。七月示疾，九月將滅，斯預告也。」至季秋八日，果寂爾而終。遷塔于揚州西馴翟坊之南岡，越州掾鄭詹建塔。報齡一百八歲，僧臘八十四〔八〕焉。坦即曹溪之孫，荷澤之子也。

唐唐州紫玉山道通傳五

釋道通，姓何氏，廬江人。其爲童也，持重寡辭，見佛形像，必對禮嘆詠不捨。因父宦於泉州南安，便求捨卝披緇。誦經合格，勑度之，當天寶初載也。時道一禪師肇化建陽佛跡巖聚徒，通往焉。一師於臨川南康龔公山，亦影隨而去。然誓遊方吴越之間，台明山谷，靡不登陟。迨乎廻錫江西泐潭山門，勵心僧務，不憚勤苦。貞元二年往南嶽，見石頭禪師，猶采縷加朱藍之色也。

四年〔一〕，大寂禪師垂欲歸化，昌言曰：「夫玉石潤山秀利〔二〕，益汝道業，遇可居之。」通聞此言，且同隱識，殊不詳練。其年秋與伏牛山自在禪師同遊京洛，廻至唐州西有山，峯孤林密，四絶人煙，實有塵外之趣。乃問鄉人，云此山是紫玉山。通方憶大寂之懸記，也。乃陟崔嵬，見山脊有石方正，其色紫玉瑩然，嘆曰：「號紫玉者，合其稱我合居是峯也。先師之言，非虚記也。」挂錫解囊，參學之徒霧集。始則誅茅構舍，刺史李道古作意爲建禪宫焉。

元和八年，弟子金藏出參禮百丈山海禪師，廻見通。通愀然作色：「汝其來矣，此山有主也。」曳杖徑去，襄州道俗皆迎。至七月十五日，無疾而終，春秋八十三。一云故相國于頔最所歸心，尚書李翺禮重焉。

唐雍京章敬寺懷暉傳六

釋懷暉〔一〕，姓謝氏，泉州人〔二〕也。宿殖根深，出塵志遠，迨乎進具，乃尚雲遊。貞元初，禮洪州大寂禪師，頓明心要。時彭城劉濟頗德暉，互相推證。後潛岨崍山，次寓齊州靈巖寺。又移卜百家巖〔三〕，泉石幽奇。苦於禪子請問繁雜，上中條山行禪法，爲法者躡跡而往，蒲津人皆化之。元和三年，憲宗〔四〕詔入於章敬寺〔五〕毗盧遮那院安置，則大曆中勑應天下名僧大德三學通贍者並叢萃其中，屬誕辰，多於此修齋度僧焉。暉既居上院，爲人説禪要，朝寮名士日來參問。復詔入麟德殿賜齋，推居上坐。元和十年〔六〕乙未冬示疾，十二月十一日滅度，春秋六十二。越明年二月，門人智朗、志操等奉全身葬于灞橋北原。勑謚大宣教禪師，立碑于寺門，嶽陽司倉賈島爲文述德焉。

唐京兆興善寺惟寬傳七 寶修

釋惟寬，姓祝氏，衢州信安人也。祖曰安，考曰皎。生十三歲，見殺生者，盡然不忍食。退而出家，求翦髮於僧曇，受尸羅於僧崇，學毗尼於僧如，證大乘法於止觀，成最上乘於大寂道一。貞元六年，始行化於閩越間，歲餘而廻心改服者百數。七年，伏猛虎於會稽，作滕家道場。八年，與山神受歸戒於鄱陽，作廻向道場。十三年，感非人於少林寺。二十一年，作有爲功德於衛國寺。明年，施無爲功德於天宫寺。元和四年，憲宗章武皇帝詔於安國寺。五年，問道於麟德殿。其年，復靈泉於不空三藏池。十二年二月晦，大説於傳法堂訖，奄然而化。報齡六十三，僧夏三十九。歸葬于灞陵西原，詔謚曰大徹禪師，塔號元和正真。

初，寬説心要法三十年，度黑白衆殆及百千萬，應病授藥，安可既乎？白樂天爲宮贊時遇寬，四詣法堂，每來垂一問，寬答如流，白君以師事之。門弟子殆千餘，得法者三十九，入室受遺寄者曰義崇、圓照焉。

唐羅浮山釋寶修，俗姓周，資州人也。從師於純德寺，志求玄理，於蘄州忍大師法裔決了重疑。後愛羅浮山石室安止，檀越爲造梵宇，蔚成大寺。一日，告門人曰：「因緣相偪。」愀然不樂，衆咸莫測。順宗皇帝深重佛宗，知修之名，詔入京與三藏擊問，并答翻譯之意，朗暢如流。乃留居輦下。三年，終于京寺云。

唐天台山佛窟巖遺則傳八

釋遺則〔一〕，俗氏長孫，京兆長安人也。祖洌，鄂州司馬；考利涉，隱居金陵。則弱不雜俗，恬恬終日而無所營。始從張懷瓘學草書，獨盡筆妙。雅躭經史，尤樂佛書，以爲得吾心。一朝捐家業，從牛頭山慧忠，忠所謂牛頭六祖也。始天竺達磨以釋氏心要至，傳其道者有曹溪能、嵩山秀。學能者謂之南宗學，學秀者謂之北宗學。而信祖又以其道傳慧融，融得之居牛頭山，弟子以傳授。由是達磨心法有牛頭學。則既傳忠之道，精觀久之，以爲天地無物也，我無物也，雖無物未嘗無物也。此則聖人如影，百姓如夢，孰爲死生哉？至人以是能獨照，能爲萬物主，吾知之矣。

遂南遊天台，至佛窟巖，蓋薜荔，藨落葉而尸居，飲山流、飯木實而充虚，虎豹以爲賓，麋鹿以爲徒，兀然如枯。其後斵木者見之轉相告，有慕其道者曰：「道者未有弟子。」相率爲築室，圖佛安僧，蔚爲精舍焉。故元和已來傳則道者，又自以爲佛窟學，佛窟之號自則始也。一坐四十年，大官名侯賫書問訊檀捨，則未嘗有報謝，禮拜者未嘗而作起。時歲在庚戌季夏十有二日，召弟子曰：「汝其勉之！」至十五日夜遂坐歿。是夜山下人聞若山崩，旦望之，則綵雲翔泊於巖上。父老皆泣曰：「師死矣！」已而視之，果然。凡則二十歲爲僧臘，五十有八而終〔二〕。善屬文，始授道於鐘山，序集融祖師文三卷，爲寶誌釋題二十四章，南遊傳大士遺風序又無生等義。凡所著述，辭理粲然。其他歌詩數十篇，皆行於世。

則元居瀑布泉西佛窟本院，建龕塔。會昌中例毁之，其院爲道門所有。後開元寺僧正法光於咸通乙酉歲遂徙碑于今所，河南尹韓乂爲碑文。

唐婺州五洩山靈默傳九 志閑

釋靈默，俗姓宣，毗陵人也。本成立之歲，悦學忘疲，約以射策登第，以榮親里。承豫章馬大師聚衆敷演。造禪關，馬師振容而示相，默密契玄機，便求披剃，若熟癰之待刺耳。受具之後，苦練行門，確乎不拔。貞元初，入天台山中，有隋智者蘭若一十二所，懸記之曰：「此地嚴妙，非雜器所棲，若能居此，與吾無異。」默因住白砂〔一〕道場，經于二載。猛虎來馴，近林産子，意有所依。又住東道場，地僻人稀，山神一夜震雷暴雨，懸崖委墜。投明，大樹倒欹，庵側樹枝交絡，茅苫〔二〕略無少損。遐邇聞旃，皆來觀嘆。後遊東白山，俄然中毒，而不求醫，閉關宴坐。未幾，毒化流汗而滴，乃復常矣。行次浦陽，盛化，有陽靈戍將李望請默居五洩焉。元和初亢陽，田畯惶惶。默沿澗見青蛇夭矯，瞪目如視行人，不動。咄之曰：「百姓溪竭苗死，汝胡不施雨救民邪？」至夜果大雨，合境云足，民荷其賜。屬平昌孟簡中丞廉問浙東，廢管内蘭若，學徒散逸，時暨陽令李胄狀舉靈山，許重造院。十三年三月二十三日，澡沐焚香，端坐繩牀，囑累時衆，溘然而絶。壽齡七十二，法臘四十一。

高僧志閑，道行峭拔，文辭婉麗，亦江左之英達，爲默行録焉。

唐荆州天皇寺道悟傳十崇信

釋道悟，姓張氏，婺州東陽人也。受天粹氣，爲法王子〔一〕，生而神儁，長而謹願。年十四，金翅始毛，麒麟方角，啓白尊老，將求出家，慈愛之旨，不見聽許。輒損薄常膳，日唯一食，雖體腹羸餒，彌年益堅。父母不獲已而許之。遂往明州大德剃落。年二十五，依杭州竹林寺大德具戒。以勇猛力，扶牢强心，於六度門，修諸梵行。常以爲療膏肓者資上妙藥，開暗冥者求善知識。不假舟檝，其濟渡乎？遂蹶然振策，投徑山國一禪師。悟禮足始畢，密受宗要。於語言處，識衣中珠。身心豁然，真妄皆遣。斷諸疑滯，無畏自在，直見佛性，中無緇磷。服勤五載，隨亦印可，俾其法雨潤諸叢林。悟蓄力向晦，冞入深阻，實冀一飛摩霄。乃轉遁於餘姚大梅山，是時大曆十一年也。層崖絶壑，天籟蕭瑟，敻無鄰落。七日不食。至誠則通，物感迺靈，猱狿彀玃，更饋橡栗。異日野夫操斧，言伐其楚，偶所遭覩，駭動悚息，馳諭朋曹，謂爲神奇。曾不旬朔，詣者成市。憑嵌倚峭，且構危棟，賫糧供具，環遶方丈。猛虎眈眈〔二〕，侶出族遊，一來座側，斂折肢體，其類馴擾可知也。夫語法者無階漸，涉功者有淺深，木踰鑽而見火，鑑勤磨而照膽，理必然矣。是以掃塵累，遯巖藪，服形體，遺晝夜，精嚴不息，趣無上道，其有旨哉！如是者三四年矣。將翔雲表，慮羽毛之頹鎩；欲歸寶所，疑道塗之乖錯。故重有諮訪，會其真宗。建中初，詣鍾陵馬大師，二年秋，謁石頭〔三〕上士〔四〕。於戲！自徑山抵衡嶽凡三遇哲匠矣。至此即造父習御，郢人運斤，兩虛其心，相與吻合。白月映太陽齊照，洪河注大海一味，仲尼謂顔子亞聖，然燈與釋迦授記，根果成熟，名稱普聞，如須彌山特立大海。繇是近佛，恢張勝因，凡諸國土，緣會則答。始卜于灃陽，次居于澧口，終棲于當陽柴紫山，即五百羅漢翱翔地也。樫松蓊鬱以含風，崖巘巉巖而造天，駕潊灄之紫霞，枕清泠之玉泉。鸞鳳不集於蓬藋，至人必宅於勢勝，誠如是也。洪鐘待叩，童蒙求我，川流星聚，虚往實歸。或接武於林樾，或駢肩於廬舍，户外之屨，爛其室盈矣。荆州雄藩也，都人士女動億萬計，莫不擎跪稽首，嚮風作焉。崇業上首以狀于連帥而邀之，不違願力，聿來赴請。羼及於虚落，錫及於都城。白黑爲之步驟，幡幢爲之轇轕，生難遭想，得未曾有。彼優波鞠多者，夫何足云！

有天皇寺者，據郡之左，標異他刹，號爲名藍，困於人火，蕩爲煨燼。僧坊主靈鑒族而謀之，以爲滿人攸居，必能福我。夫荷檐大事，蔑棄小瑕。乃中宵默往，肩轝而至。二寺夕有所失，朝有所得，諍論鋒起，達於尊官。重於返復，畢安其處。江陵尹右僕射裴公，搢紳〔五〕清重，擁旄統衆，風望眄睞，當時準程，驅車盛禮，問法勤至。悟神氣灑落，安詳自處，徐以軟語，爲之獻酬，必中精微，洞過肯綮。又常秉貞操，不修逢迎，一無卑貴，坐而揖對。裴公訝其峻拔，徵其善趣，謂「抗俗之志當徑挺和是邪」？悟以爲「是法平等，不見主客，豈効世諦，與人居而局狹邪？」裴公理冥意會，投誠歸命。既見仁者，我心則降，如熱得濯，躁憒冰散。自是禪宗之盛，無如此者！元和丁亥歲有背痛疾，命弟子先期告終，以夏四月晦〔六〕奄然入滅。春秋六十，僧臘三十五〔七〕。以其年八月五日葬之郡東隅，靈龕建塔，從僧禮也。

悟身長七尺，神韻孤傑，手文魚躍，頂骨犀起。行在於瓔珞，志在於華嚴，度人説法，雄健猛利。其一旨云「垢浄共住，水波同體，觸境迷著，浩然忘歸。三世平等，本來清浄。

一念不起，即見佛心。」其悟解超頓，爲若此也。

先是煙燄之末，殿宇不立，顧緇褐且虧瞻禮，密念結構，罔知權輿。禪宴之際，若值神物，自道祠舍濱江水焉。凡我疆畛，富於松梓，悉願傾倒，施僧伽藍。命工覘之，宛若符契。於是斬巨棟，幹脩楹，撑崖拄壑，雲屯井構。時維秋杪，水用都涸，徒衆斂手，塊然無謀。會一夕雨至，萬株並進，晨發江滸，暮抵寺門。剞劂之際，動無乏者。其餘廊廡牀案，靡非幽贊。事鄰語怪，闕而不書。其感攝靈祇，皆此類也。比丘慧真、文賁等禪子幽閑，皆入室得悟之者，或繼坐道場，或分枝化導。時太常協律符載著文頌德焉。世號天皇門風也。

又唐澧州龍潭禪院釋崇信，未詳氏族。信在俗爲渚宮胡餅師之子，弱齡宛異，神府寬然。昔天皇寺悟禪師隱耀藏光，人莫我測。信家居寺巷，恒日提餅笥饋悟公齋食。食畢，且留一餅曰：「吾惠汝，以蔭子孫。」信一日自念曰：「餅是我持去，何以返遺我邪？莫別有旨乎？」遂拱手問焉。悟公曰：「是汝持來，復汝何咎？」信聞似有驚怪，因勸出家，便求攝受，曰：「爾昔崇福善，今信吾言。」故名之也。由是躬于井臼，供億服勤。乃問悟云：「未蒙指示心要。」悟公云：「時時相示。」信准稟斯言，如遊子之還家，若貧人之得寶。直從荆渚乃詣澧陽龍潭棲止。因李翺尚書激揚，時乃出世。後德山鑒師出其門，宗風大盛矣。

唐鄴都圓寂傳十一 掘多

釋圓寂，不知何許人也。恒以禪觀爲務，勤修匪懈，就嵩山老安禪師請決心疑，一皆明焕。寂化行相部，依附者多。久居天平等山，稠禪師往跡無不偏尋。時大司空嚴綬傾心信重。享壽一百五十五歲，咸亨二年己巳歲生。按咸亨二年辛未，合云總章二年己巳也〔一〕。世號無生和尚是歟。寂之高岸，恒不欲人致禮邀請，必有不可犯之色，時或非之。然則志意修則驕富貴，道義重則輕王公，非其傲誕，勢使然也。

釋掘多者，印度人也。從踰沙磧，向慕神州，不問狄鞮，旋通華語，而尚禪定。徑謁曹溪能師，機教相接，猶弱喪還家焉。多遊五臺，路由定襄。歷村見一禪者結庵獨坐，問之曰：「子在此奚爲？」曰：「吾觀静。」多曰：「觀者何人？静者何物？得非勞子之形，役子之慮乎？」其僧茫昧〔二〕，拱默而已，作禮數四，請垂啓發。多曰：「子出誰門邪？」曰：「神秀大師。」多曰：「我西域異道寔繁有徒，最下劣者，不墮此見。兀然空坐，蓐爛身疲，初無深益。子莫起如是見，立如是論。」早往韶陽請決所疑。能曰：「子何不自觀自静邪？不觀相，不觀如，子遊歷日用，自然安樂也。」一如多所言，略無少異。伊僧起開〔三〕羅網。多後莫知攸往。

唐袁州陽岐山甄叔傳十二

釋甄叔，不知何許人也。幼而聰敏，倜儻不羈。心目融明，具大人相。觀生死輪上，見九地羣迷，猶如蟭螟處在蚊睫。受勝妙欲，似嚼蠟無味。遂投簪削頂，具佛幖幟，求正覺了義，扣大寂禪師，一造玄機，萬慮都寂。乃曰：「羣靈本源〔一〕，假名爲佛，體竭形消而不滅，金流樸散而常存。性海無風，驚波自湧。心虛〔二〕絶兆，萬象齊照。體斯理者，不言而徧歷沙界，不用而功益玄化。如何背覺，反合塵勞，於陰界中，妄自囚繫。」〔三〕於是形同水月流浪人天哉。

叔見宜春陽岐山羣峯四合，歎曰：「坤元作鎮，造我法城。」纔發一言，千巖響答，松開月殿，星布雲廊，青嵐域中化出金界。始從宴坐，四十餘年，滿室金光，晝夜常照。於是化緣已畢，機感難留。元和庚子〔四〕歲正月十三日，忽棄塵區，還歸大定。門弟子如坦、良寶等心没悲海，哀聲動山，如月隱天，羣星失耀。大集衆木，積爲香樓，用作荼毗，獲舍利七百粒，於東峯下建窣堵波。上足〔五〕任運者命志閑爲碑紀述矣。

唐新吴百丈山懷海傳十三

釋懷海，閩人〔一〕也。少離朽宅，長遊頓門，稟自天然，不由激勸。聞大寂始化南康，操心依附，虛往實歸，果成宗匠。後檀信請居新吳界，有山峻極，可千尺許，號百丈歟？海既居之，禪客無遠不至，堂室隘矣。且曰：「吾行大乘法，豈宜以諸部阿笈摩教爲隨行邪？」或曰：「瑜伽論、瓔珞經，是大乘戒律，胡不依隨乎？」海曰：「吾於大小乘中博約折中，設規務歸於善焉。」乃創意不循律制，別立禪居。初自達磨傳法至六祖已來，得道眼者號長老，同西域道高臘長者呼須菩提也。然多居律寺中，唯別院異耳。又令不論高下，盡入僧堂。堂中設長連牀，施椸架挂搭道具。臥必斜枕牀脣，謂之帶刀睡，爲其坐禪既久，略偃亞〔二〕而已。朝參夕聚，飲食隨宜，示節儉也。行普請法，示上下均力也。長老居方丈，同維摩之一室也。不立佛殿，唯樹法堂，表法超言象也。其諸制度，與毗尼師一倍相翻，天下禪宗如風偃草。禪門獨行，由海之始也。以元和九年甲午歲正月十七日歸寂，享年九十五矣。穆宗長慶元年，勑謚大智禪師，塔曰大寶勝輪焉。

系曰：自漢傳法，居處不分禪律，是以通禪達法者，皆居一寺中，院有別耳。至乎百丈立制，出意用方便，亦頭陀之流也。矯枉從端，乃簡易之業也。所言自我作古。古，故也；故，事也。如立事克成，則云自此始也；不成，則云無自立辟。今海公作古，天下隨之者，益多而損少之故也。謚海公爲大智，不其然乎？語曰：「利不百，不變格。」將知變斯格，厥利多矣。彌沙塞律有諸，雖非佛制，諸方爲清淨者不得不行也。

唐潭州翠微院恒月傳十四真亮

釋恒月，姓韓氏，上黨人也。厥父爲土監〔一〕商，西江往還，俄遇剽略溺死。月雖幼弱，念父葬于魚腹，母又再行，乃決志出家，求報恩育。受教於聖善寺慧初。得度已，造嵩山禪會，便啓發心要。後訪道尋師，靡憚夷險，抵望湖山翠微巖下古院挂錫。四方學者如蜂得王，翕然盛化。建中元年，示疾而終，春秋七十九。其年三月十二日遷塔焉。

洛京廣愛寺釋真亮，姓侯氏，景城人也。家訓儒雅，辭彩粲然。潔素持操，與羣少年有異。忽以樊籠爲厭，且曰：「去情除鏟，是所願也。」遂於本州開元寺智休師下披染服。然其刈薪汲水，率先於人，習行頭陀行。受具已，遊嵩少，遇普寂獎訓，頓開蒙昧。入龍門山，居而禪默，問津者交集，聲望日隆。屬留守尚書王公鐸保釐，聞而欽奉，召入廣愛寺，別住居焉。示人禪觀，匪倦教詔，得道者亦多矣。以貞元四年十一月三日，忽告門人以桑榆末照，誠難久留。囑累而終，年八十八焉。

唐襄州夾石山思公傳十五曇真

釋思公，姓李氏，恒陽人也。早出家于本府龍興寺。得度後，遊伊洛間，見普寂禪師，開暢禪法。寂始見提誘，尋徹鉤深。至南雍，隱夾石山，翛然自處。屬牛公觀政漢南，聞其聲續，請入城，謝病不應其命。牛帥亦不奪其志，檀施相望。學衆侁侁，若栴檀之圍遶焉。以興元初年示疾歸滅，春秋八十四焉。

亳州安國院釋曇真，姓陳，維青人也。少小隨父往彭門〔一〕，鬻束於逆旅，而亡所怙。真嘆恨無依，乃投徐大雲寺爲僧。其土是嵩法師之後，經論藪澤，真翫習該通。後遊勝境，入嵩山學禪觀。已至任城，邂逅李中丞諷赴職譙郡，接真談道，抵掌盱衡，如披雲霧。李恨相識之晚，請以同行。時聚風亭月觀，談道達旦。李後入爲京尹，因從容稱奏真道盛德至。德皇下詔徵，而不奉詔。貞元七年四月示滅，門人建塔云。

唐定州大像山定真院石藏傳十六

釋石藏，姓吕，漢東人也。年齠小學，露成人之度，跪告堂親，願爲佛子。遂志入開元寺削染受戒，尅願禮嵩山寂禪師，豁悟禪法。至中山大像峯間石室，孤坐冥寂，數夏安然。同好者望風而至，蔚成叢衆。陶化博陵，人咸欣戴。會州帥李公卓翹仰之切，命入城住，貴親玄論。謝云：「野性難拘，不閑禮法，恐玷威稜。」卓躬登山訪問，欵密交談，深開昏昧。遂奏院題額曰定真焉。藏預白衆訣别，明日坐亡，春秋八十二。貞元十六年正月入塔，立碑頌德云。

校勘記

道一傳

〔一〕足文大字，傳燈録卷六作「足下有二輪文」。權德輿道一禪師塔銘云：「足文理而成字。」（權載之文集卷二十八）

〔二〕遂於臨川……二山，塔銘云：「禪坐於撫之西裡山，又南至于虔之龔公山。」

〔三〕連率路公，塔銘云：「尚書路冀公之爲連帥也。」傳燈録云：「連帥路嗣恭。」率與帥通用。

〔四〕僧臘五十，塔銘作「夏臘六十」。又記其卒時爲「貞元四年二月庚辰」。

〔五〕大寂禪師，按傳燈録道一傳尾有注云：「高僧傳云大覺禪師。」大覺乃智藏之謚號，見於下文附傳中，燈録節取其文，誤以爲道一之號，非僧傳如此也。又佛祖通載卷十九謂「宣宗賜謚大寂禪師」，與此傳亦殊，疑宣是憲之誤。

〔六〕李澈，揚州本、大正本澈作渤。澈乃渤之或作。

光瑶傳

〔一〕抉瞙，原本抉作決，從揚州本、大正本改。

〔二〕奏署，揚州本、大正本署作著。

〔三〕牛頭山，原本牛作半，誤，從揚州本、大正本改。

靈坦傳

〔一〕姪孫，賈餗大悲師碑銘作「族孫」。（唐文粹卷六十四）

〔二〕碑銘云：「年二十，歷太子通事舍人。」

〔三〕移會于弋陽，碑銘云：「時天寶十二載也。」

〔四〕廬州浮槎寺，碑銘作「廬江浮查寺」，查與槎通用。

〔五〕奏曰，原本奏作癸，從揚州本、大正本改。

〔六〕澤心，宋本心下有寺字。

〔七〕元和五年李公鄘之理廣陵也，碑銘云：「元和三年故丞相趙公之爲揚州也」。按趙公謂李吉甫，曾爲丞相，封趙國公，其任淮南節度使在憲宗元和三年至五年。李鄘繼任在元和五年至十二年。（詳吴廷燮唐方鎮年表）碑銘與傳，一據靈坦始至而言之，一據後來而言之，二者不悖。

〔八〕僧臘八十四，碑銘「八十四」作「八十八」。

道通傳

〔一〕四年，傳燈録卷六年下有「二月初」三字。

〔二〕秀利，傳燈録利作麗。

懷暉傳

〔一〕懷暉，傳燈録卷七作懷惲。按權德輿百巖禪師碑銘亦作「懷暉」。（權載之文集卷十八）惲字誤。

〔二〕泉州人，傳燈録作「泉州同安人」。

〔三〕百家巖，傳燈録作「栢巖」。按碑銘作「百巖」。

〔四〕憲宗，原本宗作非，從揚州本、大正本正。

〔五〕章敬寺，碑銘章作彰。

〔六〕元和十年，傳燈録作「元和十三年」。按碑銘亦作「十年」，同此傳，當以爲正。

遺則傳

〔一〕遺則，傳燈録卷四作「惟則」。

〔二〕二十歲爲僧臘五十有八而終，傳燈録作「壽八十，臘五十有八」，與此異。

靈默傳

〔一〕白砂，揚州本砂作沙。

〔二〕茅苫，原本苫誤作苦，從揚州本、大正本改。

道悟傳

〔一〕法王子，原本無法字，揚州本、大正本同，宋本有。按有者爲是，今從補。法王子猶言佛子。

〔二〕眈眈，揚州本、大正本作耽耽。按周易頤卦亦作「眈眈」，耽乃同音借字。

〔三〕石頭，原本石作不，從揚州本、大正本改。石頭即希遷和尚。

〔四〕謁石頭上士，按傳燈録卷十四云：「唐大曆中，（道悟）抵鍾陵，造馬大師，重印前解，法無異説。復住二夏，乃石頭遷大師。」與此所記時期稍異。此傳係據符載所撰碑文（略見於五燈會元附注中引）。而丘玄素天王道悟禪師碑則云：「三十參石頭，頓沐指示。……次謁忠國師。三十四，與國師侍者應真南還，謁馬祖。」又不同。

〔五〕搢紳，揚州本、大正本搢作縉。按二字通用。

〔六〕四月晦，符碑作「四月十三日」。（五燈附注引）丘碑作「元和三年戊子十月十三日」。（同上引）

〔七〕春秋六十僧臘三十五，按符碑同。丘碑作「年八十二，坐六十三夏」。陳垣對丘碑懷疑，詳釋氏疑年録卷五。

圓寂傳

〔一〕按咸亨……己巳也，大正本此夾注作正文。按總章二年己巳前於咸亨二年。

〔二〕茫昧，原本昧作味，從揚州本、大正本改。傳燈録卷五作「茫然」。

〔三〕起開，揚州本、大正本起作抉。

甄叔傳

〔一〕本源，傳燈録卷八本作一。

〔二〕心虚，傳燈録虚作靈。

〔三〕囚縶，傳燈録縶作執。

〔四〕庚子，原本庚誤作康，從揚州本、大正本改。傳燈録作「十五年」，即庚子歲。

〔五〕上足，原本足作兄，從揚州本、大正本改。

懷海傳

〔一〕閩人，傳燈録卷六作「福州長樂人」。

〔二〕偃亞，傳燈録附百丈禪門規式作偃息。

恒月傳

〔一〕鹽商，揚州本、大正本鹽作監，宋本、元本作鹽。按鹽俗作塩（見廣韻），監又塩之或作。

思公傳

〔一〕彭門，揚州本、大正本作「彭城」。

大宋高僧傳卷第十一

習禪篇第三之四 正傳二十一人 附見四人

唐洛京伏牛山自在傳一 一鉢和尚 南印

釋自在，俗姓李，吳興人也，生有奇瑞。稍長，坐則加趺，親黨異之。辭所愛，投徑山出家〔一〕，於新定登戒。及諸方參學，從南康道一〔二〕禪師法席，懸解真宗，逸蹤流輩，道譽孔昭，行上優游。多隱山谷，四方禪侶叢萃其門。元和中，居洛下香山，與天然禪師爲莫逆之交。所遊必好古，思得前賢遺跡以快逸觀。龍門山得後魏三藏翻經處；王屋山得稠禪師解虎鬬處，此山飲甘泉，改爲甘泉寺；嵩山得梵法師馬跑泉。居無戀著，所著三傷歌，辭理俱美，警發迷蒙，有益於代。前蜀王氏僞乾德初，有小軍使陳公娶高中令駢諸孫女，若人持不殺二十餘年，後在蜀爲男婚娶，禮須屠宰。高初不欲，親戚言：「自己持戒，行禮酒筵將何以娛賓也？」依違之際，遂多庖割。俄未浹旬，得疾頗異，口但慌言，已而三宿還穌〔三〕，述冥間之事。初被黑衣使者追攝入岐府城隍廟，廟神峩冠大袖，與一金甲武士晤坐。使者領高見神，武士言語紛紜，讓高破戒，仍扼腕罵曰〔四〕：「吾護戒神將也。爲汝二十年食寢不遑，豈期忽起殺心，頓虧戒檢？命雖未盡，罪亦頗深，須送冥司懲其故犯。」城隍神問高曰：「汝更修何善追贖過尤乎？」高常誦持上生經，其數已多，于時懵然都無記憶，恐懼之間白曰：「誦得三傷頌、一鉢和尚歌。」遂合掌向神厲聲而念，神與武士聳耳擎拳立聽，顔色漸怡。及卒章，神皆涕淚，乃謂高曰：「且歸人間，宜切營善。」拜辭未畢，颯然起坐，備陳厥事。自此三傷、一鉢之歌頌，人皆傳寫諷誦焉。一鉢和尚者歌詞叶理，激勸憂思之深，然文體涉里巷，豈加〔五〕三傷之典雅乎？

在遺弟子去江南，選山水之最者，「吾願往中終老」。到江州都昌縣有好林泉，迴報。在行至葉縣，道俗所留。往隋州〔六〕開元寺示滅，年八十一，則長慶元年也。

系曰：稽諸律藏，出家者犯戒，則招二罪，一違制，二業道也。高氏在家素不受戒，無違制愆，俗容有業道罪，寧得有護戒神邪？況高氏既持不殺，則冥然感止持無作之善生焉。因鮮克有終，致遭幽責，告諸五衆，常畏護戒之神。夫如是，明則有戒法，幽則有鬼神歟！

次成都府元和聖壽寺釋南印，姓張氏。明寤之性，受益無厭，得曹溪深旨，無以爲證。見淨衆寺會師，所謂落機之錦，濯以增妍，銜燭之龍，行而破暗。印自江陵入蜀，於蜀江之南壖，薙草結茆〔七〕，衆皆歸仰，漸成佛宇，貞元初年也。高司空崇文平劉闢之後，改此寺爲元和聖壽，初名寶應也。印化緣將畢，於長慶初示疾入滅。營塔葬于寺中。會昌中毀塔，大中復於江北寶應舊基上創此寺，還名聖壽。印弟子傳嗣有義倪，復興禪法焉。

唐汾州開元寺無業傳二

釋無業姓杜氏，商州上洛人也。其母李氏忽聞空中言曰：「寄居得否？」已而方娠。誕生之夕，異光滿室。及至成童，不爲戲弄，行必直視，坐即加趺。商於緇徒，見皆驚歎，此無上法器，速令出家，紹隆三寶。年至九歲，啓白父母，依止本郡開元寺志本禪師，乃授與金剛、法華、維摩、思益、華嚴等經，五行俱下，一誦無遺。年十二，得從剃落。凡參講肆，聊聞即解。同學有所未曉，隨爲剖析，皆造玄關。至年二十，受具足戒於襄州幽律師，其四分律疏，一夏隸習，便能敷演。兼爲僧衆講涅槃經，法筵長開，冬夏無倦，可謂生肇不泯，琳遠復興。後聞洪州大寂禪門之上首，特往瞻禮。業身逾六尺，屹若山立，顧必凝睇，聲佇洪鐘。大寂一見異之，笑而言曰：「巍巍佛堂，其中無佛。」業於是禮跪而言曰：「至如三乘文學，粗窮其旨。嘗聞禪門即心是佛，實未能了。」大寂曰：「只未了底心即是，別物更無。不了時，即是迷。若了，即是悟。迷即衆生，悟即是佛。道不離衆生，豈別更有佛！亦猶手作拳，拳全手也。」業言下豁然開悟，涕淚悲泣，向大寂曰：「本謂佛道長遠，勤苦曠劫，方始得成。今日始知法身實相本自具足，一切萬法，從心所生，但有名字，無有實者。」大寂曰：「如是如是，一切法性不生不滅，一切諸法本自空寂。經云：『諸法從本來，常自寂滅相。』又云：『畢盡空寂舍。』又云：『諸法空爲座。』此即諸佛如來住此無所住處。若如是知，即住空寂舍，坐空法座，舉足下足，不離道場。言下便了，更無漸次，所謂不動足而登涅槃上者也。」

業既傳心印，尋詣曹溪禮祖塔，廻游廬嶽、天台及諸名山，徧尋聖跡。自洛抵雍，憩西明寺，僧衆咸欲舉請充兩街大德，業默然，歎曰：「親近國王大臣，非予志也！」於是至上黨，節度使相國李抱真與馬燧累有戰功，又激發王武俊同破朱滔，功多勢盛，然好聞賢善，雖千里外必持幣致之。深重業名行，旦夕瞻禮，麾幢往來。常有倦色，謂門人曰：「吾本避上國浩穰名利，今此又煩接君侯，豈娱心〔一〕哉！」言訖，逍遥縣上抱腹山。又往清涼山，於金閣寺讀大藏經，星八周天，斯願方畢。

復振錫南下，至于西河，初止衆香佛刹，州牧董叔纏請住開元精舍。業謂弟子曰：「吾自至此，不復有遊方之意，豈吾緣在此邪？」於是撞鐘告衆，作師子吼，雨大法雨，垂二十年。并汾之人悉皆嚮化。

憲宗皇帝御宇十有四年，素嚮德音，乃下詔請入内，辭疾不行。明年再降綸旨，稱疾如故。穆宗皇帝即位之年，聖情虔虔，思一瞻禮，乃命兩街僧録靈準〔二〕公遠賫勑旨迎請。

準至作禮，白之曰：「知師絶塵物表，糠粃世務。法委國王，請師熟慮！此廻恩旨，不比常時，願師必順天心，不可更辭以疾。相時而動，無累後人。」業笑曰：「貧道何德，累煩聖主？行即行矣。道途有殊。」於是剃髪澡浴，至中夜，告弟子慧愔等曰：「汝等見聞覺知之性與太虛同壽，不生不滅。一切境界本自空寂，無一法可得迷者。不了即爲境惑，一爲境惑，流轉不窮。汝等常知〔三〕心性本自有之，非因造作，猶如金剛不可破壞。一切諸法如影如響，無有實者，故經云：『唯有一事實，餘二則非真。常了一切空，無一物當情。』是諸佛同用心處。汝等勤而行之！」言訖，加趺而坐，奄然歸寂。嗚呼，可謂於生死得自在也！俗齡六十二，僧臘四十二。道俗號慕，如喪考妣，乃備香花幢幡，遷全身就于城西練若，積香薪而行荼毗。乃有卿雲自天，五色凝空，異香西來，郁馥氛氳，闔境士庶咸皆聞覩。及薪盡火滅，獲設利羅，璨若珠玉。弟子慧愔、行勤、虔縱、義幽、元度、恒泰等泣血收之，殮以金棺。乃命郢匠琢石爲塔，以長慶三年十二月二十一日安葬于練若之庭。業遷化之歲，州牧楊潛得僧録準公具述其事，遂爲碑頌。勑謚大達國師，塔號澄源焉。

唐長沙東寺如會傳三

釋如會，韶州始興人也。大曆八年，止國一禪師門下，後歸大寂法集。時禪客仰慕，決求心要，僧堂之内，牀榻爲之陷折，時號「折牀會」，猶言鑿佛牀〔一〕也。後徇請居長沙東寺焉。自大寂去世，其法門鼎盛，時無可敵，諺謂東寺爲「禪窟」，斷可知矣。時相國崔公群慕會之風，來謁于門，答對瀏亮〔二〕，辭咸造理。自爾爲師友之契。初群與皇甫鏄議上憲宗尊號，因被鏄搆，出爲湖南觀察，閑豫，歸心于會也。至穆宗長慶癸卯歲，終于寺，春秋八十。時井泉預枯，異香馝馥。遷塔于城南，廉使李翺盡毁近城墳塔，唯留會所瘞浮圖，以筆題曰：「獨留此塔，以別賢愚矣。」劉腊部軻著碑焉。勑謚傳明大師，塔曰永際。亦呼所居爲「夾山和尚」是歟。

唐南陽丹霞山天然傳四

釋天然，不知何許人也。少入法門，而性梗概，謁見石頭禪師，默而識之，思召其自體得實者，爲立名天然也。乃躬執爨，凡三年，始遂落飾。後於嶽寺希律師受其戒法，造江西大寂會。寂以言誘之，鷹答雅正。大寂甚奇之。次居天台華頂三年，又禮國一大師。元和中，上龍門香山，與伏牛禪師爲物外之交。後於慧林寺遇大寒，然乃焚木佛像以禦之。人或譏之，曰：「吾荼毗舍利〔一〕。」曰：「木頭何有？」然曰：「若爾者，何責我乎？」元和三年，晨過天津橋，橫卧，會留守鄭公出，呵之不去。乃徐仰曰：「無事僧。」留守異之，乃奉束素衣兩襲，月給〔二〕米麪。洛下翕然歸信。至十五年春，言「吾思林泉」，乃卜〔三〕南陽丹霞山結庵。以長慶四年〔四〕六月告門人曰：「備沐浴，吾將欲行矣。」乃戴笠策杖入履，垂一足，未及地而卒，春秋八十六〔五〕。膳部員外郎劉軻撰碑紀德焉。敕謚智通禪師，塔號妙覺。

唐常州芙蓉山太毓傳五

釋太毓，姓范氏，金陵人也。年纔一紀，志在出家，乃禮牛頭山忠禪師而師事焉。於是勇猛精進，求其玄旨，法器外朗，神襟內融。雖明了一乘，而具足萬行。往雍京安國寺，進受具戒，裒然出衆。加復威儀整肅，妙相殊特，如大海之不可測，如虛空之不可量。巡禮道場，攝心浄域，雖智能通達，不假因師，而印可證明，必從先覺。遂謁洪井〔一〕大寂禪師，覩相而了達法身，刹那〔二〕而頓成大道。于時天下佛法極盛，無過洪府，座下賢聖比肩，得道者其數頗衆。毓與大徹〔三〕禪師、大宣教禪師、大智禪師，皆昆仲也，既而南北觀方，曾無告憚，俾廣聞見，閑養聖胎耳。

元和十三年，止於毗陵義興芙蓉山，故得名于山焉。毓爲緣作因，有應無著，故所居感化，所至悦隨，道俗相望，動盈萬數。自此江南〔四〕之人悟禪理者多矣。時相國崔公群坐失守出分司，後爲華州，由三峯出鎮宣城。其地雖邇，其人則遐。崔公深樂禮謁，致命誠請，毓以感念而現，大悲爲心，莫不果欲隨緣，遊方順命。

寶曆元年至于宛陵〔五〕禪定寺，所以隨順而揚教也。至明年，告歸齊雲山。九月合朔，色相不動而示滅于山之院，享年八十，僧臘五十八。是日也，天地如慘，草木如摧，鳥獸悲啼，雲泉斷咽。緇徒士庶，孺慕充窮〔六〕。十月，棲神于院之庭，從其宜也。弟子志孚、契真、清斡等慨吾師示滅而後學徒存。大和二年，相國韋處厚素尚玄風，道心惇篤，以事奏聞。天子爰降德音，褒以殊禮，追謚號塔名〔七〕。越州刺史陸亘摛翰論譔焉。

唐南嶽西園蘭若曇藏傳六靈象　超岸

釋曇藏不知何許人也，得禪訣於大寂之門。後見石頭希遷禪師，所謂再染謂之赬也。貞元二年，嘉遁于衡嶽，棲止峯之絕頂。晚年苦於脚疾，移下西園結茅，參請者繁熾。大和元年終于嶽中，享齡七十。

先是藏養一犬，尤靈，嘗夜經行息坐次〔一〕，其犬銜藏之衣歸房，乃於門閫旁伏守，而吠聲不絕，頻奮身作猛噬之勢。詰旦視之，東厨有大蟒蛇，身長數丈，蟠繞小舍，爲之岌嶪。呀張其口，虓闞其聲，毒氣漫然。侍者白藏亟去廻避，藏曰：「死而可逃，何遠之有？彼以毒來，我以慈受。毒無自性，激發則强。慈苟無緣，寃親一揆。無人無我，法性俱空。」言訖，其蟒蛇按首徐行，閃然不見。又嘗一夜，有群盜，其犬亦銜藏衣。藏語盜曰：「諸君，山叟茅舍有中意物，任拈去，終無少悋之分。」盜感其言，散分下山矣。

又荆州永泰寺釋靈象，姓蕭氏，蘭陵人也。其胄裔則後梁爲周所滅，支屬星分，象父居長沙爲編户矣。生象，宛有出塵之誓，遇諸禪會，罕不〔二〕登臨，止泊維青，優遊自得。長慶元年住百家巖寺。未幾，徙步江陵，太守王潛請居永泰寺。太和三載六月二十三日，終于住寺，春秋七十五。建塔于州北，存焉。

又釋超岸，丹陽人也。先遇鶴林素禪師，處衆〔三〕拱默而已。天寶二載，至撫州蘭若，得大寂開發。四方毳侶依之。

唐鄂州大寂院無等傳七

釋無等姓李氏，今東京尉氏人也。負志卓犖，辭氣貞正。少隨父官于南康，頻遊梵刹，向僧瞻像，往即忘歸。既作沙門，遇道一禪師在龔公山，學侶螘慕。等求法於其間，挺然出類。元和七年遊漢上。後至武昌，覩郡西黄鵠山奇秀，遂結茅分衛。由此巴、蜀、荆、襄尚玄理者，無遠不至矣。太和元載，屬相國牛公僧孺出鎮三江，聞等道香，普熏遐邇，命駕枉問。風虎相須，爲法重人。牛公慮其蘭若不繇名籍，特爲奏題曰「大寂」也。憧憧往來，堂無虚位〔一〕。至四年十月示滅，年八十二。弟子誓通奉全身入塔焉。

唐天目山千頃院明覺傳八

釋明覺俗姓猷，河内人也。祖爲官嶺南，後徙居爲建陽人也。覺儒家之子，風流藴藉，好問求知，曾無倦懈。宿懷道性，聞道一禪師於佛跡嶺行禪法，往造焉，遂依投剃染。由此即願觀方衡嶽、天台、四明，徧嘗法味。復於徑山留心請決數夏，負薪，面皯〔一〕手胝。下山至杭州大雲寺，禁足院門。續移止湖畔青山頂，結庵而止。屬范陽盧中丞嚮風躬謁，召歸州治大雲寺住持。元和十五年避嫌遠囂，隱天目山。是山也特秀，基墟跨涉四郡。有上下龍潭，深不可測，怪物往往出于中。有白鹿，毛質詭異，土人謂爲山神也。覺遁是中，檀信爲禪宇。長慶三年春及冬至明年二月大旱，野火蔓筵〔二〕，欲燒院，僧惶懅，覺曰：「吾與此山有緣，火當速滅。」少選，雷雨驟作，其火都滅，遠近驚嘆。以大和〔三〕五年七月十九日示疾而亡。

唐杭州秦望山〔一〕圓脩傳九

釋圓脩姓潘氏，福州閩人也。生而歧嶷，長而俊邁。忽思拔俗，尋事名師，剔髮變衣，年滿，於嵩陽會善寺納戒。既而儀表容與，日新厥德，研窮經論，俄約觀方。遇百丈山海禪師，根教相符，遂明心要。持盃振錫，而抵于杭。見秦望山峻極之勢，有長松枝繁結蓋，遂棲止于松巔。時感鵲復巢於橫枝，物我都忘〔二〕，羽族馴狎。由茲不下，近四十秋。每一太守到任，則就瞻仰，號鳥窠禪師焉〔三〕。洎元和初，邦伯裴常棣酷重其道，請下結庵者至于三四，或爲參請去説法，裴侯命八屬宰官同力造伽藍，移廢額曰招賢以居之。

大和七年癸丑歲九月二十二日，端坐，怡然歸寂，享年九十九，僧臘八十。杭之累政良守無不傾重，稅駕樹陰，請談玄機，不覺更僕移辰矣。今塔在石甑山下，南嶽僧唯貞爲塔銘焉。近有盜發其塔，且多怪異，止收得銘誌而已。

唐池州南泉院普願傳十

釋普願，俗姓王，鄭州新鄭人也。其宗嗣於江西大寂，大寂師南嶽觀音讓，讓則曹溪之冢子〔一〕也，於願爲大父〔二〕，其高曾可知也，則南泉之禪有自來矣。願在孕，母不喜葷血。至德二年，跪請於父母乞出家，脱然有去羈鞅之色。乃投密縣大隈山大慧禪師受業，苦節篤勵，胼胝皸瘃，不敢爲身主，其師異之。大曆十二年，願春秋三十矣，詣嵩山會善寺暠律師受具，習相部舊章，究毗尼篇聚之學。後遊講肆，上楞伽頂，入華嚴海會，抉中百門觀之關鑰，領玄機於疏論之外。當其鋒者，皆旗靡轍亂。大寂門下八百餘人，每參聽之後，尋繹師説，是非紛錯。願或自默而語，群論皆弭曰：「夫人不言乃言爾耳。」自後舍景〔三〕匿耀，似不能言者，人以其無法説，或扣其關，亦堅拒不洩。時有密賾其機者，微露頭角，乃知其非無法説，時未至矣。

貞元十一年，挂錫池陽南泉山，堙谷〔四〕刊木，以構禪宇，蓑笠飯牛，溷于牧童。斫山畬田，種食以饒。足不下南泉三十年矣。夫洪鐘不爲莛撞〔五〕發聲，聲之者，故有待矣。

大和年初，宣使〔六〕陸公亘、前池陽太守皆知其抗迹塵外，爲四方法眼，與護軍〔七〕彭城劉公同迎請下山，北面申禮。不經再歲，毳衣之子奔走道途，不下數百人。大和甲寅歲〔八〕十月二十一日示疾。十二月二十三日，有白虹貫於禪室後峯，占之者：得非南泉謝世乎？是日西峯巨石崩，聲數十里。當晝，有乳虎遶禪林而號，衆咸異之。二十五日東方明，告門人曰：「星翳燈幻亦久矣，勿謂吾有去來也。」言訖而謝，春秋八十七，僧臘五十八。契元、文暢等凡九百人，皆布衣墨巾，泣血于山門。赴喪會葬者相繼於路，哀號之聲震于崖谷。乙卯歲，門人奉全身於靈塔，從其教也。膳部員外郎史館修撰劉軻欽若前烈，追德頌美焉。

唐澧陽雲巖寺曇晟傳十一

釋曇晟，俗姓王氏，鍾陵建昌人也。始生有自然胎衣右袒，猶緇服焉。遂請出家於石門，年滿具法，參見百丈山海禪師。二十年爲侍者，職同慶喜，法必我聞，身若中涓，心居散位。續受藥山舉發，全了無疑，化徒孔勤，受益者衆。以大和三年己酉〔一〕十月二十七日示滅〔二〕。勑謚大師〔三〕號無相〔四〕，塔名浄勝焉。

系曰：商那和脩，華言胎衣也，以其生帶衣而誕，似繒肉而非，幼爲綳褓，長且稱身；出家成法服，至入滅闍維，方爲煨燼焉。晟師之有胎衣，止不及爲嬰兒已往之服耳,此近叔離尼、商那尊者也,思過半矣。何邪?晟師去聖懸遠,和修佛滅百年將胎衣示有行果之徒也,今晟以胞衵絡化其教理之世,不其難乎!故曰思過半矣。

唐荆州福壽寺甄公傳十二

釋甄公,姓魯氏,江陵人也。少而警慧,七歲誦通詩雅,遂應州舉,三上中第,未釋褐。與沙門議論玄理,乃願披緇,投福壽寺辯初法師,以爲模範。後於洛京昭成寺講法數座,因禮嵩山禪師,通暢心決。方至丹陽茅山,尋挂錫於蘇州楞伽山,四遠參玄者駢肩疊足矣。時白樂天牧是郡,接其談道,不覺披襟解帶,心遊無物之場,得甄之閫閾矣。遂堅請出流水寺〔一〕,不樂安止,以山水爲娱情之趣耳。大和三年,示疾云終,九十歲。以其年四月十七日入塔焉。

唐趙州東院從諗傳十三

釋從諗,青州臨淄人也〔一〕。童稚之歲,孤介弗群,越二親之羈絆,超然離俗。乃投本州龍興伽藍〔二〕,從師翦落。尋往嵩山琉璃壇納戒,師勉之聽習,於經律但染指而已。聞池陽願禪師道化翕如,諗執心定志,鑽仰忘疲。南泉密付授之,滅跡匿端,坦然安樂。後於趙郡開物化迷,大行禪道。以真定帥王氏阻兵,封疆多梗,朝廷患之。王氏抗拒過制,而偏歸心於諗。諗嘗寄塵拂上王氏曰：「王若問何處得此拂子？答道老僧平生用不盡者物。」凡所舉揚，天下傳之，號趙州法道。語録大行，爲世所貴也〔三〕。

唐京兆華嚴寺智藏傳十四

釋智藏，姓黄氏，豫章上高人也。父爲洪州掾。藏隨父入報國寺，見供奉皓月講涅槃經，微體經意，樂入佛門。年甫十三，割恩愛，辭父母，於開元寺宗法師所受學。後脩禪法，證大寂、一公宗要矣。建中元年，入長安。盧元顥〔一〕素奉其道，舉奏入内供養，勑令住華嚴寺。輦轂之間，玄學者孔熾，就藏之門，若海水之歸投琴之壑矣。大和九年終于住寺，三月十二日入塔焉。

唐潭州道吾山圓智傳十五

釋圓智，俗姓張，豫章海昏人也。總丱之年，頓求出離，禮涅槃和尚，躬執缾屨。爰登戒地，誓叩禪門，見乎藥山，示其心決。後居長沙道吾山，海衆相從，猶蜂蟻之附王焉。以大和九年乙卯九月十一日長逝，享年六十七〔二〕。闍維，得不灰之骨數片，腦蓋一節，特異而清瑩，其色如金，其響如銅。乃建塔于石霜山，勑謚脩一大師。寶相之塔。得其道者則普會焉。智公初領悟藥山宗旨，儼師誨之曰：「吾無寶玉大弓以爲分器，今賞汝犢鼻一腰，雖云微末，而表親褻歟？」南嶽僧玄泰著碑頌。

唐明州大梅山法常傳十六

釋法常，俗姓鄭，襄陽人也。稚歲從師於荆之玉泉寺〔一〕。凡百經書，一覽必暗誦，更無遺忘。冠年，受具足品於龍興寺。容貌清峻，性度剛敏，納衣囊鉢，畢志卯齋。

貞元十二年，自天台之于四明餘姚之南七十里，寓仙尉梅子真之舊隱焉。昔梅福初入山也，見多龍穴，神蛇每吐氣成樓閣，雲雨晦冥。邊有石庫，内貯仙藥神仙經籍。常寄宿于房，乃夢神人語之曰：「君非凡夫，因話及石庫中聖書懸記既往將來之事，受之者爲地下主，不然爲帝王之師傅矣。」常謂之曰：「石庫之書，非吾所好。昔僧稠不顧仙經，其卷自亡。吾以涅槃爲樂，厥壽何止與天偕老邪？」神曰：「此地靈府，俗氣之人輒難居此，立致變怪。」常曰：「吾寓跡於梅尉之鄉，非久據焉。」因號梅山也。由是編苫〔二〕伐木，作覆形之調，居僅四十年，驗實非常之人也。開成年初院成，徒侶輻湊，請問決疑，可六七百納徒〔三〕矣。四年，常忽示疾。九月十九日，山林摇盪，鳥獸悲鳴，辭衆而逝，報齡八十八，戒臘六十九。十月十九日焚于南澗，收舍利，五色璨然圓轉焉。

常先隱梅嶺，有僧求拄杖見之，白鹽官安禪師曰：「梅子熟矣，汝曹往尋，幸能療渴也。」進士江積爲碑云爾。

唐揚州慧照寺崇演傳十七

釋崇演，姓段氏，東平人也。出家于本州龍興寺慧超法師之門。遊方問道，見嵩陽善寂禪師，示其心法。後居都梁山，當于〔一〕淮浦，四面來商毳客影附焉。相國李公紳鎮撫廣陵，而性剛嚴，少所接與，偏輕釋子。或允相見，必問難鋒起，祗應不供者，多咄叱而出。紳遣衙吏章幼成傳意召演入府，詶對詣理，談論鏗然。紳惘然，翻不測其畛域，特加歸信，請居慧照寺化導。同聲相應，僅于千衆。開成二年，終于浄院，春秋八十四。以十月二十三日全身入塔云。

唐杭州鹽官海昌院齊安傳十八

釋齊安，俗姓李，實唐帝系之英。先人播越，故生于海門〔一〕郡焉，深避世榮，終祕氏族。安在胎，母夢日兆祥。既誕而神光下燭。數歲，有異僧欵門召見，摩頂曰：「鳳穴振儀，龍宫藏寶，紹終之業，其在斯乎！」及臻丱角，亟請出家，父母呵止。安曰：「禄利之養，止於親爾。冥報之利，不其遠邪？珪組之榮，止於家爾。濟拔之益，不其廣邪？」二親感其言而順從，遂依本郡雲琮〔二〕禪師。雖勤勞謙默，和光同塵，而螢月殊暉，雞鶴異態。年滿登具，乃詣南嶽智嚴律師，外撿律儀，内照實相。後聞南康龔公山〔三〕大寂禪師隨化度人，慈緣幽感，裹足振錫，一日造焉。大寂欣其相依，論持不倦。及其蜕去，安盡力送終。元和末，安春秋已逾七十，而遊越之蕭山法樂寺，以其古製垣屋靡完，補壞扶傾，不克宴坐。時海昌有法昕者，緇林翹楚，於放生池壖廢地肇葺禪居焉。昕謙而不自有，延請安主之，四海參學者麏至焉。道化之盛，翕然推伏。安不言寒暑，不下堂廡，無流眄，無傾聽，如此者蓋有年矣。而又挺身魁岸，相好壯嚴，眉毫紺垂，顱骨圓聳，望之者如仰嵩華而揖滄溟，曾無測其高深也。以會昌二年壬戌十二月二十二日〔四〕泊然宴坐，俄爾示滅。先時竹栢盡死，至是精彩益振。爰有清響叩户，祥光滿室，如環佩之鏘鳴，若劍戟之交射。瑞相尤繁，事形別録。

又安懸知宣宗皇帝隱曜緇行，將來法會，預誡知事曰：「當有異人至此，禁雜言，止横事，恐累佛法。」明日，行脚僧數人參禮，安默識帝，遂令維那高位安置，禮殊他等。安每接談話，益知貴氣，乃曰：「貧道謬爲海衆圍遶，患齋不供。」就上座邊求一供疏。」帝爲操翰攄辭，安覽驚悚，知供養僧賫去，所獲豐厚，殆與常度不同。乃語帝曰：「時至矣，無滯泥蟠。」囑以佛法後事而去。帝本憲宗第四子，穆宗異母弟也，武宗恒憚忌之，沉之于宫廁，宦者〔五〕仇公武潛施拯護，俾髡髮爲僧，縱之而逸。周遊天下，險阻備嘗。因緣出授江陵少尹，實惡其在朝耳。武宗崩，左神策軍中尉楊公諷宰臣百官迎而立之，聞安已終，愴悼久之。勑謚大師曰悟空，乃以御詩追悼。後右貂盧簡求爲建塔焉。

唐京師聖壽寺恒政傳十九

釋恒政〔一〕，姓周氏，平原人也。未入法前，隨入鄉校，殊不嗜書籍。或見佛經，躭味不捨。後棄俗從師，就本州延和寺詮澄法師下受誦經法。既登戒已，問道于嵩少，決了〔二〕無壅，遁跡三峯，放蕩自在。無幾，入太一山中，甫行風教，學人豈慕。大和中，文宗皇帝酷嗜蜃蛤，沿海官吏先時遞進，人亦勞止。一日，御饌中盈柈而進，有擘不張呀者，帝觀其異，即焚香祝之。俄爲菩薩形，梵相克全，儀容可愛，遂致於金粟檀香合，以玉縣錦覆之，賜興善寺，令致禮之。始宣問群臣：「斯何瑞也？」相國李公德裕奏曰：「臣不足知，唯知聖德昭應。其諸佛理，聞終南山有恒政禪師，大明佛法，博聞強識。」詔入宣問，政曰：「貧道聞物無虚應，此乃啓沃陛下之信心耳。故契經中應以此身得度者，即現此身而爲説法也。」帝曰：「菩薩身已見〔三〕，未聞説法。」政曰：「陛下覩此爲常非常耶？信非信耶？」帝曰：「稀奇事朕深信焉。」政曰：「陛下已聞説法了。」皇情悦豫，得未曾有，勑天下寺院各立觀音像，以答殊休。其菩薩，至會昌毁佛舍，乃亡所在。因留政内道場中，累辭入山，宣住聖壽寺，至武宗即位，忽入終南。或問其故，曰：「吾避仇，烏可已乎哉？」後終山舍，年八十七。闍維，收舍利四十九粒，以會昌三年九月四日入塔。後有廢教之勑，政之先見，若合符節〔四〕焉。

系曰：蜃蛤中胡得菩薩像乎？通曰：「有所警發，時一現耳。近聞僞唐李氏國境薦饑，陂湖間多生廬蚌，百姓競取而食。其年免殍仆者十有七八。明年豐，民猶採之。無何，有獲巨蚌可二尺餘，提歸擘磔，擊滃曾無少損。其人呪垂放之，俄自開張，吐出佛像，長僅尺許，相好具全，若真珠色，號曰：『珠佛』焉。獻李氏，後遺與梵僧焉。此意所不及處現形者，蓋經中化肉山魚米以資饑饉。歲既豐登，胡不屬厭，故現相止足之也〔五〕。」

唐大潙山靈祐傳二十

釋靈祐，俗姓趙，祖父俱福州長溪人也。祐卄年戲于前庭，仰見瑞氣祥雲，徘徊盤鬱，又如天樂清奏，真身降靈，衢巷諦觀，耆艾莫測。俄有華巔之叟，狀類罽賓之人，謂家老曰：「此羣靈衆聖標異。此童，佛之真子也，必當重光佛法。」久之，彈指數四而去。祐以椎髻短褐，依本郡法恒律師執勞，每倍於役。冠年剃髮，三年具戒。時有錢塘上士義賓授其律科。及入天台〔一〕，遇寒山子於途中，乃謂祐曰：「千山萬水，遇潭即止。獲無價寶，賑卹諸子。」祐順途而念，危坐以思，旋造國清寺，遇異人拾得申繫前意，信若合符。遂詣泐潭謁大智師，頓了祖意。元和末，隨緣長沙，因過大潙山，遂欲棲止。山與郡郭十舍而遥，夐無人煙，比爲獸窟。乃雜猨猱之間，橡栗充食。浹旬，有山民見之，羣信共營梵宇。時襄陽連率李景讓統攝湘潭，願預良緣，乃奏請山門號同慶寺。後相國裴公相親道合。祐爲遭會昌之澄汰，又遇相國崔公慎由崇重加禮，以大中癸酉歲正月九日盥漱畢，敷座瞑目而歸滅焉。享年八十三，僧臘五十九〔二〕。遷葬于山之右梔子園也。四鎮北庭行軍涇原等州節度使、右散騎常侍盧簡求爲碑，李商隱題額焉〔三〕。

唐黄州九井山玄策傳二十一

釋玄策，俗姓魯，會稽人也。幼隨父商估，赴天台山光明會，乃隋朝智顗禪師立教，年別九月，遠近州邑黑白二衆鳩聚。策覩殊異，遂於禪林寺智廣師下出家。遊方見江西大寂，頓開翳障。及徧參問，覩黄陂九井山奇秀，乃結茅爲舍，學侶若蟬之走明也。或慰策曰：「師之耐寂漠〔一〕如此乎？」策曰：「致道者忘心矣，吾樂甚哉。」以大中八年現疾而滅。續勑謚大師曰圓寂，塔名智覺焉。

校勘記

自在傳

〔一〕投徑山出家，傳燈録卷七作「初依徑山國一禪師」。

〔二〕道一，傳燈録作「大寂」，乃道一之號。

〔三〕還穌，揚州本、大正本穌作蘇，同。

〔四〕罵曰，原本罵作篤，從揚州本、大正本改。
〔五〕豈加，加疑當作如，形近而誤。
〔六〕隋州，傳燈録作「隨州」。
〔七〕結茆，原本茆作苑，從揚州本、大正本改。

無業傳

〔一〕娱心，傳燈録卷八娱作吾。
〔二〕靈準，傳燈録作「靈皁」，下同。
〔三〕常知，揚州本及傳燈録常作當，較長。

如會傳

〔一〕佛牀，原本牀作休，從揚州本、大正本改。
〔二〕瀏亮，原本亮作穴，從揚州本、大正本改。

天然傳

〔一〕荼毗舍利，傳燈録卷十四作「燒取舍利」。
〔二〕月給，傳燈録月作日
〔三〕乃卜，原本卜作十，揚州本、大正本作入，宋本、元本作卜。按傳燈録云：「門人令齊、静方卜南陽丹霞山結庵以奉事。」則作卜爲是，今從改。十乃卜之形誤。
〔四〕長慶四年，傳燈録同，佛祖通載卷二十二次在文宗太和三年己酉。
〔五〕八十六，傳燈録及佛祖通載同。釋氏通鑑作「八十三」。

太毓傳

〔一〕洪井，前無業傳作「洪州大寂」，洪井即洪州之異稱。元和郡縣志卷二十八云：「隋置洪州，因洪崖井爲名。」

〔二〕刹那，原本刹作利，從揚州本、大正本改。

〔三〕大徹，大正本大作天。按大徹禪師即釋惟寬，見前，傳燈録列于道一法嗣下。作天者非。

〔四〕江南，原本江作法，從揚州本、大正本改。

〔五〕宛陵，原本宛作苑，從揚州本、大正本改。

〔六〕充窮，充疑是无之形誤。

〔七〕追謚號塔名，傳燈録卷七云：「大和二年，追謚大寶禪師，楞伽之塔。」

曇藏傳

〔一〕坐次，原本坐作生，從揚州本、大正本改。

〔二〕罕不，原本罕作空，從揚州本、大正本改。

〔三〕處衆，原本處作愛，從揚州本、大正本改。

無等傳

〔一〕虚位，原本位作泣，從揚州本、大正本改。

明覺傳

〔一〕面皯，原本皯作野，字書無此字。揚州本、大正本作皯，音釋同，云：「古旱切，面黑也。」今從正。

〔二〕蔓筵，揚州本、大正本筵作延。按此疊韻連綿詞，筵、延可通用。

〔三〕大和，揚州本、大正本大作太。太和爲文宗年號，此大字可讀作太。

圓脩傳

〔一〕秦望山，原本秦作泰，從揚州本、大正本改。傳文作秦，不誤。

〔二〕都忘，原本忘作亡，從揚州本、大正本改。

〔三〕禪師焉，原本焉作馬，從揚州本、大正本改。

普願傳

〔一〕冢子，原本冢作家，從揚州本、大正本改。

〔二〕大父，原本大作太，從揚州本、大正本改。

〔三〕舍景，揚州本、大正本舍作含。宋本、元本作舍，同此。

〔四〕堙谷，原本堙作煙，從揚州本、大正本改。

〔五〕莛撞，原本作「筵橦」，皆形之譌，從揚州本、大正本改。

〔六〕宣使，傳燈録卷八作「宣城廉使」。

〔七〕護軍，傳燈録作「監軍」。

〔八〕甲寅歲，按傳燈録作「大和八年甲寅」。佛祖通載卷二十二次願歿于文宗太和九年乙卯。隆興通論則作「五年（辛亥）」。各異。

曇晟傳

〔一〕大和三年己酉，傳燈録卷十四作「會昌元年辛酉」，相距十二年。

〔二〕示滅，傳燈録云：「壽六十。」

〔三〕大師，原本大作太，從揚州本、大正本改。

〔四〕無相，傳燈録及五燈會元卷五並作「無住大師」。

甄公傳

〔一〕流水寺，揚州本、大正本「流水」作「水流」。

從諗傳

〔一〕臨淄人，傳燈録卷十云：「曹州郝鄉人，姓郝氏。」

〔二〕龍興伽藍，傳燈録作「扈通院」。

〔三〕傳燈録云：「唐乾寧四年十一月二日右脅而寂，壽一百二十。後謚真際大師。」

智藏傳

〔一〕盧元顥，原本盧作廬，從揚州本改。

圓智傳

〔一〕年六十七，釋氏稽古略作「六十一」。

法常傳

〔一〕玉泉寺，傳燈録卷七此下云：「初參大寂。」

〔二〕編苫，原本苫作苦，從揚州本、大正本改。

〔三〕納徒，原本徒作往，從揚州本、大正本改。

崇演傳

〔一〕當于，原本于作干，義不通，應是于之形誤。揚州本作於，於于二字通用，據改。

齊安傳

〔一〕海門，盧蘭求杭州鹽官縣海昌院禪大師塔碑門作汀。（文苑英華卷八百六十八）
〔二〕雲琮，塔碑琮作宗。
〔三〕龔公山，塔碑公作工。
〔四〕二十二日，宋本、元本作「二十一日」，塔碑同。
〔五〕宦者，原本宦作官，從揚州本、大正本改。

恒政傳

〔一〕恒政，傳燈録卷四、佛祖通載卷二十二作「惟政」。
〔二〕決了，原本決作泱，從揚州本、大正本改。
〔三〕已見，傳燈録見作現。
〔四〕合符節，原本合作答，從揚州本、大正本改。
〔五〕之也，原本也作地，揚州本作也，宋本同，義較長，今從改。

靈祐傳

〔一〕天台，原本台作合，從揚州本、大正本改。
〔二〕僧臘五十九，傳燈録卷九作「臘六十四」。
〔三〕傳燈録傳尾云：「勑謚大圓禪師，塔曰清淨。」

玄策傳

〔一〕寂漠，揚州本、大正本漠作寞，宋本、元本作漠，同此。二字音同通用。

大宋高僧傳卷第十二

習禪篇第三之五 正傳二十人 附見四人

唐杭州大慈山寰中傳一

釋寰中，姓盧氏，河東蒲坂人也。禀靈特異〔一〕，挺質殊倫，身支臃亭，頂骨圓峻，其聲若鐘響，其色猶脂凝。學通終古，辭實豐贍。年二十五，隨計中甲科，然未塞其懷，復思再捷。無何，遭母之憂，遂廬于墓所。及服闋，徑往北京童子寺出家。二稔未周，諸經皆覽。明年，往嵩嶽登戒，肄習〔二〕律部。於茲博通，忽慕上乘，決往百丈山，深得玄旨。後隱南嶽常樂寺，結茅于山椒。諫議大夫崔公深重其操，因别立方丈。虞淵景晞，一飯永日。然其乏水，羸瓶遠求。俄爾深宵，有虎嗥嘯廬側，詰旦視之，果濫泉坼地而湧，足其汲用。後之杭，浙江之北有山號大慈。居未久，檀信爰臻。旋成巨院，四方僧侶參禮如雲。屬武宗廢教，中衣短褐，或請居戴氏别墅焉。

大中壬申歲，太守劉公首命剃染，重盛禪林。壬午歲〔三〕二月十五日囑累，聲畢而終。

時漸溽暑，驗其身一無變異，而頂門煥潤。冬窆于塔所，享年八十三，法臘五十四。有説常樂寺山虎跑泉，當中公滅日，忽焉乾涸。異哉！止資中之受用耳。至乾符丁酉歲，勑謚大師，號性空，塔名定慧也。縉雲太守段成式爲真讚焉。

唐洛陽韶山寰普傳二

釋寰普者，不知何許人也。禀形淳粹，克性謙沖。居于醜夷，下風請業汪汪然，其識度輒難擬議。具戒之後，經論温尋。然後杖錫南遊澧陽，遇夾山而得心契，有參學舉問，垂手攜歸，不使一機失其開誘。其所不薦，勸令披覽經法，亦近秀寂之遺風耳。

唐衡山昂頭峯日照傳三

釋日照，姓劉氏，歧下人也。家世豪盛，幼承庭訓，博覽經籍，復於莊老，而宿慧發揮，思從釋子。即往長安大興善寺曇光法師下，禀學納戒，傳受經法，靡所不精。因遊嵩嶽，問圓通之訣，欣然趣入。後遊南嶽，登昂頭峯，直拔蒼翠，便有終焉之志。庵居二十載，屬會昌武宗毀教，照深入巖窟，飯栗飲流而延喘息。大中宣宗重興佛法，率徒六十許人還就昂頭山舊基，結苫蓋，構舍宇。復居一十五年，學人波委。咸通中示滅，春秋一百八歲。至三年二月三日入塔，立碑存焉。天下謂其禪學爲昂頭照是歟。

唐朗州德山院宣鑒傳四

釋宣鑒，姓周氏，劍南人也。生惡葷羶，少多英敏，宿賁異操，懇願出塵。大龍不屈於小庭，俊鶚必騰其層漢，既除美飾，當預僧流。從受近圓，即窮律藏，其諸性相，貫習偕通。聞重湖間禪道大興，乃抗志雲遊，造龍潭信禪師，則石頭宗師之二葉也。始唯獨居一室，鑒强供侍之。一夕龍潭持一枝火授鑒，鑒接而行數步，且曰：「久聞龍潭到來，龍之與潭，俱不見歟？」信曰：「子親到矣。」機與教符，日親丈室三十餘年。後止澧陽。居無何，屬武宗搜揚〔一〕。洎大中〔二〕還復法儀。咸通初〔三〕，武陵太守薛延望堅請，始居德山，其道芬馨，四海禪徒輻湊。伏臘，堂中常有半千人矣。其於訓授，天險海深，難窺邊際。雪峯參見，鑒深肯重。以咸通六年乙酉歲十二月三日，忽告諸徒曰：「捫空追響，勞汝神邪〔四〕？夢覺覺非，復有何事？」言訖安坐而化，春秋八十四〔五〕，僧臘六十五。身據牀坐，卓然七日如生在焉。天下言激箭之禪道者，有德山門風焉。今襄、鄧、漢東法孫極盛者是歟〔六〕。

唐明州棲心寺藏奐傳五

釋藏奐，俗姓朱氏，蘇州華亭人也。母方娠及誕，常聞異香。爲兒時嘗墮井，有神人接持而出。卄歲出家，禮道曠禪師。及弱冠，詣嵩嶽受具。母每思念涕泣，因一目不視，迨其歸省，即日而明。母喪哀毁，廬墓間頗有徵祥，孝感如是，由此顯名。尋遊方訪道，復詣五洩山，遇靈默大師。一言辨析，旨趣符合，顯晦之道，日月之所然也。會昌、大中，衰而復盛。惟奐居之，熒不能惑，焚不能熱，溺不能濡者也。洎周洛再構長壽寺，敕度居焉。時内典焚毁，梵夾煨燼，手緝散落，實爲大藏。尋南海楊公收典姑蘇，請奐歸于故林，以建精舍。大中〔一〕十二年，鄞水檀越任景求捨宅爲院，迎奐居之。剡寇求甫率徒二千，執兵晝入〔二〕，奐瞑目宴坐，色且無撓。盜衆皆悸懾，叩頭謝過。寇平，州奏請改額爲棲心寺，以旌奐之德焉。凡一動止，禪者必集，環堂擁榻，堵立雲會。奐學識泉涌，指鑒歧分。詰難排縱之衆，攻堅索隱之士，皆立褰苦霧，坐泮堅冰，一言入神，永破沈惑。以咸通七年秋八月三日現疾告終，享年七十七，僧臘五十七。預命香水剃髮，謂弟子曰：「吾七日在矣。」及期而滅。門人號慕，乃權窆天童巖，已周三載。一日，異香凝空，遠近郁烈。弟子相謂曰：「昔師囑累，令三載後當焚我身。今異香若此。」乃發塔視之，儼若平生。以其年八月三日依西域法焚之，獲舍利數千粒，其色紅翠。十三年，弟子戒休賫舍利，述行狀，詣闕請謚。奉敕喪誄，易名曰心鑑〔三〕，塔曰壽相。

奐在洛下長壽寺謂衆曰：「昔四明天童山僧曇粹是吾前生也，有墳塔存焉。」相去遼遠，人有疑者，及追驗事實，皆如其言。初任生將迎奐，人或難之。對曰：「治宅之始，有異僧令大其門，二十年之後，當有聖者居之。」比奐至止，果二十年矣。又奐將離姑蘇，爲徒衆留擁，乃以椶拂與之曰：「吾在此矣，汝何疑焉？」曁乎潛行，衆方諭其深旨。又令寺之西北隅可爲五百墩以鎮之。或曰：「力何可致？」奐曰：「不然，作一墩殖五株栢，可也。」凡微言奥旨，皆此類也。刺史崔琪撰塔碑，金華縣尉邵朗題額焉。

唐真定府臨濟院義玄傳六

釋義玄，俗姓邢，曹州南華人也。參學諸方，不憚艱苦。因見黄蘗山運禪師，鳴啄同時，了然通徹。乃北歸鄉土，俯徇趙人之請，住于城南臨濟〔一〕焉。罷唱經論之徒，皆親堂室，示人心要，頗與德山相類。以咸通七年丙戌歲四月十日〔二〕示滅。勑謚慧照大師，塔號澄虚〔三〕。言教頗行于世，今恒陽號臨濟禪宗焉。

唐洛京廣愛寺從諫傳七鑒宗

釋從諫，姓張氏，本南陽人也，徙居廣陵，生于淮甸焉。爲性倜儻，器宇崇峙，於閭里間，爲時畏服。遇相工曰：「子身長八尺，眉目秀朗，他日必荷榮寄。」諫曰：「心不願仕，於榮寄何有？」相工曰：「所寄荷不可測也。」越壯室之年，忽深信佛理，遂捨妻孥，求僧披剃焉。甫登戒地，頗護心珠，因悟禪那頓了玄理。方數十載，同好之者自遠而來請問。諫一一指訂，俾其開覺。尋遊洛下廣愛寺〔一〕挂錫。時禪客鱗集，如孝子之事父母焉。洛中有請諫設食，必排位對賓頭盧尊者，其爲人之欽奉皆此類矣。屬會昌四年詔廢佛塔廟，令沙門復桑梓，亦例澄汰。乃烏帽麻衣，潛于皇甫氏〔二〕之温泉别業。後岡上喬木駢欝，巨石砥平，諫於夏中常就此入定，或補毳事。忽遇頹雲駛雨，霆電擊石，烈風兼至，凡在此者驚奔恐慴。諫唯欣然，加趺而坐，若無所聞者。或問諫，曰：「惡畜生何爾？」大中初，宣皇詔興釋氏，諫還歸洛邑舊居。其子一日自廣陵來覲，適與諫遇于院門，威貌嚴莊，不復可識。乃問曰：「從諫大德所居？」諫指之東南可尋。其子既去，遂闔門不出，其割裂愛網又若此也。咸通七年丙戌歲夏五月，忽出詣檀越家辭别曰：「善建福業，貧道秋初當遠行，故相聞耳。」至秋七月朔旦，旦〔三〕盥手焚香，念慈氏如來已，右脇而卧，呼門人玄章，誡之曰：「人身難得而易失，急急，於物無心，無爲流轉，無生滅法，一切現存。今乃生也有涯，暫與爾别。」是日無疾而化，行年八十餘矣。玄章等奉遺旨，送屍于建春門外尸陀林中，施諸鳥獸。三日復視之，肌貌如生，一無近者。遂以餅餌覆之，經宿有狐狼迹，唯啖所覆，身且儼如。乃議用外國法焚之，收合餘燼，起白塔于道傍。人先〔四〕歸信，香火不絶焉。

次有杭州徑山院釋鑒宗，湖州長城人也。姓錢氏，即禮部侍郎徽之孫。父晟有疾，宗割股肉饋啖之，紿云「他畜之肉」。未幾病間，孝譽聞于親里，乃求出家。時州開元寺有上都臨壇十望大德内供奉高閑，閑善草隸，嘗對懿宗御前書，甚高華望，宗誓禮爲師。後出學，涉通淨名、思益經，遂常講習。閑公亦示其筆法，漸得鳳毛焉。倐往謁鹽官悟空大師，隨衆參請，頓徹心源。却復故鄉，勸人營福。咸通三年辛巳，巡歷名山，遂止天目東峯徑山焉。道俗歸心，恢揚法教。出弟子尤者天童山咸啓、勑賜紫衣背山行真、大慈山〔五〕行滿，皆分枝化物，至七年丙戌閏三月五日示滅。遷塔于大寂巖下。梁乾化五年，吴越國王尚父錢氏表請追謚大師曰無上，祖門傳號〔六〕爲徑山第二祖。時吴興沈脩者自號白牙先生，述德爲讚記焉。

唐洪州洞山良价傳八

釋良价，俗姓俞氏，會稽諸暨人也。少孺從師于五洩山寺。年至二十一，方往嵩山具戒焉。登即遊方，見南泉禪師，深領玄契。續造雲巖，疑滯頓寢。大中末，於斯豐山〔一〕大行禪法。後盛化豫章高安〔二〕洞山，今筠州也。价以咸通十年己丑三月朔旦，命剃髮披衣，令鳴鐘，奄然而往。時弟子輩悲號，价忽開目而起曰：「夫出家之人心不依物，是真脩行。勞生息死，於悲何有？淪喪於情，太麤著乎？」召主事僧令營齋〔三〕：「齋畢，吾其逝矣！」然衆心戀慕，從延其日，至于七辰，食具方備。价亦隨齋，謂衆曰：「此齋名愚癡也。」蓋責其無般若歟？及僧唱隨意，曰：「僧家勿事大率〔四〕。臨行之際，喧動如斯。」至八日浴訖，端坐而絶，春秋六十三，法臘四十二。勑謚禪師曰悟本，塔號慧覺矣。

系曰：其却留累日，古亦有之。如价之來去自由者，近世一人而已。

唐蘇州藏廙傳九

釋藏廙，俗姓程，衢州信安人也。幼歲神氣朗暢，貌質魁然。元和中告親求出家，志不可却，直造長沙嶽麓，投靈智律師請事剃染。智師察其强願不群，乃攝度之。既披法服，尋於武陵開元寺智總律師受具足尸羅，當長慶三年也。因聽律範，旋窮篇聚，語同業曰：「教門繁廣，然有總門。總門之急，勿過捨筏。」遂徧參禪宗，遇馬素門下高足住龍牙山，知廙法器，異日告之曰：「蘊界不真，佛生非我。子之正本，當何所名？復從誰得？」廙一言領會，千轍同歸。龍牙曰：「我法眼不蒙掩矣。」既遂所求，大得安静，却迴柯山，蓋避會昌之搜揚也。

至大中六年，郡牧崔公壽重之，於州龍興寺别構禪室，延居之。數年，北至嘉禾，信士歸依，請留住至德伽藍。又往姑蘇，時崔公鈞作守此郡，聞廙名久，請居南禪院。咸通八年，浙西廉使周公寶命住招隱寺。其年秋，却返嘉禾，信士吕京捨别墅造今永安院。時乾符中，群寇紛紜，禪侣分散。廙曰：「盜終不至此。」及期，寇從别道行，果無所損，其先見如此。五年十月十二日，滿院陰雲，雉鳴烏噪，安坐而化，弟子號哭，却蘇，至六年三月中辰前别衆後終，享年八十二，僧臘五十六。時澹交爲廙作真讚。至乾寧中，僧神贊進狀，乞追謚號塔名。名士吴重裕書碑。

唐福州怡山院大安傳十

釋大安，姓陳氏，閩城人也。幼年入道，頓拂塵蒙。元和十二年，勑建州浦城縣乾元寺置兜率壇，始全戒足。時天雨桂子及地生朱草，刺史元錫手疏其瑞，上達冕旒。遂迴御札，詔改鳳棲寺號靈感壇焉。安因往洪井，路出上元，忽逢一老父曰：「子往南昌，必有所得。」及咨參律學，夜聞二僧談論，遽了三乘之旨，乃以所習付之同人。之臨川，見石鞏山慧藏禪師。藏之提唱，必持弓弩以擬學人。安服拜未興，唱曰：「看箭。」安神色不撓，答對不差。石鞏乃投弩曰：「幾年射，始中半人也矣。」安遊五臺，入龍池沐浴，雖久寖漣漪，殊無奮暴雨雹之怪，觀者驚悚。後止潙山，禮大圓禪師，復證前聞而爲量果也。時豫章廉使贈太尉崔貞孝公，則魏公之季父，深契玄機，敦安之道，飛疏召之，厥譽愈昌。咸通十四年，詔宜號延聖大師，賜紫袈裟一副。中和二年示疾，所止法堂巨梁中折。三年癸卯十月二十二日，坐化于怡山[一]丈室，春秋九十一，臘六十七。續詔贈圓智大師，塔號證真。

安不嘗唾地，不處温房，隨化而衣，天雨而浴。諮法弟子慧長入關，揚安之德，故有追謚也。博陵司空相國仰慕前烈，遂著文頌德。詩人周朴篤重安，時入山致禮焉。

唐長沙石霜山慶諸傳十一 洪諲 令達

釋慶諸，俗姓陳，廬陵新淦、玉笥鄉人也。乃祖厥考，咸不爲吏，清言放蕩焉。諸始十三，禮紹鑾禪翁〔一〕爲師，於洪井西山剃髮。二十三，往嵩山受具戒，便就東洛學毗奈耶。既知〔二〕聽制，終謂〔三〕漸宗，迴抵南嶽，入大溈山。次届雲巖，遇道吾，垂問知意，方爲二夏之僧。得石霜山，便議終焉之志。道吾躬至石霜山，日勤執侍，往還問答，語在別録。諸貌古氣真，世無能職。時洞山新滅，俄爲遠方禪侶圍遶，因入深山無人之境，結茅宴坐。時衆追尋，倏有見者，皆號哭交請「出爲吾曹。諸將安往？」由是晨夕被遊學者扣擊，可無希聲以應之乎？如是二十年間，堂中老宿，長坐不卧，屹若椔杌〔四〕，天下謂之石霜枯木衆是也。南方謂之叢林者，翻禪那爲功德叢林也，爲四方清則者無出其右。以光啓四年戊申歲二月己亥示疾，終于山院，享齡八十二，僧臘五十九。越三月十五日葬于寺西北隅二百許步，門弟子等結墳塔作螺髻形。夏四月一日廣化寺釋子處訥追慕往德，恐遺美聲，命南嶽玄泰纂録言行。諸方弟子分行其道焉。勑謚普會大師，塔曰法相〔五〕。

次餘杭徑山院釋洪諲，俗姓吴，吴興人也。年纔十九，於開元寺禮無上大師出家落飾，精加佛事，罔怠巾缾〔六〕。二十二，遣往嵩嶽會善寺受滿足律儀，俾誦大比丘戒，匝七日念終，遂習毗尼。尋傳經講，自謂爲僧有逸群事業，而歸禮本師，曰：「汝於十二時中，將何報答四恩三有？」譚聞斯詰，憮然失措。三日忘食，本師却招誘提耳，方明本事。如是往還雲巖，次潙山，各爲切磋，蔚成匠手。俄而會昌中例遭黜退，衆人悲泣者，惋歎者，譚晏如也。曰：「大丈夫鍾此厄會，豈非命也？夫何作兒女之情乎？」時於長沙遇信士羅晏，召居家供施。蓋譚執白衣比丘法，初無差失，涉于二載，若門賓焉。大中初，除滅法之律，乃復厥儀，還故鄉西峯院。至咸通六年，上徑山覲本師。明年，無上大師遷神，衆請譚嗣其法位。始唯百許僧，後盈千數。于時四衆共居，肅然無過。僖宗皇帝賜院額曰「乾符鎮國」。中和三年，仍賜紫袈裟。景福二年，吴越國王尚父錢氏奏舉登賜法濟大師。光化四年九月二十八日，辭衆而卒。雪溪戚長史寫貌，武肅王爲真讚，傳法弟子廬山栖賢寺寂公、臨川義直、功臣院〔七〕令達。達於兩浙大行道化，卒謚歸寂大師焉。

初，譚有先見之明。武肅王家居石鑑山，及就戍應募爲軍，譚一見握手，屏左右而謂之曰：「好自愛。他日貴極，當與佛法爲主。」後累立戰功，爲杭牧，故奏署譚師號，見必拜跪，檀施豐厚，異於常數。終時執喪禮，念微時之言矣。

唐洪州雲居山道膺傳十二

釋道膺，姓王氏，薊門玉田人也。生而特異，神彩朗然。處于童丱，崆峒禀氣。宿心拔俗，争離火宅之門；拭目尋師，遂攝鍛金之子。師授經法，誦徹復求。年偶蹉跎二十五，方於范陽延壽寺受具足戒。乃令習聲聞律儀，膺嘆曰：「大丈夫可爲桎梏所拘邪！」由是擁線納〔一〕，振錫環，詣翠微山問道三載。宴居，忽覿二使者冠服頗異，勉膺曰：「胡弗南方參知識邪？」未幾，有僧自豫章至，盛稱洞上禪師言要。膺感動神機，遂專造焉。如是洞上垂接，復能領會。曾問曰：「我聞思大禪師向倭國〔二〕爲王，虚耶？實耶？」對曰：「若是思師，佛亦不作，況國王乎？」自爾洞上印許。初住三峰，後就雲居提唱。時唐之季，鍾氏據有洪井，傾委信誠。每一延請入州，則預潔甘子堂以禮之。乃表于昭宗，賜紫袈裟一副并師號焉。都不留意。所化之徒，寒暑相交，不下一千餘衆。牛頭香樹圍遶者皆是栴檀，金翅鳥王軒翔者不齊尺鷃。四方饋供，千里風從，如荆南帥成汭遺賫檀施，動盈鉅萬。以天復元年辛酉秋示疾，至明年正月三日而化焉〔三〕。豫章南平王鍾氏供其喪葬。時諸道禪子各依鄉土所尚者，隨靈龕到處，列花樹帳幔粉麫之饌，謂之卓祭。一期凶禮之盛，匆過于時也，猗歟！膺出世度人，滿足三十年，遺愛可知也。

唐綿雲連雲院有緣傳十三

釋有緣，俗姓馮，東川梓潼人也。小學之年往成都福感寺，事定蘭開士，即宣宗師矣。隨侍出入，多在内中。一旦宣召，帝以筆書其衫背云：「此童子與朕有緣」，由兹召體矣。大中九年，遇白公敏中出鎮益部，開戒壇，即於浄衆寺具尸羅也。續於京輦聽習經律五臘。後身披布褐，手執墨勑，海内遊行。參見小馬神照，凡同時叢林禪祖無不禮謁者。乃居除州〔一〕花山，及南遊至武夷山，時廉使李誨爲築禪室。乾符三年，至縉雲龍泉大賽山，立院。因奏祠部給額，號龍安。勑度七僧，住十八載。安而能遷，止連雲院焉。太守盧約者，以諶諒之誠，請入州開元等别院，四事供施焉。天祐丁卯歲四月八日，示疾，至六月朔日終于廨署，報齡七十三，臘五十二。遺旨囑制置揚習司空主喪務，於寺南園荼毗。火滅，散分舍利數百粒。後收四十九粒并遺骨一缾，瘞于石塔。晉開運三年乙巳歲，文泰律師撰塔碑焉。

唐福州雪峯廣福院義存傳十四

釋義存，長慶二年壬寅生於泉州南安縣曾氏。自王父而下，皆友僧親佛，清浄謹愿。存生而鼻逆葷血。乳抱中，或聞鐘磬，或見僧像，其容必動，以是别垂愛於膝下。九歲請出家，怒而未允。十二從家君遊蒲田玉澗寺〔一〕，有律師慶玄，持行高潔，遽拜之曰：「我師也。」遂留爲童侍焉。十七落髮，來謁芙蓉山恒照〔二〕大師，見而奇之，故止其所。至宣宗中興釋氏，其道也涅而不緇，其身也裒然〔三〕而出。北遊吴、楚、梁、宋、燕、秦，受具足戒於幽州寶刹寺訖，巡名山，扣諸禪宗，突兀飄飖，雲翔鳥逝。爰及武陵，一面德山，止於珍重而出。其徒數百，咸莫測之。德山曰：「斯無階也，吾得之矣。」

咸通六年，歸于芙蓉之故山。其年圓寂大師亦自潙山擁徒至于怡山，王真君上昇之地，其徒孰孰師已嗣德山。纍纍而疑關，存拒而久之。則有行實者，始以存同而議曰：「我之道巍巍乎，法門闉遶之所，不可造次，其地宜若布金之形勝可矣。府之西二百里有山焉，環控四邑，峭拔萬仞，巉崪以支圓碧，培塿以覕群青。怪石古松，棲蟄龜鶴；靈湫邃壑，隱見龍雷。山之巔，先冬而雪，盛夏而寒。其樹皆別垂藤蘿，革茸而以爲之衣，交錯而不呈其形。奇姿異景，不可殫狀，雖霍童、武夷，無以加之。實閩越之神秀，而古仙之未攸居，誠有待於我也。祈以偕行去。」秋七月，穿雲躡蘚，陟險昇幽，將及之。存曰：「真吾居也。」其夕山之神果效靈。翌日巖谷爽朗，煙霞飛動。雲庵既立，月構旋隆。繇是柅法輪於無爲，樹空門於有地，行實乃請名其山曰雪峯，以其冬雪夏寒，取鷲嶺、猴江之義。斯則庚寅逮于乙未，存以山而道任，山以存而名出。天下之釋子，不計華夏，趨之若召。乾符中，觀察使京兆韋公、中和中司空潁川陳公，每渴醍醐而不克就飲，交使馳懇，存爲之入府，從人願也。其時內官有復命于京，語其道其儕之拔俗悟空者，請蜕浮華而來脱屣。僖宗皇帝聞之，翰林學士訪於閩人陳延効，得其實奏。於是乃錫真覺大師之號〔四〕，仍以紫袈裟俾延効授焉。存受之如不受，衣之如不衣。居累夏，辛亥歲朔，遽然杖屨，其徒啓而不答，雲以隨之，東浮于丹丘四明。明年，屬王侍中之始據閩越，乃洗兵於法雨，致禮於禪林，馥存之道，常東望頂手。後二年自吳還閩，大加禮異。及閩王王氏誓衆養民之外，雅隆其道，凡齋僧搆剎，必請問焉。爲之增宇、設像、鑄鐘以嚴其山，優施以充其衆。時則迎而館之于府之東西甲第。每將儼油幢聆法論，未嘗不移時。僅乎一紀，勤勤懇懇，熊羆之士，因之投跡檀那；漁臘之逸，其或弭心鱗羽。戊辰年春三月示疾，閩王走醫，醫至粒藥以授，存曰：「吾非疾也，不可罔子之工。」卒不餌之。其後札偈以遺法子，函翰以別王庭。夏五月二日，鳥獸悲鳴，雲木慘悴。其夜十有八刻時滅度，俗壽八十有七，僧臘五十有九。以其月十五日塔而藏之。爾日奔走，閩之僧尼士庶，巷無居人。閩王漣如出涕，且曰：「師其捨予，一何遽乎！」遣子延禀躬祭奠之，復齋僧焉。

存之行化四十餘年，四方之僧爭趨法席者不可勝筭矣。冬夏不減一千五百。徒之環足，其趨也馳而愈離，辯而愈惑。其庶幾者，一曰師備，擁徒于玄沙；今安國也。次曰可休，擁徒于越州洞巖；次曰智孚，擁徒于信州鵝湖；其四曰惠稜，擁徒于泉州招慶；其五曰神晏，住福州之鼓山。分燈化物，皆膺聖獎，賜紫袈裟，而玄沙紹宗一大師焉。

系曰：雪峯道也恢廓乎！駿奔四海學人。所出門生形色不類，何邪？玄沙乘楞嚴而入道，識見天殊，其猶諺曰「青成藍，藍謝青，師何常？在明經。」故有過師之說。一則雪峯自述，塔銘已盡其致也。一則玄沙安立三句，決擇群見，極成洞過歟？今江表多尚斯學，此學虛通，無繫了達，逍遥勿拘，知乘急也。雪峯化衆，切乎杜嘿禪坐，知戒急也。其能各捨一緩，以成一全，則可乎？

唐澧州蘇溪元安傳十五

釋元安，俗姓淡〔一〕，鳳翔麟遊〔二〕人也。丱年於岐陽懷恩寺從兄祐律師出家。惟經與論，無不窮核。乃問道翠微，次臨濟，各飡法味，若飫香積之盂也。斲彫復朴，逍遥自如。聞夾山道盛德至，造澧陽當稽問轇轕，又增明淨。後開樂普山，尋居蘇溪，荅訓請益，多偶句華美，爲四海傳焉。以昭宗光化元年戊午十二月遷滅，享壽六十五，法臘四十六矣。臨終告衆，頗多警策辭句云。

唐明州雪竇院恒通傳十六招賢岑師

釋恒通〔一〕，俗姓李，邢州平恩人也。家傳士族，幼而知學。蘇秦顯達，猶懷二頃之田；元亮孤高，不羡五斗〔二〕之禄。縱越掞天擲地，拖紫腰金，瞬息浮華，豈裨來業？父母終禮，年甫十三，潛入鵲山訪道依師。既罷丘墳，唯披釋典，精虔懺誦，愬侍巾瓶，不弭初終，蒙恩剃度。年二十，於本州開元寺具戒。後往京兆薦福寺聽習經律。七八年間，尋窮藏教，乃曰：「摩騰入漢，譯著斯文。聖胄來梁，復明何事？」因辭北闕，逕詣南方，遇招賢岑大師。大師問曰：「何處人也？」曰：「邢州人也。」招賢曰：「我道不從彼來。」通曰：「和尚還住此無？」於是有滯皆伸，無疑不決。後指洞山、石霜，皆往參焉。招賢示滅，通以弟子禮事之。咸通末，遊宣城，尚書崔寓素奉禪門，攀迎莊肅，覩通儀表拔俗，問答往還，崔甚悦服。於謝仙山奏置禪院，號瑞聖，請以居之。四方毳衲之徒，不邀自聚。博陵方議奏薦師號，堅讓遂寢。中和末，文德初，群寇競起。通領徒至四明。大順二年，郡牧黄君晟請留居雪竇焉，蔚然盛化。天祐二年七月示疾，越九日躬入浴室，却坐繩牀，集衆焚香，勤勤付囑，合掌而逝。春秋七十二，夏臘五十二。以其年八月七日遷石塔于院之西南二百餘步。

或曰：「通臨終言：我龐勛也。」此非也。高僧無作爲行録而無此説。若觀年臘，龐勛豈正弱冠來逃難邪？

唐袁州仰山慧寂傳十七

釋慧寂，俗姓葉，韶州湞昌人〔一〕也。登年十五，懇請出家，父母都不聽允。止十七，再求堂親，猶豫未決。其夜有白光〔二〕二道從曹溪發來，直貫其舍。時父母〔三〕乃悟是子至誠之所感也。寂乃斷左無名指及小指，器藉跪致堂階曰：「答謝劬勞！」如此，父母知〔四〕其不可留，捨之。依南華寺通禪師下削染，年及十八，尚爲息慈。營持道具，行尋知識。先見躭源。數年，良有所得。後參大潙山禪師，提誘哀之。棲泊十四五載，而足跛，時號跛脚〔五〕驅烏。凡於商擢，多示其相。時韋胄就寂請伽陁，乃將紙畫規圓相，圓圍下注云:「思而知之,落第二頭。云不思而知,落第三首。」乃封呈達。自爾有若干勢以示學人,謂之仰山門風也。海衆摳衣得道者,不可勝計,往往有神異之者,倏來忽去,人皆不測。後勑追謚大師,曰智通,塔號妙光矣。今傳仰山法示成圖相,行于代也。

唐天台紫凝山慧恭傳十八

釋慧恭,俗姓羅氏,福州閩人也。家傳儒素,不交非類。母娠之初,夢所居湧出浮圖,上參于天。迨恭誕生,嶷然聰悟。年十七,舉進士,名隨計車。將到京闕,因遊終南山奉目寺,目祖師遺像,釋然世網,遂求出家。操執僧事,備歷艱辛。二十有二,適值新創安國寺受具足戒。尋乃遊方,緣嶮涉荒,而無難色。嘗遇黑蛇傷指,不求醫而毒螫自銷。見魑魅占山,諭罪福而妖物遄息。至武陵德山,詣宣鑒禪師,領會風飛,由兹道合。因挂錫,施門人禮。鑒公順世,後遊玉山,至信州,刺史嚳西禪院而禮之,其徒數百人。居歲餘,以郛郭喧繁,復入福州長溪馬冠山。自馬冠抵泉州富陽山,所至之所,檀施臻集,徒侶解鉢,禪坊立就,其爲士庶嚮奉如此。

景福三年,與門人遊天台,州牧京兆杜雄留之而止。杜因創瑞龍院於紫凝山,祈恭興揚法席,以悟淪迷。緇俗雲馳,香花山積。天復三年癸亥十二月〔一〕午時,命衆聲鐘,顧瞻左右,促言云去。加趺瞑目,儼然而化,春秋八十四,僧夏六十二。闡圓頓之宗,居道德之最，殁無易名，塔無題牓，足見浮名爲桎梏耳。門人上足師遂植松負土，力崇塔廟，所謂法空不壞因緣矣。因緣有之，孝行曷傷于道云。

唐杭州龍泉院文喜傳十九

釋文喜，姓朱氏，嘉禾禦兒人也。母氏方娠，夢吞桃三蔕，至誕彌不味葷羶。七歲，詣本邑常樂寺僧清國下出家，國即喜之渭陽也。勒誦經并懺文〔一〕十卷，方遂削染。往越州開元寺學法華經，集天台文句，即時敷演，則救螘分中便能講訓也。開成二年届趙郡〔二〕，受近圓登習四分律。屬會昌澄汰，變素服，内秘之心無改。遇大中初年例重懺度，於鹽官齊豐寺〔三〕講説。後往禮大慈山性空禪師，誨之曰：「子何不學善財徧參乎？」咸通壬午歲至豫章觀音院，見仰山，喜於言下了其心契。仰山令典常住。一日有異貌僧就求齋食，喜減己食饋之。仰山預知，故問曰：「此果位僧求食，汝供給周旋否？」答曰：「輟己分迴施。」曰：「汝大得利益。」七年，旋浙右，止千頃山，築室居之。十年，餘杭劉嚴合、馬徵請居龍泉古城院，凡十一年。乾符己亥歲，巢寇掠地至餘杭，喜避地湖州餘不亭，刺史杜孺休請住仁王院。光啓三年，武肅王錢氏始牧杭郡，降疏請住龍泉廨署，今慈光院是也。大順元年，威勝軍節使董昌、武肅王同年發表薦論，兩賜紫衣。乾寧四年奏師號，曰無著。光化三年示疾，十月二十七日加趺坐而終于州郭廨署，春秋八十，僧夏六十。

終時方丈上發白色光，竹樹變白。十一月二十二日，遷塔于靈隱山西塢。喜形貌古朴〔四〕，骨強而瘦，戒德禪門真知識也。

初，喜寓居霅川。廣明元年夏，有蝗飛翳天，下食田苗。喜自將拄杖〔五〕懸挂袈裟，標于畎澮中。其蟲將下，遂厲聲叱之，悉翻飛而去。十頃之苗斯年獨稔，其感通如此。或云所傳得馬祖細衲袈裟以爲信寶矣。

遷葬之後，大復二年壬戌八月中，宣城帥〔六〕田頵應杭將許思〔七〕叛渙〔八〕縱兵大掠。發喜塔，見肉身不壞，如入禪定，髮爪俱長。武肅王奇之，遣禆將邵志祭後，重封瘞焉。

唐明州伏龍山惟靖傳二十

釋惟靖，吴門人也。年三十許，形奇貌古，且類憨癡，入國寧寺，巡僧房唱曰：「要人出家請留下。」至經藏院，見二衆闍梨大德慧政，便跪拜伸誠，願容執侍。政公允納，與翦飾。於天台受具，暫歸謝政，便尋訪名山。有知識處，必經寒燠。自爾勤於禪法，未嘗發言，即居定光禪師廢金地道場。侵星赴禪林寺晨粥，而多虎豹，隨到寺門，虎踞地若伺候。靖出，復隨至金地。遲明，巨迹極多。靖恐人知，以鋤滅虎跡。俄患背疽，困睡，有鵂鳥糞于瘡所，非久全愈。又虞冰雪，備粇〔一〕粒半斗，每日以銚合菜煑食，寘粇於地窖中。過期，用米常滿不耗。靖乃築之而云：「吾被此物知，非理也。」尋居伏龍山，山可瞰海，峯勢岧嶢，昔僧鑒諸曾隱于是。諸即唐王相國之母弟也，能文習道，刺史多往謁之。靖續遁此山，刺史黄晟常請出州，供施繁委。末於奉川北山置院示疾坐終，享齡七十餘。窆于山下，瑩塔存焉。

校勘記

寰中傳

〔一〕特異，原本特作持，從揚州本、大正本改。
〔二〕肆習，原本肄作隸，從揚州本、大正本改。
〔三〕壬午歲，傳燈録卷九作「咸通三年」。按是年歲次壬午。

宣鑒傳

〔一〕武宗搜揚，傳燈録卷十五云：「武宗廢教，避難於獨浮山之石室。」
〔二〕洎大中，原本洎作泪，從揚州本、大正本改。
〔三〕咸通初，傳燈録作「大中初」。
〔四〕神邪，傳燈録作「心神」。
〔五〕春秋八十四，傳燈録作「壽八十六」。
〔六〕是歟，原本無歟字，揚州本、大正本有之。依本書文例應有歟字，今據補。

藏奐傳

〔一〕大中，原本大作人，從揚州本及宋本、元本改。

〔二〕晝入，原本晝作畫，從揚州本、大正本改。

〔三〕心鑑，按崔淇心鏡大師碑鑑作鏡（全唐文卷八百四）。此蓋宋人避廟諱（敬）嫌名而改，猶「龍龕手鏡」之作「龍龕手鑑」也。

義玄傳

〔一〕臨濟，傳燈録卷十二作「臨濟禪苑」。延沼臨濟慧照禪師塔記云：「尋抵河北鎮州城東南隅，臨滹沱河側，小院住持，其臨濟因地得名。」（古尊宿語録卷七附録）

〔二〕咸通七年丙戌歲四月十日，傳燈録同。延沼塔記作「咸通八年丁亥孟陬月十日」，當以塔記爲正。

〔三〕澄虚，塔銘及燈録並作「澄靈」。

從諫傳

〔一〕廣愛寺，太平廣記卷九十七引三水小牘廣作敬。

〔二〕皇甫氏，廣記作「皇甫枚」。

〔三〕朔旦旦，廣記作「朔清旦」。文義較長。

〔四〕人先，揚州本、大正本先作尢。宋本、元本作先，同此本。

〔五〕行真大慈山，原本無此五字，揚州本、大正本同，但宋本有之。按背山行真、大慈山行滿出鑒宗門下，見於傳燈録卷十一，有者爲是。今據補。

〔六〕傳號，宋本傳下有法字。

良价傳

〔一〕斯豐山，傳燈録卷十五斯作新。

〔二〕高安，傳燈録安下有之字。

〔三〕營齋，傳燈録作「辦愚癡齋」。

〔四〕大率，揚州本、大正本大作太。此大字讀作太。

大安傳

〔一〕怡山丈室，傳燈録卷九作「黄蘗山」。

慶諸傳

〔一〕鑾禪翁，傳燈録卷十五翁作師。

〔二〕既知，傳燈録既作雖。

〔三〕終謂，傳燈録謂作爲。按二字古常通用。

〔四〕榴杌，傳燈録榴作株。

〔五〕法相，傳燈録作「見相」。

〔六〕巾缾，原本缾作鉼，與此義不合，從揚州本、大正本改。

〔七〕功臣院，原本臣作巨，從揚州本、大正本改。

道膺傳

〔一〕線納，揚州本、大正本納作衲，通用。

〔二〕向倭國，傳燈録卷十七向作生。

〔三〕佛祖通載卷二十五次道膺歿時在唐昭宗天復元年。傳燈録云：「勅謚弘覺大師，塔曰圓寂。」

有緣傳

〔一〕除州，宋本除作滁。

義存傳

〔一〕玉潤寺，傳燈録卷十六潤作澗。

〔二〕恒照，傳燈録恒作常，蓋宋人避諱所改。

〔三〕裒然，原本裒作褎，從揚州本、大正本改。

〔四〕真覺大師之號，按傳燈録謂是懿宗所賜號，佛祖通載卷二十五同。

元安傳

〔一〕俗姓淡，祖庭事苑淡作談。

〔二〕麟遊，原本作「遊麟」，傳燈録卷十六作「麟遊」。按麟遊縣，唐屬關内道鳳翔府是也，今從正。

恒通傳

〔一〕恒通，傳燈録作「常通」，避宋諱改字。

〔二〕五斗，原本斗作科，乃科之形譌，科即斗字。揚州本、大正本作斗，今從改。

慧寂傳

〔一〕湏昌人，揚州本、大正本湏作須，宋本作湞，陳垣釋氏疑年録從之。傳燈録卷十一作「韶州懷化人」。

〔二〕白光，宋本白下有色字。

〔三〕時父母，宋本無時字。

〔四〕父母知，原本無知字，宋本有之，義長，今從補。

〔五〕跋脚，揚州本、大正本跋作跛。

慧恭傳

〔一〕十二月，傳燈録月下有「二日」二字。

文喜傳

〔一〕懺文，原本文作又，大正本同。揚州本作文，同宋本，今從改。

〔二〕届趙郡，原本届作局，從揚州本、大正本改。

〔三〕齊豐寺，傳燈録卷十一豐作峯。

〔四〕古朴，原本朴作林，從揚州本、大正本改。

〔五〕拄杖，原本拄作挂，從揚州本、大正本改。

〔六〕宣城帥，原本帥作師，從揚州本、大正本改。傳燈録亦作帥。

〔七〕許思，原本許作計，揚州本、大正本同。宋本作許，傳燈録同，今從改。

〔八〕叛涣，原本涣作换，從揚州本、大正本改。

惟靖傳

〔一〕備粇，揚州本、大正本粇作粳，下同。按粇同糠（見集韻），與粳不一物。疑粇當作秔。粳乃秔之俗字。

大宋高僧傳卷第十三

習禪篇第三之六　正傳十七人　附見六人

唐今東京〔一〕封禪寺圓紹傳一

釋圓紹，姓孫氏，其先富陽人也，祖官于南燕，因爲滑臺白馬人焉。年及識環，天然俊邁。鄰兒戲玩，我且恬然；群從追隨，我惟閑靜。年當十八，方遂志出家，師事明福寺正覺禪師。覺見而異之，訓諸徒弟，獨許紹耳，曰：「真空門之偉器也。」至年二十二，於相州義檀香燈律師邊受具。登即尋師訪道，效祖參玄，二翼之餘，一盂之外，必無他物。唯誓禪宗立雪傳衣，是其素望也。至于三湘、五嶺、二蜀、兩京，凡曰叢林，一皆參禮。既探至賾，頓了心機，乃挂錫於夷門，即倉垣水南寺、今爲開寶也。

大中十年，適遇唐相國裴公休罷調商鼎，來鎮魏郊，同氣相求，一言道合，即命居今東上方院也。紹將聚禪徒，患其迫窄，遂開上院之西，損上益下。時檀施臻萃，倏成巨院，擁納之流，數盈二百，横跨夷門山之峻嶺焉。紹即七祖荷澤神會禪師五葉法孫也。演其無念，示以真心，了達磨之密傳，極南能之深趣。時參學之衆，擁從且繁。遇元帥相國王晉公鐸，以紹道行通感，神祇効靈，降甘露於玄穹，泫嘉瑞於青檜，奏僖宗賜院額曰雙林，師號曰法濟。别勑令度侍者七人。其間法會興盛，士庶歸心，僅四十載，所化人可萬計，僧尼弟子五百餘人。以乾寧二年乙卯七月四日謂衆曰：「急急自了去，本爲逃生死。若不解玄旨，何時得脱？吾景逼崦嵫，此爲最後之言也。」於方丈中寂然而化，俗壽八十五，法臘六十三。勑許於本院西南隅建塔焉。越五年二月二日重開塔，髮長半寸，儀貌如生。乃以香花供養七日，遠近瞻禮，稱歎希奇。已而行荼毗，火中迴出五色神光，收舍利百餘粒，四散隨心淘選，近一千粒，温潤玉潔，璨爛珠圓，驗五分之熏成，匪一生之構集。四衆虔仰，復迎入塔，即昭宗皇帝戊午歲也。睢陽相國袁象先理于浚郊。弟子惠靄等冀終法乳，列狀乞舉行謚禮，梁乾化三年癸酉，太祖勑易名曰定覺，塔曰靈化。至貞明四年九月，惠靄等欲旌表師德立碑，勑允，開封尹王公瓚之文也。

唐蘄州黄崗山法普傳二 休静

釋法普，姓潘氏，盧江人也。貌古情寬，擁敗納觀方。元和中，因見黄崗山色奇秀，其峯巉崒，其林欝密，中有石壇，平坦而高峙。乃放囊挂錫，于中班荆。久之，尋附樹架蓬茨，僅容身而已。未幾，有人自小徑而至，見普驚怪，問云：「何緣至此？」曰：「某本行山麓，見巔頂騰漲，紫氣盤紆可愛，意此山有尤物，故來耳。」諦視普，遲迴而去。山下行者聞而尋焉。禪學之徒，不數年遽盈百數。普却之曰：「老僧獨居，無物利人，君等亦無所乏。」由是星居之庵多矣。弟子廣嚴等搆成大院，禪客翕如，傳其法者無算。一日，集衆辭云：「吾其終矣。汝曹善住珍惜！」加趺坐胡牀而卒。其身不壞散，後以香泥塗繢〔一〕之。至乾符中，重立碑頌云。

次洛京華嚴寺釋休静，不知何許人也。屬洞山禪道風行，静往造之，抉擿所疑，若雷復于本位焉。北返於洛邑，開演。因赴内齋，諸名公皆執經諷讀，唯静并其徒俱默坐。帝宣問：「胡不轉經？」詶答響應，仍皆屬對，悦可帝情。尋迴平陽示滅。收舍利，四處樹浮圖。勅謚寶智大師，塔號無爲也。

梁鄧州香嚴山智閑傳三 大同

釋智閑，青州人也。身裁七尺〔二〕，博聞强記，有幹略。親黨覩其所以，謂之曰：「汝加力學，則他後成佐時之良器也。」俄爾，辭親出俗。既而慕法心堅，至南方禮潙山大圓禪師盛會，咸推閑爲俊敏。潙山一日召對茫然，將諸方語要一時煨燼，曰：「畫餅弗可充飢也。」便望南陽忠國師遺跡而居。偶芟除草木，擊瓦礫，失笑，冥有所證，抒頌唱之，由茲盛化。終後，勅謚襲燈大師，塔號延福焉。

次舒州桐城投子山釋大同，姓劉氏，舒州懷寧人也。幼性剛正，有老成氣度。因投洛下保唐滿禪師出俗，初習安般觀，業垂成，遂求華嚴性海。復負錫謁翠微山法會，同伏牛元通激發請益，大明祖意。由是放蕩周遊，還歸故土，隱投子山，結茅茨，棲泊以求其志。中和中，巢寇蕩覆〔二〕京畿，天下悖亂。有賊徒持刃問同曰：「住此何爲？」對以佛法。魁渠聞而膜拜。脱身服裝而施之下山。以梁乾化四年甲戌四月六日，加趺坐亡，春秋九十六，法臘四十六。凡居化此山三十餘載云。

梁撫州踈山光仁傳四 本仁 居遁

釋光仁，不知何許人也。其形矬而么麽〔一〕，幼則氣槩凌物，精爽殆與常不同。早參洞山，深入玄奥，其辯給又多於人也。嘗問香嚴禪師，答微有偏負。曰：「某累藟重胝而至，得無勞乎？」唾地而去。後居臨川踈山，毳客趨請，頗有言辭，著四大等頌略、華嚴長者論，行于世。終入龕中，已有白鹿至靈前屈膝而起，時衆謂爲作弔焉。

次筠州白水院釋本仁，不知何許人也。得心於洞山法席。仁罕談道，而四方之人若影之附形，却之還至。乃徇丹陽人請，住無幾時。天復中，至洪井高安白水院聚徒。垂欲入滅，先觸處告違，乃集衆焚香曰：「至香煙盡處，是某涅槃時。」如其言，端坐而化。

次龍牙山釋居遁，姓郭氏，臨川南城人也。年殆十四，警世無常而守恬淡。白親往求出家于廬陵滿田寺。於嵩山受具戒，已思其擇木，乃參翠微禪會，迷復未歸，莫知投詣。聞洞上言玄格峻，而躬造之。遁少進問曰：「何謂祖意？」答曰：「若洞水逆流，即當爲說。」而於言下體解玄微。隱衆栖息，七八年間孜孜戢曜，時不我知，久則通矣。天策府楚王馬氏素藉芳音，奉之若孝悌之門稟昆長矣。乃請居龍牙山妙濟禪院，侁侁徒侶常聚半千。爰奏舉，詔賜紫袈裟并師號證空焉，則梁貞明初也。方嶽之下，號爲禪窟，闚其室得其門者亦相繼矣。至龍德三年癸未歲八月遘疾彌留，九月十三日歸寂。遁出世近四十餘齡，語詳別録。

梁福州玄沙院師備傳五

釋師備，俗姓謝，閩人也。少而憨黠，酷好垂釣〔一〕，往往泛小艇南臺江自娱。其舟若虚，同類不我測也。一日〔二〕，忽發出塵意，投釣棄舟，上芙蓉山出家〔三〕，咸通初年也。後於豫章開元寺具戒，還歸故里，山門力役，無不率先。布納〔四〕添麻，芒鞵續草，減食而食，語默有常，人咸畏之，汪汪大度，雖研桑巧計不能量也。備同學法兄，則雪峯存師也，一再相逢，存多許與，故目之爲備頭陀焉。有日，謔之曰：「頭陀何不徧參去？」備對曰：「達磨不來東土，二祖不往西天。」存深器重之。先開〔五〕荒雪峯，備多率力。王氏始有閩土，奏賜紫衣，號宗一大師。以開平二年戊辰十一月〔六〕二十七日示疾而終，春秋七十四〔七〕，僧臘四十四。閩越忠懿王王氏樹塔〔八〕。備三十年演化，禪侣七百許人，得其法者，衆推桂琛爲神足矣。至今浙之左右，山門盛傳此宗，法嗣繁衍矣。其於建立透過大乘初門，江表學人無不乘風偃草歟？

梁河中府棲巖山存壽傳六

釋存壽，不知何許人也。清標勝範，造次奚及。罷尋經論，勇冠輩流。往問津於石霜禪師，決了前疑，虚舟不繫，乃爲枯木，衆之榴杌矣。後還蒲坂，緇素歸心。時冀王〔一〕友謙受封屏翰，好奇徇異，聞人一善，厚禮下之。王召入府齋，論道談玄，不覺膝之前席，頗增奉仰，續爲菩薩戒師，供施便蕃〔二〕。度門人〔三〕四百許員，尼衆百數。壽平日〔四〕罕言，言必利物。喜愠之色，人未嘗見，望之若孤松凌雪焉。終時春秋九十三，加趺而坐，一月後髭髮再生，重剃入塔。塔之亭，每有虎旋遶，凥迹時繁。勑謚爲真寂大師焉。

梁台州瑞巖院師彦傳七

釋師彦，姓許氏，閩越人也。早悟羈縻，忽求拔俗，循乎戒檢，俄欲觀方。見巖頭禪師，領會無疑。初樂杜嘿，似不能言者。後爲所知敦喻，允請住台州瑞巖山院。時道忞往參問，答對響捷，忞公神伏。後二衆同居，彦之威德，凛若嚴霜。糾正僧尼，無容舛悮，故江表言御衆翦齊者，瑞巖爲最。嘗有三僧，胡形清峭，目睛轉若流電焉，差肩並足致禮。彥問曰：「子從何來？」曰：「天竺來。」「何時發？」曰：「朝行適至。」彥曰：「得無勞乎？」曰：「爲法忘勞。」乃諦視之，足皆不蹈地。彥令入堂，上位安置，明旦忽焉不見，云是辟支迦果人，然莫知階級。時有不測人入法會，非止一過。彥參學時號爲小彥長老。兩浙武肅王錢氏累召，方肯來儀，終苦辭去。寺倉常滿，嘗有村媪來參禮，彥曰：「汝休拜跪，不如疾歸家，救取數十百物命，大有利益。」媪忩忙到舍，兒婦提竹器拾田螺正歸。媪接取，放諸水濆。又數家召齋，一一同日見彥來食至終闍維〔一〕。有巨蛇緣樹杪，投身火聚，當乎薪盡，舍利散飛。或風動草木上紛紛而墜。神異絶繁，具如別録。

梁撫州曹山本寂傳八

釋本寂，姓黄氏，泉州蒲田〔一〕人也。其邑唐季多衣冠士子僑寓，儒風振起，號小稷下焉。寂少染魯風，率多强學，自爾淳粹獨凝，道性天發。年惟十九，二親始聽出家。入福州雲名山〔二〕。年二十五，登于戒足，凡諸舉措，若老苾蒭。咸通之初，禪宗興盛，風起於大潙也。至如石頭、藥山其名寖頓，會洞山憫物，高其石頭，往來請益，學同洙泗。寂處衆如愚，發言若訥。後被請住臨川曹山〔三〕，參問之者堂盈室滿。其所詶對，激射匪停，特爲毳客標準，故排五位以銓量區域，無不盡其分齊也。復注對寒山子詩，流行寓内，蓋以寂素修舉業之優也。文辭遒麗〔四〕，號富有法才焉。尋示疾，終於山〔五〕，春秋六十二，僧臘〔六〕三十七。弟子奉龕窆而樹塔。後南嶽玄泰著塔銘云〔七〕。

後唐漳州羅漢院桂琛傳九

釋桂琛，俗姓李氏，常山人也。甫作童兒，篤求遠俗，齋茹一飡，調息終日。秉心惟確，鄉黨所欽。二親愛縛而莫辭，群從情纏而難脱。既冠繼踰城之武，求師得解虎之儔，乃事本府萬歲寺無相大師矣。初登戒地，例學毗尼，爲衆升臺宣戒本畢，將知志大安拘之於小道乎？乃自誨曰：「持犯束身，非解脱也。依文作解，豈發聖乎？」於是誓訪南宗，程僅萬里。初謁雲居，後詣雪峯〔一〕玄沙兩會，參訊勤恪。良以嗣緣有在，得旨於宗一大師，明暗色空〔二〕，廓然無惑。密行累載，處衆韜藏。雖夜光所潛，而寶器終異，遂爲故漳牧太原王公誠請於閩城西石山建蓮宫〔三〕而止。駐錫一紀有半，來往二百衆。琛以秘重妙法，罔輕示徒，有密學懇求者，時爲開演。後龍溪爲軍倅，勤州太保瑯琊公志請於羅漢院爲衆宣法，諱讓不獲，遂開方便。不數載，南北參徒喪疑而往者，不可殫數。有角立者，撫州曹山文益、江州東禪休復，咸傳琛旨，各爲一方法眼，視其子則知其父矣。以天成三年戊子秋，復届〔四〕閩城舊止，徧翫近城梵宇。已俄示疾，數日安坐告終，春秋六十有二，僧臘四十〔五〕。遺戒勿遵俗禮而棺而墓。於是荼毗於城西院之東岡〔六〕，收其舍利，建塔于院之西，禀遺教也。則清泰二年十一月望日也〔七〕。琛得法密付授耳。時神晏大師，王氏所重，以言事脅令捨玄沙嗣雪峯，確乎不拔，終爲晏譏而凌轢，惜哉！

後唐福州長慶院慧稜傳十

釋慧稜，杭州海鹽人也，俗姓孫氏。初誕纏紫色胎衣。爲童齔日，俊朗抗節，於吴苑通玄寺登戒。已聞南方有禪學，遂遊閩嶺，謁雪峯，提耳指訂，頓明本性。乃述偈云：「昔時謾向途中學，今日看來火裏冰。」如是親依，不下峯頂，計三十許載。冥循定業，謹攝矜莊。泉州刺史王延彬召稜住昭慶院，禪子委輸，唯虞後至。及於長樂府，居長慶院，二十餘年，出世不減一千五百衆。稜性地慈忍，不妄許人。能反三隅，方加印可。以長興三年壬辰五月十七日長往，春秋七十九，僧臘六十。閩國王氏私諡之大師，號超覺。塔葬皆出官供。判官林文盛爲碑紀德云。

後唐杭州龍册寺道怤傳十一

釋道怤，俗姓陳，永嘉人也。丱總之年，性殊常準〔一〕，而惡鯹血之氣。親黨强啖以枯魚，且虞嘔噦。求出家于開元寺。具戒已，遊閩入楚，言參問善知識，要決了生死根源。見臨川曹山寂公，大有〔二〕徵詰，若曇詢之問僧稠也。終頓息疑於雪峯，閩中謂之小怤布納。時太原同名，年臘之高故。暨廻浙，住越州鑑清院〔三〕。時皮光業者，日休之子，辭學宏贍，探賾禪門，嘗深擊難焉。退而謂人曰：「怤公之道，崇論閎議，莫臻其極。」武肅王錢氏欽慕，命居天龍寺，私署順德大師。次文穆王錢氏創龍册寺，請怤居之，吴越禪學自此而興。以天福丁酉歲八月示滅，春秋七十〔四〕。荼毗于大慈山塢，收捨舍利，起塔於龍姥山〔五〕前。故僧主彙征撰塔銘。今舍利院，弟子主之，香火相綴焉。

晉會稽清化院全付傳十二

釋全付〔一〕，吴郡崐山人也。幼隨父商于豫章，聞禪寂之説，乃有厭世之志。白求出家，父愠形于色。愠止，復白者三，父異其誠，率略許之。遂詣江夏，投清平大師。問曰：「爾來何求？」付曰：「志求法也。」清平師憐其幼而抱器，撫以納之。夙興夜寐，殊於群童。及長，爲之落飾，尋登戒度。奉師彌謹，檢身彌至，問法無猒飫，見性不齷齪，清平頷而許之。一日，謂人曰：「吾聞學無常師，吾非匏瓜〔二〕，豈繫於此而曠於彼乎？」遂辭師而抵宜春之仰山，禮南塔涌禪師。應對言語，深認仰山之勢，頓了直下之心。仰山䁱然器重之。拳拳伏膺，棲神累載。後遊于廬陵，安福縣宰楊公建應國禪院，請付居之。禪徒子來，堂室叜滿。楊宰罷任，其鄉人復於鴿湖山建院，迎以居之。廉使上聞，錫名曰清化禪院，禪徒麕至，請問者牆進。皆不我屈，豈多讓于前輩乎？有同里僧謂付曰：「父母之鄉，胡可棄也？任緣徇世，願師歸歟！」遂別鴿湖而還故國。時吴越文穆王錢氏命升階，賜之衣衾鉢器，有加禮焉。丁酉歲，錢城戍將闞雲峯山，建清化禪院，召以居之。次忠獻王錢氏遣使錫以紫袈裟，付上章累讓，再賜之，又讓之，遂改以〔三〕納衣。付曰：「吾非榮其賜而飾讓也，恐後人之傚吾而逞欲矣。」尋賜號曰純一禪師，又固讓之。付不以情忘情，故情真；不以道求道，故道直。所居院之殿宇堂室，人競崇建之。鑄鐘千餘斤。新額曰雲峯清化禪院，雲水之侶輻湊，睠睠不欲捨旃。開運四年丁未歲秋七月示疾，謂衆曰：「生也法起，殁也法滅，起滅非言論所及也。」安然而逝，有大雨疾風，以震林木拔矣。享年六十六，臘四十有五。歸窆于山之北塢，弟子應清等十餘人奉師遺訓，不墜其道焉。僧主彙征爲塔銘。建隆二年立。

晉永興永安院善靜傳十三靈照

釋善靜，俗姓王氏，長安金城人也。父朗，唐威州刺史。母李氏因夢聖容照爛金色，遂爾娠焉。及生歧嶷。殆乎知學，博通群言，因掌書奏于神策軍，中尉器重之。忽猒浮幻，潛詣終南豐德寺，禮廣度禪師，時年二十七也。洎乎削染受具，天復中南遊樂普，見元安禪裔，乃融心要。北還化徒于故里，結廬于終南雲居山，道俗歸之如市。又起遊峨嵋，禮普賢銀色世界，迴興元，連帥王公禮重留之，後還故鄉，已黍離矣。留守王公營永安禪院以居之。以開運丙午歲冬鳴椎〔一〕集僧囑累，還方丈，東向，右脇而化，俗壽八十九，僧臘六十。黑白之衆若喪嚴親。明年正月八日，荼毗於城南，獲舍利數千粒。漢乾祐三年庚戌八月八日，遷塔于長安義陽鄉，石塔巋然。

初，静率多先覺，往遊婺道，避昭宗之蒙塵。又生平洗沐，舍利隕落，皆收秘，不許弟子示人。又嘗禪寂次，窗外無何有白鶴馴狎于庭，若有聽法之意。静令人驅斥之。凡此殊徵，有而不有。晉昌軍府主郭公歸信焉，營構禪院，命以居之。翰林學士魚崇諒爲塔銘述德焉。

次杭州龍華寺釋靈照，本高麗國人也。重譯而來，學其祖法，入乎閩越，得心於雪峯。苦志參陪，以節儉勤于衆務，號照布納焉。千衆畏服，而言語似涉島夷。性介特，以恬淡自持。初住齊雲山〔二〕，次居越州鑑清院〔三〕。嘗秖對副使皮光業，語不相投，被舉擯徙龍興焉。及湖州太守錢公造報慈院請住，禪徒翕然。吴會閒僧捨三衣披五納者，不可勝計。忠獻王錢氏造龍華寺，迎取金華梁傳翕大士靈骨道具，寘于此寺樹塔，命照住持焉。終于此寺〔四〕，遷塔大慈山之峯。

周金陵清涼院〔一〕文益傳十四

釋文益，姓魯氏，餘杭人也。年甫七齡，挺然出俗，削染于新定智通院，依全偉禪伯。

弱年，得形俱無作法於越州開元寺。于時謝俗累以拂衣，出樊籠而矯翼。屬律匠希覺師盛化其徒于鄮山育王寺，甚得持犯之趣。又遊文雅之場，覺師許命爲我門之游夏也。尋則玄機一發，雜務俱捐〔二〕。振錫南遊，止長慶禪師法會。已決疑滯，更約伴西出湖湘，爾日暴雨不進，暫望西院〔三〕寄度信宿，避溪漲之患耳。遂參宣法大師〔四〕曾住漳浦羅漢，閩人止呼羅漢。羅漢素知益在長慶穎脱，鋭意接之，唱導之。由玄沙與雪峯血脉殊異，益疑山頓摧，正路斯得，欣欣然挂囊栖止，變塗迴軌，確乎不拔。尋遊方却抵臨川，邦伯命居崇壽。四遠之僧求益者，不減千計。江南國主李氏始祖知重，迎住報恩禪院，署號浄慧。厥後微言欲絶，大夢誰醒？既傳法而有歸，亦同凡而示滅，以周顯德五年戊午歲秋七月十七日有恙，國主紆于方丈問疾。閏月五日，剃髮澡身，與衆言別，加趺而盡，顔貌如生，俗年七十四，臘五十五〔五〕。私謚曰大法眼，塔號無相。俾城下僧寺具威儀禮迎引，奉全身於江寧縣丹陽鄉，起塔焉。

益好爲文筆，特慕支湯之體，時作偈頌真讚，別形纂録。法嗣弟子天台德韶、慧明、漳州智依、鐘山道欽〔六〕、潤州光逸、吉州文遂。江南後主爲碑頌德，韓熙載撰塔銘云。

周廬山佛手巖行因傳十五道潛

釋行因，不詳姓氏，鴈門人也。遊方問道于江淮，見廬山北有巖，遥望如垂手焉，手下則深邃可三五丈許。因獨棲禪觀于其中。僞唐主元宗聞之，三徵召不起。巖中夜闌，有異鹿一卧于因之石屋之側，又錦囊鳥一伏宿于石壁下，二物都無驚怖。因不度弟子，有鄰庵僧爲之供侍。一日小疾，謂侍僧曰：「卷上簾，我去去。」簾方就鉤，下牀三數步間立，屹然而化，春秋七十許。元宗命畫工寫真，而闍維收遺骨，白塔在巖背焉。初因傳禪法于襄陽鹿門山，尋爲元宗堅請〔一〕，於棲賢寺開堂唱道，不及朞月，潛歸巖窟。初巖如五指，中指上有松一株，因終之日，此亦枯瘁。因有經藉之學，有問則指擿先儒得失章句，是非談論，不滯於方隅，開喻必含於教化，實得道之良士也。

系曰：凡夫捨報，尸必一同也。佛則右脅，果位坐亡，首搘地者現通，身立中者彰異。其惟欲行步而化者，除後僧會外，則因公有焉。

次錢塘慧日永明寺釋道潛，俗姓武，蒲津人也。生而强壯，容姿端雅。成立則身長七尺許，胸前黑子七點，若斗之綱魁焉。投中條山棲巖大通禪院，禮真寂禪師，爲親教也。戒檢嚴明〔二〕，訥言敏行。師亡之後，誓入鴈門五臺山，以精恪之故，躬親文殊聖容。後諸方無定遊處。末到〔三〕臨川，見崇壽益禪師，頓明心決。次棲衢州古寺，覽閱藏經。嘗宴坐中，見文殊現形，不覺起而作禮。及詣杭，禮阿育王塔，跪而頂戴，淚下如雨。問掌塔僧曰：「舍利人不目擊，還實有否？」僧曰：「按傳記云，藏在內角中，望若懸鐘焉。」潛疑未已，遂苦到跪禮，更無間然。俄見舍利紅色在懸鐘之外，蠢瞤而行。潛悲喜交集。又光文大師彙征迥然肯重，自爲檀越，請於山齋行三七日普賢懺，忽見徧吉御象在塔寺三門亭下。其象鼻直枕行懺所。漢南國王錢氏命入王府受菩薩戒，造大伽藍，號慧日永明，請以居之。假號曰慈化定慧禪師，別給月俸以施之，加優禮也。建隆二年辛酉九月十八日示疾而終。入棺之際，有白光晝發，孛孛瑩然，時衆皆覩。至十月内於龍井山荼毗，所收舍利夥多。有屠者自惟惡業，展襟就火聚乞求，斯須獲七顆。屠家持於印氏塔中。至開寶庚午歲，天台韶禪師建石塔，緘其真骨，癸酉歲塔頂放白光焉。

大宋廬山圓通院緣德傳十六

釋緣德，俗姓黄，錢塘人也。父超修學儒術，而長於繢畫，傳周昉佛粉本，受筆法於吴興李沼長史。德幼有出家之志，心性孤僻而寡合，遂往天台受具，習禪法於天龍寺道怤禪師。尋往江西問道，自雲居往廬阜，孤節高岸，實不見有所欲。江南國主李氏召入内道場安置，慮其不群，別構羅漢院處之。苦求入山，請住廬山新院，乃列威儀導引焉。德且裝衣荷檐而入，然後升座，對答參問焉。其國主賜賚，未嘗以表牋報謝。有國老宋齊丘者，禮以師道。以開寶中卒于山院〔一〕。德一生服用，熟韋袴韈而已。行杜多法，供億諸禪侶，厨無匱乏。或謂德有黄白術焉。

大宋天台山德韶傳十七

釋德韶者，姓陳氏，縉雲人〔一〕也。幼出家于本郡，登戒後，同光中尋訪名山，參見知識，屈指不勝其數。初發心於投子山和尚，後見臨川法眼禪師，重了心要，遂承嗣焉。始入天台山，建寺院道場。無幾，韶大興玄沙法道，歸依者衆。漢南國王錢氏嘗理丹丘〔二〕，韶有先見之明，謂曰：「他日爲國王，當興佛法。」其言信矣，遣使入山旁午，後署大禪師號，每有言時，無不符合。蘇州節使錢仁奉有疾，遣人賫香往乞願焉。乃題疏云：「令公八十一。」仁奉得之甚喜曰：「我壽八十一也。」其年八月十一日卒焉。凡多此類。韶未終〔三〕之前也，華頂石崩，振驚百里，山如野燒蔓筵，果應韶終。焚舍利繁多，營塔，命都僧正贊寧爲塔碑焉。享年八十二，法臘六十四〔四〕即開寶五年壬申歲六月二十八日也。《語録》大行。出弟子傳法百許人，其又興智者道場數十所，功成不宰，心地坦夷。術數尤精，利人爲上。至今江浙間謂爲「大和尚」焉。

論曰：梵語禪那，華言念修也。以其觸情念而無念，終日修而無修。又云正定也，正受也。正則廓然冥而定矣。正受簡邪思惟，增徧計故。所以奢摩他以寂静故，三摩提以觀如幻〔一〕故，若禪那者，俱離静幻故，始云菩薩不住此岸，不住彼岸，而度衆生令登彼岸也。若然者，諸聖住處既如彼，諸聖度生復若何？稽夫法演漢庭，極證之名未著；風行廬阜，禪那之學始萌。佛陀什，秦擯而來，般若多，晉朝而至，時遠公也，密傳坐法，深幹玄機，漸染施行，依違祖述。吳之僧會亦示有緣，俱未分明，肆多隱秘。及乎慧文大士，肇尋龍樹之宗；思大禪翁，繼傳三觀之妙。天台智者引而伸之，化導陳隋，名題止觀。

粵有中天達磨，哀我群生，知梵夾之雖傳，爲名相之所溺，認指忘月，得魚執筌，但矜誦念以爲〔一〕功，不信己躬之是佛。是以倡言曰：「吾直指人心，見性成佛，不立文字也。」此乃乘方便波羅蜜，徑直而度，免無量之迂迴焉。嗟乎！經有曲指，曲指則漸修也。見性成佛者，頓悟自心本來清淨，元無煩惱，無漏智性，本自具足。此心即佛，畢了無異。如此修證，是最上乘禪也。不立文字者，經云「不著文字，不離文字。」非無文字，能如是修，不見修相也。又達磨立法，要唯二種，謂理也、行也。然則直而不適，不速而疾，云不立文字，乃反權合道也。爾時梁武不知，魏人未重，向少林而面壁，唯慧可以神交。亦猶白雪雖歌，巴童寡和。後則臨汧牧圉，子孫終號於强秦；避狄岐邰，文武乃成其王道。可生璨，璨生信。信下分二枝，一忍二融。融，牛頭也。忍生秀與能。能傳信衣，若諸侯付子孫之分器也，厥後此宗越盛焉。蔭車百輛，尼拘樹而展轉垂枝；施雨萬方，阿耨龍而連筵布潤。當是時也，應其懸記，屬于此人，後來得道無央數是歟！

重之曰：夫禪之爲物也，其大矣哉！諸佛得之昇等妙，雌龍得之破障纏。率由速疾之門無過此。故今之像末，鬬諍復生，師足既傷，資爭未已。如聞此心是佛，便言三十二相何無？或聞一路涅槃，則曰八萬法門何在？曾不知經中發菩提心，此見佛性也。云何修菩薩行，此行布修行也。因信不及，無明所迷，溺喪忘歸，何由復業！或舉經以示之，則對曰：「此性宗法。」或謂之曰：「莫是魔説，還可焚毁否？」且置而勿論。又欲棄之，又欲存之，不其惑乎？昔者于闐諸部謂道行經爲婆羅門書，烏荼小乘謗大乘學作空花外道。西乾尚爾，此何驚乎？良以六代宗師，一期舉唱，但破百年之暗，靡營一室之隳。殊不知禪有理焉，禪有行焉。脱或戒乘俱急，目足更資，行不廢而理逾明，法無偏而功兼濟。然後始可〔三〕與言禪已矣。其如玄學多斥講家，目爲數寶之人，終困屢空之室。那不見經是佛言，禪是佛意，諸佛心口，定不相違。施設逗根，用有時處。況以經江高國紀之名，論海總朝宗之會。毗尼一學，軌範千途。授形俱築釋子之基，唱隨行浄沙門之業，擬捐三事，何駕一乘？終包不足之羞，豈到轉依之地？通人不誚，豎子何知？佛事門中不捨一法，吠聲貽責，遷怒傷人，因擊鼠以破盆，爲争摶而噬主，自他俱有；彼我須均，縱横盡而成一秦，氣劑和而成一味者也。今從貞觀及于宋朝，於山選山，露須彌而出海；於羽求羽，放金翅以騰空。令其鑽仰之儔，慕此堅高之道矣。吾徒通達，無相奪倫，譬若文武是一人之藝，不能兼者，互相非斥耳。若相推重，佛法增明，酬君王度己之恩，答我佛爲師之訓。慎之哉！慎之哉！

校勘記

圓紹傳

〔一〕今東京，揚州本、大正本無今字。宋、元本有，同此本。

法普傳

〔一〕塗續，原本續作績，從揚州本、大正本改。

智閑傳

〔一〕七尺，原本尺誤作尽，從揚州本、大正本改。

〔二〕蕩覆，原本覆作履，從宋本、元本改。

光仁傳

〔一〕么麽，原本么作公，從揚州本、大正本改。

師備傳

〔一〕酷好垂釣，按佛祖通載卷二十五作「少爲漁家子」。

〔二〕一日，按傳燈録卷十八作「唐咸通初，年甫三十，忽慕出塵」。

〔三〕上芙蓉山出家，禪林僧寶傳卷四作「從芙蓉山靈訓禪師斷髮」。

〔四〕布納，揚州本、大正本納作衲。按納、衲通用。

〔五〕先開，原本先作光，從揚州本、大正本改。

〔六〕十一月，僧寶傳作「十二月」。

〔七〕春秋七十四，傳燈録同，佛祖通載作「没年七十有五」。

〔八〕王氏樹塔，佛祖通載云：「閩帥賜號宗一禪師。」

存壽傳

〔一〕冀王，原本冀作異，揚州本、大正本作冀。按朱友謙受梁封爲冀王，見新、舊五代史，今從改。

〔二〕便蕃，揚州本、大正本便作更。宋本、元本作便，同此本。按便字亦通。

〔三〕度門人，原本度作席，從揚州本、大正本改。

師彥傳

〔四〕平日，原本平作示，從揚州本、大正本改。

〔一〕闍維，原本闍作閣，從揚州本、大正本改。

本寂傳

〔一〕蒲田，五燈會元卷十三、禪林僧寶傳卷一蒲作莆。

〔二〕雲名山，五燈會元、僧寶傳作「靈石山」。

〔三〕曹山，五燈會元云：「師志慕六祖，遂名山爲曹。」僧寶傳同。

〔四〕遒麗，原本遒作酋，從揚州本、大正本改。

〔五〕終于山，五燈會元謂歿在天復辛酉六月十六日僧寶傳同。

〔六〕僧臘，原本僧作臘，重臘字不通，從揚州本、大正本改。

〔七〕五燈會元云：「謚元證禪師。」塔曰福圓。

桂琛傳

〔一〕雪峯，原本雪作雷，從揚州本、大正本改。

〔二〕色空，原本色作塞，揚州本、大正本作色，塞當是聲之訛，從改。
〔三〕建蓮宫，傳燈録卷二十一云：「建精舍曰地藏。」
〔四〕復届，原本届作戒，各本皆同。傳燈録作届，於文義爲順，戒當是届之音訛，今據改。禪林僧寶傳卷四作「復至」，義與届同。
〔五〕僧臘四十，僧寶傳作「坐四十二夏」。
〔六〕東岡，原本岡作罔，從揚州本改。大正本作崗，同。
〔七〕傳燈録云：「謚曰真應禪師。」

道忞傳

〔一〕常準，原本常作當，從揚州本、大正本改。
〔二〕大有，原本大作太，從揚州本、大正本改。
〔三〕鑑清院，傳燈録卷十八作「鏡清禪院」。鏡蓋避宋嫌諱而改。
〔四〕春秋七十，傳燈録作「壽七十四」。
〔五〕龍姥山，傳燈録姥作母。按姥字同姆，母又姆之音借。

全付傳

〔一〕全付，五燈會元卷九付作忿。
〔二〕匏瓜，原本瓜作爪，從揚州本、大正本改。
〔三〕改以，原本改作故，揚州本、大正本同。宋本作改，義順，今據改。

善静傳

〔一〕鳴椎，原本椎作稚，從揚州本、大正本改。椎謂揵椎，但釋書或作揵稚，依音當作椎，説見前。

〔二〕齊雲山，傳燈録卷十八山名上有「婺州」二字。

〔三〕鑑清院，傳燈録鑑作鏡，鑑爲避宋諱而改。

〔四〕終于此寺，傳燈録云：「晉天福十二年丁未閏七月二十六日終於本寺，壽七十八。」

文益傳

〔一〕清涼院，揚州本、大正本無院字，宋本、元本有之，同此本。按此本卷首目録亦有院字，依例當有。

〔二〕俱捐，揚州本、大正本捐作損。傳燈録卷二十四作捐，同此。

〔三〕西院，傳燈録作「城西地藏院」。

〔四〕宣法大師，傳燈録作「琛和尚」，琛和尚即桂琛，宣法爲其稱號。

〔五〕臘五十五，傳燈録作「臘五十四」。

〔六〕道欽，原本欽作釛，從揚州本、大正本改。文益法嗣下有金陵道欽，見傳燈録卷二十五。

行因傳

〔一〕堅請，原本堅作賢，從揚州本、大正本改。

〔二〕巖明，原本巖作巗，從揚州本、大正本改。

〔三〕末到，原本末作未，大正本同；揚州本及宋本作末，從改。

緣德傳

〔一〕開寶中卒于山院，按禪林僧寶傳卷八作「太平興國二年……化，閲世八十，坐六十有三夏。」

德韶傳

〔一〕縉雲人，傳燈録卷二十五作「處州龍泉人」。

〔二〕漢南國王錢氏嘗理丹丘，傳燈録云：「時吴越忠懿王以國王子刺台州。」

〔三〕未終，原本未作末，從揚州本、大正本改。

〔四〕臘六十四，傳燈録作「臘六十五」。

論

〔一〕如幻，原本幻作幼，從揚州本、大正本改。下「静幻」之幻同。

〔二〕以爲，原本以作次，從揚州本、大正本改。

〔三〕始可，原本始作如，大正本同。揚州本及宋本作始。按此句仿論語八佾「始可與言詩已矣」例，作始爲是，今從改。

大宋高僧傳卷第十四

明律篇第四之一 正傳二十人 附見五人

唐京兆西明寺道宣傳一 大慈

釋道宣，姓錢氏，丹徒人〔一〕也，一云長城人。其先出自廣陵太守讓之後，洎太史令樂之撰天文集占一百卷。考諱申府君，陳吏部尚書，皆高矩令猷，周仁全行，盛德百代，君子萬年。母娠而夢月貫其懷，復夢梵僧語曰：「汝所妊者即梁朝僧祐律師，祐則南齊剡溪隱嶽寺僧護也。宜從出家，崇樹釋教」云。凡十二月在胎，四月八日降誕。九歲能賦。十五厭俗，誦習諸經，依智頵律師受業。洎十六落髮，所謂除結，非欲染衣，便隸日嚴道場。弱冠，極力護持，專精克念，感舍利現于寶函。隋大業年中，從智首律師受具。武德中依首習律，纔聽一徧，方議修禪。頵師呵曰：「夫適遐自邇，因微知章，修捨有時，功顧須滿，未宜即去律也。」抑令聽二十徧，已乃坐山林，行定慧，晦迹於終南倣掌之谷。所居乏水，神人指之，穿地尺餘，其泉迸涌，時號爲白泉寺。猛獸馴伏，每有所依，名花芬芳，奇草蔓延。隋末徙崇義精舍，載遷豐德寺。嘗因獨坐，護法神告曰：「彼清官〔二〕村，故淨業寺，地當寶勢，道可習成。」聞斯卜焉，焚功德香，行般舟定〔三〕。時有羣龍禮謁，若男若女，化爲人形。沙彌散心，顧盼邪視。龍赫然發怒，將搏攫之，尋追悔，吐毒井中，具陳而去。宣乃令封閉，人或潛開，往往煙上，審其神變。或送異花一奩，形似棗花，大如榆莢，香氣馝馞，數載宛然。又供奇果，季孟棃柰，然其味甘，其色潔，非人間所遇也。門徒嘗欲舉陰事，先是潛通，以定觀根隨病與藥。皆此類者。

有處士孫思邈嘗隱終南山，與宣相接，結林下之交，每一往來，議論終久。時天旱，有西域僧於昆明池結壇祈雨，詔有司備香燈供具。凡七日，池水日漲數尺。有老人夜詣宣求救，頗形倉卒之狀，曰：「弟子即昆明池龍也。時之無雨，乃天意也，非由弟子。今胡僧取利於弟子，而欺天子言祈雨。命在旦夕，乞和尚法力加護！」宣曰：「吾無能救爾，爾可急求孫先生。」老人至思邈石室，寃訴再三，云：「宣律師示我，故敢相投也。」邈曰：「我知昆明池龍宮有仙方三十首，能示余，余乃救爾。」老人曰：「此方上界不許輒傳，今事急矣，固何所悋。」少選，捧方而至。邈曰：「爾速還，無懼胡僧也。」自是池水大漲，數日溢岸，胡僧術將盡矣，無能爲也〔四〕。

及西明寺初就，詔宣充上座。三藏奘師至止，詔與翻譯。又送真身往扶風無憂王寺。遇敕令僧拜等，上啓朝宰〔五〕，護法又如此者。撰法門文記、廣弘明集、續高僧傳、三寶録、羯磨戒疏、行事鈔、義鈔等二百二十餘卷。三衣皆紵，一食唯菽。行則杖策，坐不倚牀，蚤蝨從遊，居然除受，土木自得，固己亡身。嘗築一壇，俄有長眉僧談道，知者其實賓頭盧也。復三果梵僧禮壇讚曰：「自佛滅後，像法住世，興發毗尼，唯師一人也。」乾封二年春，冥感天人來談律相，言鈔文輕重，儀中舛悞，皆譯之過，非師之咎，請師改正。故今所行著述，多是重修本是也。又有天人云：「曾撰祇洹〔六〕圖經，計人間紙帛一百許卷。」宣苦告口占，一一抄記，上下二卷。又口傳偈頌，號付囑儀十卷是也。貞觀中，曾隱沁部雲室山，人睹天童給侍左右。於西明寺夜行道，足跌前階，有物扶持，履空無害。熟顧視之，乃少年也。宣遽問：「何人中夜在此？」少年曰：「某非常人，即毗沙門天王之子那吒也，護法之故，擁護和尚，時之久矣。」宣曰：「貧道修行，無事煩太子。太子威神自在，西域有可作佛事者，願爲致之！」太子曰：「某有佛牙寶掌雖久，頭目猶捨，敢不奉獻。」俄授于宣，宣保録供養焉。復次，庭除有一天來禮謁，謂宣曰：「律師當生覩史天宮」，持物一苞，云是棘林香。爾後十旬，安坐而化，則乾封二年十月三日〔七〕也，春秋七十二，僧臘五十二。累門人窆于壇谷石室，其後樹塔三所。高宗下詔，令崇飾圖寫宣之真相。匠韓伯通塑續之，蓋追仰道風也。

宣從登戒壇及當泥曰，其間受法傳教，弟子可千百人。其親度曰大慈律師、授法者文綱等。其天人付授佛牙，密令文綱掌護，持去崇聖寺東塔。大和初，丞相韋公處厚建塔於西廊焉。宣之持律，聲振竺乾，宣之編修，美流天下，是故無畏三藏到東夏朝謁，帝問：「自遠而來，得無勞乎？欲於何方休息？」三藏奏曰：「在天竺時常聞西明寺宣律師，秉持第一，願往依止焉。」勅允之。宣持禁堅牢，捫蝨以緜紙裹投于地。三藏曰：「撲有情于地之聲也。」凡諸密行，或制或遮，良可知矣。至代宗大曆二年，勅此寺三綱：「如聞彼寺有大德道宣律師傳授得釋迦佛牙及肉舍利，宜即詣右銀臺門進來，朕要觀禮。」至十一年十月，勅：「每年內中出香一合，送西明寺故道宣律師堂，爲國焚之禱祝。」至懿宗咸通十年，左右街僧令霄、玄暢等上表乞追贈。其年十月勅謚曰澄照，塔曰淨光。先所居久在終南，故號南山律宗焉。天寶元載靈昌太守李邕，會昌元年工部郎中嚴厚本，各爲碑頌德云。

系曰：律宗犯即問心，心有虛實故。如未得道，起覆想說，則宜犯重矣。若實有天龍來至我所，而云犯重，招謗還婆羅漢同也。宣屢屢有天之使者或送佛牙，或充給使，非宣自述也。如遣龍去孫先生所，豈自言邪？至于乾封之際，天神合沓，或寫祇洹〔八〕圖經付囑儀等，且非寓言於鬼物乎？君不見十誦律中諸比丘尚揚言，目連犯妄，佛言：「目連隨心想說無罪。」佛世猶爾，像季嫉賢，斯可足怪也。又無畏非開元中者，貞觀、顯慶已來莫別有無畏否？

唐京兆恒濟寺道成傳二

釋道成者，不知何許人也。居于天邑，演彼律乘。戒月揚光，圓而不缺；德瓶告實，滿而不傾。當顯慶中，敷四分一宗，有同霧市。時文綱律匠雖先依澄照大師，後習律文，乃登成之堂奥矣。又懷素著述，皆出其門。垂拱中，日照三藏譯顯識等經，天后詔名德十員助其法化，成與明恂、嘉尚同預證義。由是聲飛神甸，位首方壇，謂之梧桐多棲鳳鳥，謂之芳沚頗秀蘭叢。門生孔多，無過此集，然不詳終所。

系曰：成公與隋蔣州道成同號而異實，二者奚先？通曰：「隋成也精乎十誦，著述尤多；唐成也傳乎四分，譯講偕妙。然其撰集則開悟迷淪，究其翻傳則陶甄教道。譬猶後龤靡及乎前光，似寶或慙乎真寶，互有長短，用則無遺也。」

唐京師崇聖寺文綱傳三名恪

釋文綱，姓孔氏，會稽人也。曾祖範，陳都官尚書；祖禩，祠部侍郎；考頂生〔一〕逃海避隋，擇木歸舜，貞觀始拜尚乘直長，咸光復儒業，旁通釋教。是故綱也植宿根，從習氣。慈母懷孕，雜食棄捐。有婆羅門僧頭陀語其母曰：「若此男終紹三寶。」自爾每聞空中多異香，雜仙樂。及誕育之日，白鶴翔集，若臨視焉。比襁褓中，午後不受乳哺，猶堅持齋者。童亂，隨師訪道。十二出家，冠年受具。精慮苦行，專念息心，藜羹糗糧，麻衣草薦。操有彝檢，口無溢言。尋詣京兆沙門道成律師，稟毗尼藏。二十五講律，三十登壇。每勤修深思，凝視反聽，淨如止水，嶷若斷山。或風雨宴居，或晝夜獨得。故能吉祥在手，不捨其餠，威德迎風，不絶於氣。出籠瘠鴈，坐致虚空，起屋下層，自然成就。惟甘露之渧口，喻利劒之傷人，慎之重之，廣矣至矣。由是八方來學，四分永流，請益者舉袂雲臨，讚歎者發聲雷駭。久視中，天作淫雨，人有憂色。綱愍之〔一〕，乃端坐思惟，却倚屋壁。奄至中夕，欻爾半傾，唯餘背間，嶷然山立，識者以爲得神通，因定力故。日月靈跡，幽明潛感，兆於集事，應乎遺言。左右怪之，綱曰：「夫真實無相，塵色本空。正覺圓常，大悲湛定，不可取也。」是以一時法主，四朝帝師，同迦葉之入城，遇匿王之説戒，竹園門外别有沙彌，畢樹枝間廣聞鵽鳥。所以受潤者博，入見者深。萬病已痊，獲歡喜之藥；一心不染，解煩惱之繩。又恭承絲綸，京都翻譯，追論惠用，遠契如因，翹誠滿朝，檀施敵國，但依布薩，盡用莊嚴。累歷伽藍二十餘所，凡是塔廟，各已華豐。猶且刺血書經，向六百卷；登壇受具，僅數千人。至苦至勤，納無我之海；不寢不食，種無生之田。長安四年，奉勑往岐州無憂王寺迎舍利。景龍二載，中宗孝和皇帝延入内道場行道，送真身舍利往無憂王寺入塔。其年於乾陵宫爲内尼受戒。復於宫中坐夏，爲二聖内尼講四分律一徧。中宗嘉尚，爲度弟子，賜什物綵帛三千匹，因奏道場靈感之事。六月七日，御札題牓爲靈感寺是也。諸寺辟碩德以綵焉。夫其左纛宿，右上林，南臺終山，北池渭水，千門宫闕，化出雲霄，萬乘旌旗，天廻原隰。先天載睿宗聖真皇帝，又於别殿請爲菩薩戒師，妃主環階，侍從羅拜。兜率天上，親聽法言；王舍城中，普聞淨戒。恩旨賜絹三千餘匹，綱悉付常住隨事修營，或金地繚垣，用增上價；或寶坊飛閣，克壯全模；或講堂經樓，舍利淨土；或軒廊器物，厨庫園林，皆信施法財，周給僧寶。方將示迷津，引覺路，濯熱火宅，拯溺毒流，而乃奄忽神遷，斯須薪盡，雖有應化，何其速歟！以開元十五年八月十五日怡然長往，時春秋九十有二。其年九月四日，塔于寺側焉。聞哀奔喪，執紼會葬，香花幢蓋，緇素華夷，填城塞川，篲雲翳景，蓋數萬人。有若法侶，京兆懷素、滿意、承禮、襄陽崇拔、扶風鳳林、江陵恒景、淄川名恪等百餘人，咸曰：「智河舟遷，法宇棟橈而已哉！」有若弟子，淮南道岸、蜀川神積、岐隴慧顗、京兆神慧、思義、紹覺、律藏恒暹、崇業等五十餘人，並目以慈眼入於度門，金棺不追，灰骨罔答。乃請滑臺太守李邕爲碑。邕象彼馬遷，法其班氏[三]，以二人而同傳，必百行以齊肩。不忝懷素前，不慙宣師後，李北海題品，不其韙乎！

有淄州名恪律師者，精執律範，切勤求解，嘗厠宣師法筵，躬問鈔序義。宣師親録，隨喜靈感壇，班名于經末，又附麗文綱之門也。

唐京師恒濟寺懷素傳四 賓律師

釋懷素，姓范氏，其先南陽人也。曾祖嶽，高宗朝選調爲絳州曲沃縣丞。祖徽，延州廣武縣令。父强，左武衛長史，乃爲京兆人也。母李氏夢雲雷震駭，因而娠焉。誕育之辰，神光滿室。見者求占，此子貴極，當爲王者之師傅也。幼齡聰黠，器度寬然，識者曰：「學必成功，才當逸格。」耳聞口誦，皆謂老成。年及十歲，忽發出家之意，猛利之性，二親難沮。貞觀十九年，玄奘三藏方西域迴，誓求爲師。雲與龍而同物，星將月以共光，俱懸釋氏之天，悉麗著明之象。初尋經論，不費光陰。受具已來，專攻律部。有鄴郡法礪律師一方名器，五律宗師，迷方皆俟其指南，得路咸推其鄉導，著疏十卷，別是命家。見接素公，知成律匠。研習三載，乃見諸瑕，喟然歎曰：「古人義章未能盡善！」咸亨元年，發起勇心別述開四分律記。至上元三年丙子歸京，奉詔住西太原寺傍聽道成律師講，不輟緝綴。永淳元年，十軸畢功，一家新立，彈糾古疏，十有六失焉。新義半千百條也。傳翼之彪，搏攫而有知皆畏；乘風之震，砰輷而無遠不聞。所化翕然，所傳多矣。復著俱舍論疏一十五卷，遺教經疏二卷，鈔三卷，新疏拾遺鈔二十卷，四分僧尼羯磨文兩卷，四分僧尼戒本各一卷。日誦金剛經三十卷，講大律已疏計五十餘徧，其餘書經畫像，不可勝數。於本寺別院忽示疾，力且薾然，告秀章曰：「余律行多缺，一報將終。」時空中有天樂瀏亮，奄然而逝，俗齡七十四，法臘五十三。葬日，有鴻鶴遶塔悲鳴，至暮方散。

素所撰述，宗薩婆多。何邪？以法密部緣化地部出，化地從有部生，故出受體以無表色也。又斥二宗云：「相部無知，則大開量中得自取大小行也。南山犯重，則與天神言論，是自言得上人法也。」大抵素疏出，謂之新章焉。開元中，嵩山賓律師造飾宗記以解釋之，對礪舊疏也。又謂爲東西塔律宗，因傳習處爲名耳。大曆中，相國元公載奏成都寶園寺置戒壇，傳新疏，以俸錢寫疏四十本，法華經疏三十本，委寶園光翌傳行之。後元公命如淨公爲素作傳。韋南康皐作靈壇，傳授毗尼新疏記，有承襲者，刊名于石。其辭酋麗，其翰兼美，爲蜀中口實焉。

唐光州道岸傳五

釋道岸，姓唐氏，世居潁川，是爲大族，漢尚書令琳、司空珍、吴尚書僕射固、雍州刺史彬、涼鎮北將軍瑶之後也。永嘉南度，遷于光州，衣冠人物，暉映今古。岸生而不羣，少而奇槩，爰在髫齓，有若老成。齒冑膠庠，徇齊墳典，猶恐聞見未博，藝業有遺。遂浮江〔一〕淮，達洙泗，探禹穴，升孔堂，多歷年所矣。操翰林之鼓吹，游學海之波瀾，討論百家，商攉三教。乃歎曰：「學古入官，紆金拾紫，儒教也。餐松餌栢，駕鶴乘龍，道教也。不出輪迴之中，俱非桄喻之義，豈若三乘妙旨，六度宏功，錙銖世間，掌握沙界哉！」遂落髮出家，洗心訪道，一音克舉，四句精通。堅修律儀，深入禪慧。夜夢迦葉來爲導師，朝閲真經，宛契冥牒。由是聲名籍甚，遠近吹嘘，爲出世之津梁，固經行之領袖。十方龍象，罔不師範焉；萬國鵷鸞，無敢訓對者。向若迴兹妙識，適彼殊途，議才必總於四科，濟世雅符於三傑。有若越中初法師者，祕藏精微，罔不明練，道高寰宇，德重丘山。岸聞善若驚，同聲相應，乘杯去楚，杖錫遊吴。雲霧一披，鐘鼓齊振，期牙合契，澄什聯芳。由是常居會稽龍興寺焉。楊越黎庶，江淮釋子，輻湊烏合，巷少居人，罕登元禮之門，且覩公超之市。岸身遺纏蓋，心等虛空，不擇賢愚，無論貴賤，温顔接待，善誘克勤，明鑑莫疲，洪鐘必應。皆窺天挹海，虛往實歸，其利博哉，無得稱也！時號爲大和尚。登無畏座，講木叉律，容止端嚴，辭辯清暢，連環冰釋，理窟毫分，瞻仰者皆悉由衷，聽受者得未曾有。於是高僧大士，心醉神傾，捐棄舊聞，佩服新義，江介一變，其道大行。孝和皇帝精貫白業，遊藝玄樞，聞而異焉。遣使徵召，前後數介。然始入朝，與大德數人同居内殿，帝因朝暇，躬閲清言。雖天睠屢迴，而聖威難犯，凡厥目對，靡不魂驚，皆向日趨風，滅聽收視。岸人望雖重，僧臘未高，猶淪居下筵，累隔先輩。惜帝有輪王之位，不起承迎，以吾爲舍那之後，晏然方坐。皇帝覩其高尚，伏以尊嚴，偏賜衣鉢，特彰榮寵。因請如來法味，屈爲菩薩戒。師親率六宫，圍繞供養，仍圖畫於林光宫。御製畫讚，辭曰：「戒珠皎潔，慧流清淨，身局五篇，心融八定。學綜真典，觀通實性，維持法務，綱統僧政。律藏冀兮傳芳，象教因乎光盛。」以比夫靈臺影像，麟閣丹青，功德義殊，師臣禮異。銓擇綱管，統帥僧徒者，有司之任也。以岸盛德廣大，至行高邈，思偏雨露，特變章程。所歷都白馬、中興、莊嚴、薦福、罔極等寺，綱維總務，皆承勑命，深契物心，天下以爲榮，古今所未有。中宗有懷罔極，追福因心，先於長安造薦福寺。事不時就，作者煩勞，勑岸與工部尚書張錫同典其任。廣開方便，博施慈悲，人或子來，役無留務，費約功倍。帝甚嘉之，頻邀〔二〕賞錫，何間昏曉。

既荷天澤，言酬恩地，遂還光州，度人置寺。於是祇陀苑囿，欝起僧坊，拘鄰比丘，便爲人寶，能事斯畢，夫何恨哉！江海一辭，星霜二紀，每懷成道之所，更迫鐘漏之期。遂去上京，還至本處。將申顧命，精擇門人，僧行超、玄儼者，是稱上足也。克傳珠髻之寶，俾賜金口之言，右脇而卧，示其泡幻也。以開元五年歲次丁巳八月十日滅度於會稽龍興道場，時年六十有四。海竭何依？山崩安仰？天人感慟，道俗哀號，執紼衣縗，動盈萬計。弟子龍興寺慧武寺主義海、都維那道融、大禹寺懷則、大善寺道超、齊明寺思一、雲明寺慧周、洪邑寺懷瑩、香嚴寺懷彥、平原寺道綱、湖州大雲寺子瑀、興國寺慧纂等，秀稟珪璋，器承磨琢，荷導蒙之力，懷栝羽之恩，思播芳塵，必題貞石，乃請禮部侍郎姚弈爲碑紀德。

初，岸本文綱律師高足也，及孝和所重，其道克昌。以江表多行十誦律，東南僧堅執罔知四分。岸請帝墨勑執行南山律宗。伊宗盛于江淮間者，岸之力也。

唐百濟國金山寺真表傳六

釋真表者，百濟人也。家在金山，世爲弋獵〔一〕。表多蹻捷，弓矢最便。當開元中，逐獸之餘，憩于田畎間，折柳條貫蝦蟇成串，置于水中，擬爲食調。遂入山網捕。因逐鹿，由山北路歸家，全忘取貫蟇歟。至明年春，獵次，聞蟇鳴。就水，見去載所貫三十許蝦蟇猶活。表于時歎惋，自責曰：「苦哉，何爲口腹，令彼經年受苦？」乃絶柳條，徐輕放縱。因發意出家，自思惟曰：「我若堂下辭親，室中割愛，難離慾海，莫揭愚籠。」由是逃入深山，以刀截髮，苦到懺悔，舉身撲地，志求戒法，誓願要期彌勒菩薩授我戒法也。夜倍日功，遶旋叩搕，心心無間，念念翹勤，經于七宵。詰旦，見地藏菩薩手摇金錫爲表策發，教發戒緣作受前方便。感斯瑞應，歡喜徧身，勇猛過前。二七日滿，有大鬼現可怖相，而推表墜于巖下，身無所傷。匍匐就登石壇上，加復魔相未休，百端千緒。至第三七日質明，有吉祥鳥鳴曰：「菩薩來也。」乃見白雲若浸粉然，更無高下，山川平滿，成銀色世界，兜率天主逶迤自在，儀衛陸離，圍遶石壇，香風花雨，且非凡世之景物焉。爾時慈氏徐步而行，至于壇所，垂手摩表頂曰：「善哉！大丈夫求戒如是，至于再，至于三，蘇迷盧可手攘而却，爾心終不退。」乃爲授法，表身心和悦，猶如三禪意識與樂根相應也。四萬二千福河，常流一切功德，尋發天眼焉。慈氏躬授三法衣、瓦鉢，復賜名曰真表。又於膝下出二物，非牙非玉，乃籤檢之制也，一題曰九者，一題曰八者，各二字，付度表云：「若人求戒，當先悔罪，罪福則持犯性也。」更加一百八籤，籤上署百八煩惱名目，「如求〔二〕戒人，或九十日，或四十日，或三七日行懺，苦到精進，期滿限終，將九、八二籤參合百八者，佛前望空而擲。其籤墮地，以驗罪滅不滅之相。若百八籤飛逗四畔，唯八、九二籤卓然壇心而立者，即得上上品戒焉。若衆籤雖遠，或一二來觸九、八籤，拈觀是何煩惱名，抑令前人重覆懺悔已，止將〔三〕重悔煩惱籤和九、八者，擲其煩惱籤，去者名中品戒焉。若衆籤埋覆九、八者，則罪不滅，不得戒也。設加懺悔過九十日，得下品戒焉。」慈氏重告誨云：「八者新熏也，九者本有焉。」囑累已，大仗既迴，山川雲霽。於是持天衣，執天鉢，猶如五夏比丘，徇道下山，草木爲其低垂覆路，殊無溪谷高下之别。飛禽鷙獸，馴伏步前。又聞空中唱告村落聚邑，言菩薩出山來，何不迎接？時則人民男女布髮掩泥者，脱衣覆路者，氊罽氍毹承足者，花絪美褥填坑者，表咸曲副人情，一一迪踐。有女子提半端白氎覆于途中，表似驚忙之色，迴避别行。女子怪其不平等，表曰：「吾非無慈不均也，適觀氎縷間皆是豨子，吾慮傷生，避其悞犯耳。」原其女子，本屠家販買得此布也。自爾常有二虎左右隨行，表語之曰：「吾不入郛郭，汝可導引至可修行處。」則乃緩步而行三十來里，就一山坡，蹲踞于前。時則挂錫樹枝，敷草端坐。四望信士，不勸自來，同造伽藍，號金山寺焉。後人求戒，年年懺罪者絶多，今影堂中道具存焉。

系曰：表公革心變行，一日千里，果得慈氏爲授戒法。此五十受中何受邪？通曰：「近上法見諦自誓也。發天眼通是證初二果也。非諦理現觀而何？專據石壇，與多子塔前自誓同也。」或曰：「所授籤檢以驗罪滅之相，諸聖教無文。莫同諸天傳授，或魔鬼所爲，不可爲後法乎？」通曰：「若彰善癉惡，利益不殊。彌勒天主是天傳授，非魔必矣。諸聖教中有懺罪求徵祥，證其罪滅不滅。然其佛滅度，彌勒降閻浮説瑜伽，豈可不爲後世法耶？十誦律云：『雖非佛制，諸方爲清浄者，不得不行也。』

唐安州十力寺秀律師傳七

釋秀公者，齊安人也。髫年天然有離俗之意焉。既丁荼蓼，便往蜀部，禮興律師，諷誦經典，易若温尋。又依之進具，果通達毗尼，乃爲興公傳律上足弟子歟？如是四載，入長安，造宣律師門，爲依止之客。勤以忘勞，涉十六年，不離函丈。窮幽諸部，陶練數家，將首疏爲宗本，然向黄州報所生地。次往安陸，大揚講訓。聲美所聞，諸王牧守攸共遵承正化，緇徒咸摹細行。有貞固律師居于上席；解冠諸生最顯清名；餘皆後殿。其諸成業，不可勝筭。春秋七十餘，卒于十力寺本房焉。

唐京師崇聖寺靈蕚傳八

釋靈蕚者，不知何許人也。勤乎切問，靡憚尋師。乾封中，於西明寺躬預南山宣師法席。然其不拘常所，或近文綱，或親大慈，皆求益也。末塗懼失宣意，隨講收采所聞，號之曰記，以解删補鈔也。若然者推究造義章之始，唯慈與蕚也。又別撰輕重訣，故苑陵玄冑親覩其文，故援引之以解量處輕重儀焉。金革之故，其訣湮滅，無復可尋矣。

唐京兆崇福寺滿意傳九

釋滿意，不知何許人也。風神峭拔，識量寬和，經論旁通，專於律學。武德末，所遇鄴都法礪律師，作疏解曇無德律，遂往摳衣，明其授受。如是講導三十許年，乃傳付觀音寺大亮律師。亮方授越州曇一。盛化之間，出龍象之資，無過意之門也矣。

唐京兆西明寺崇業傳十

釋崇業，不知何許人也。初同弋陽道岸學毗尼于文綱之法集。業之服勤，淬礪罔怠，釁肆之間推居元長。與淄州名恪齊名，挺拔剛毅過之，美聲洋洋達于禁闈。睿宗聖真皇帝操心履道，勑以舊邸造安國寺，有詔業入承明熏修別殿，爲帝授菩薩戒〔一〕，施物優渥，僉迴捨修菩提寺殿宇，抑由先不畜盈長之故也。開元中微疾，囑弟子曰：「吾化窮數盡，汝曹堅以防川，無令放逸！」語訖，終于所居寺之別院。業即南山之嗣孫矣。

唐越州法華山寺玄儼傳十一 融濟

釋玄儼，俗姓徐氏，晉室南遷，因官諸暨，遂爲縣族。年始十二，辭親從師，事富春僧暉。證聖元年，恩制度人，始墮僧數，隸懸溜寺。儼幼而明敏，長則韶令，標格峻整，風儀凜然。迨于弱冠，乃從光州岸師諮受具戒。後乃遊詣上京，探賾律範，遇崇福意律師并融濟律師，皆名匠一方，南山上足，咸能昇堂睹奧，共所印可。由是道尊戒潔，名動京師。安國授記，並充大德。後還江左，偏行四分，因著輔篇記十卷、羯磨述章三篇，至今僧徒遠近傳寫。初，光州岸公嘗因假寐，忽夢神僧謂曰：「玄儼當爲法器，云何教以小乘？」後乃命宣般若。由是研精覃思，採摭舊學，撰金剛義疏七卷，古德所不解，先達所未詳，我則發揮光明，若指諸掌。誓以一生宣講百徧。

越邑精舍，時稱法華，晉沙門曇翼曾結庵山巔，入是法三昧，感徧吉菩薩。徒觀其塔類多寶，涌出以證經；宮如轉輪，飛行而聽法。雙烏所以示兆，今尚翔鳴；六象所以呈奇，時猶隱現。不可得而思議者，蓋斯之謂歟。信如來之福庭，是菩薩之隱岳。儼乃考盤是卜，束鉢深棲，建置戒壇，招集律行。若夫秦衡上士，燕代高僧，數若稻麻，簈同竹葦，伏膺請益，躡屩檐簦。宴坐不出，幾三十載。

開元二十四年，帝親注金剛般若經，詔頒天下，普令宣講。都督河南元彦沖躬請儼重光聖日，遂闡揚幽贊，允合天心，令盲者見日月之光。聾者聞雷霆之響。儼之演暢，蓋有力焉。夫樂小法者迷自我而爲病，通大方者懵開空之法道。若夫會三歸一，觸理冥事，自優波離已下猶或病諸。而儼綱紀小乘，演暢大法，晤佛境之非有，識魔界之爲空。故能使涅槃將生死一如，煩惱與菩提齊致，發心而登佛地，非我而誰？白黑歸依，當仁不讓。昔僧護法師常居石城，宴坐青壁，仰其中峯，如有佛像，願造十丈，以圖兜率。良願未諧，護公長逝。梁武皇帝詔僧祐律師馳傳經理，規模刻劃，意匠纔施。俄而山塚崒崩，全身坐現，合高百餘尺。雖金石絲竹，四天之供施常聞；功德莊嚴，十地之琱鐫尚闕。儼乃內傾衣鉢，外率檀那，布以黄金之色，鎔以白銀之相，銅錫鉛錯，球琳琅玕，七寶由是渾成，八珍於焉具足。雖寶積獻蓋，界現三千；迦葉貢衣，金踰十萬；如須彌之現于大海，若杲日之出于高山，此又儼之功德不可思議者也。故洛州〔二〕刺史徐嶠、工部尚書徐安貞，咸以宗室設道友之禮；國子司業康希銑、太子賓客賀知章、朝散大夫杭州臨安縣令朱元眘，亦以鄉曲具法朋之契。開元二十六載，恩制度人，採訪使潤州刺史齊澣、越州都督景誠、採訪盧見義、泗州刺史王弼，無不停旟浄境，稟承法訓。齊公乃方舟結乘，奉迎儼於丹陽、餘杭、吴興諸郡，令新度釋子躬授具戒。自廣陵迄于信安，地方千里，道俗受法者殆出萬人。凡禮佛名經一百遍，設無遮大會十筵，而入境住持，舉無與比。夫秉法傳授，從佛口生，有門人法華曇俊、崇默、龍興崇一、開元智符、稱心崇義、香嚴懷節、寶林洪霈覺引灌頂，皆不傾油鉢，無漏浮囊。經不云乎？如旃檀林，栴檀圍繞；如師子王，師子圍繞。信儼之威神有在，而法主之功德不刊。將知三界無安，百靈共盡，此生已適於後息，他世應見于前心。以天寶元載歲次壬午，緣化已畢。十一月三日，現疾于繩牀，七日午時，坐終于戒壇院，春秋六十有八。粤其月二十五日，窆于寺南秦山之下。高樹雙塔，光明踰於白雲；列植千松，秀色羅於明月。經始則神邕、崇曉，住持則惟湛、道昭，並躬護聖場，親傳智印。其餘三千門人，五百弟子，承般若之深法，受毗尼之密行，盡號顓門，無待彌勒。天寶十五載歲次景申，萬齊融述頌德碑焉。

唐杭州靈智寺德秀傳十二

釋德秀，俗姓孫氏，富陽人也。少出塵區，早棲梵宇。當圓戒檢正護浮囊，匪定常師，留神律府。講談之外，嘗哀鬼神乏食，恒以深更施其飲食。浙汭之民，傾誠畏服。及終于定山，頗多靈異，則天寶初載也。遷神座入塔時，天降舍利七顆，門人以缾盛之，緘于其塔。或發之，見秀齒上生舍利，紛紛而墜。後人還累甓成浮圖。鄉人云：「恒有白蛇蟠屈守塔，樵牧之童無敢近者。」

唐開業寺愛同傳十三玄通

釋愛同，俗姓趙氏，本天水人也。代襲冠冕，弱齡挺拔，惠然肯來，爲佛家子。具戒後，講彌沙塞律，遠近師稟，若鱗羽宗乎鯤鳳也。昔南宋朝罽賓三藏覺壽譯成此律，因出羯磨一卷，時運遷移，其本零落，尋求不獲，學者無依。同遂於大律之內，抄出羯磨一卷，彼宗學者盛傳流布，被事方全。孝和之世，神龍中盛重翻宣，同與文綱等參預譯場，推爲證義。義浄所出之經，同有力焉。著五分律疏十卷，復遺囑西明寺玄通律師重施潤色。後安史俶擾，焚燎喪寺，今無類矣。

唐五臺山詮律師傳十四

釋詮律師者，五臺縣人也。綵服出家，冠年受戒，儀則清雅，衆禀綱繩。習毗尼宗秘菩薩行。詮除訓徒外，守默無撓，遠近有事，靡不豫知，人謂爲得他心通也。一食終日，弊衣遮體，不貯顆粒，房無縷綜。其强本節用，造次不可及也。入滅之日，祥雲鬱密，天樂錚摐，闔寺僧徒皆聞異香馚馥。乃召集寺衆，執手告辭，囑累門人，加趺而滅云。

唐楊州龍興寺法慎傳十五

釋法慎，姓郭氏，江都人也。孩抱之歲，誓齒空門，親愛所鍾，志不可奪。從瑶臺成律師受具戒。依太原寺東塔，體解律文，絶其所疑，時賢推服。或一言曲分於象表，精理自得於環中，聲振京師，如晞愛日。諸寺衆請綱領，乃默然而東歸。既還楊都，俯允郡願，恒誦金剛般若經、如意輪。般若佛心，我得此心，衆生亦得。如意勝願，我如此願，衆生亦如。謂「天台止觀，包一切經義；東山法門，是一切佛乘。色空兩亡，定慧雙照，不可得而稱也。」慎暑不攝齊，食不求飽，居不易坐。四方捨施，歸於大衆，一身有無，均於最下。朝廷之士銜命往還，路出維楊，終歲百數，不踐門閾，以爲大羞。仰承一盹，如洗飢渴。慎與人子言依於孝，與人臣言依於忠，與人上言依於仁，與人下言依於禮。佛教儒行，合而爲一。學者流誤，故親校經論。延來者聽受，故大起僧坊。將警群迷，故廣圖菩薩因地。善護諸命，故曲濟衆生壽量。以文字度人，故工於翰墨。以法皆佛法，故兼采儒流。以我慢爲防，故自負衣鉢。以規矩爲任，故綱正緇林。以發揮道宗，故上行恭禮。以感慕遺迹，故不遠他邦。以龍象參議，故再至京國。以軌度端明，故研精律部歟！黄門侍郎盧藏用才高名重，罕於推挹，一見于慎，慕味循環，不能離坐。退而歎曰：「宇宙之内，信有高人！」黄門於院中置以經藏，嚴以香燈，天地無疆，像法常在。太子少保陸象先、兵部尚書畢構、少府監陸餘慶、吏部侍郎嚴挺之、河南尹崔希逸、太尉房琯、中書侍郎平章事崔涣、禮部尚書李憕、辭人王昌齡、著作郎綦毋潛，僉所瞻奉，願同灑掃。感動朝宰如此。以天寶七載十月十四日晨興盥漱，就胡牀加趺，心奉西方，既曛而滅於龍興寺别院，春秋八十三，夏六十二。緇素弟子，北距泗沂，南踰嶺徼，望哭者千族，會葬者萬人。其上首曰會稽曇一、閩僧懷一、南康崇叡、晉陵義宣、錢塘譚山寺惠鸞、洛京法瑜、崇元、鶴林寺法勵、法海、維楊惠凝、明幽、靈祐、靈一等，罔不成樂説辯才入法華三昧。衆所知識，物之依怙。天上甘露，正味調柔；人中象王，利根成熟。音樂樹下，長流福慧之泉；雪山峯頂，仰見清涼之月。金剛決定，煩惱無餘。優曇開敷，香潔盈滿。法施之恩，郡居之感，哀奉色身，經始靈塔于蕪城西蜀岡之原。像教也，幽公自幼及衰，恒所親侍，後請吏部員外郎趙郡李華爲碑紀述，大曆八年癸丑十二月也。大理司直張從申書，趙郡李陽冰題額。其塔亦幽公經度。建塔之地，廣袤如素，高卑得中。周臨四衢，平視千里。門人環蒔列栢，薦以名香。其塔屬會昌中例，皆毀焉。

唐杭州華嚴寺道光傳十六

釋道光，姓褚氏，踰齔出家。方冠受具，詣光州和尚學通毗尼。于時夏淺德崇，壇場屬望，蓋天賚真士，爲東南義虎，雲雨慈味，笙鏞道聲。光持法華經，創塔廟，洎没身不怠也。上元元年庚子仲秋示疾，終于本寺，春秋七十九，法臘五十八。是日馳陽昧昧，淫雨漯漯，烈風崇朝，嘉木爲折，乃東土福盡之徵也。俄然喜氣五色，亭亭如蓋，移晷不散，偏映精廬，即西方往生之意也。

初光未歿，其月三日質明，支疾凝神，依色身觀，彌陀具相現在其前。滿庭碧花，昔所未覩者。四日昧爽，有異人請光爲和尚，遂開目彈指曰：「但發菩提心。」至五日，曼陀羅花自天而雨。門人神烈義津追慕弗遑，各分法味，流布行化，香火無窮云。

唐楊州大雲寺鑒真傳十七

釋鑒真，姓淳于氏，廣陵江陽縣人也。總丱俊明，器度宏博，能典謁矣。隨父入大雲寺，見佛像，感動夙心，因白父求出家。父奇其志，許焉。登便就智滿禪師，循其獎訓。屬天后長安元年，詔於天下度僧，乃爲息慈配住本寺，後改爲龍興。殆中宗孝和帝神龍元年，從道岸律師受菩薩戒。景龍元年，詣長安。至二年三月二十八日，於實際寺依荆州恒景律師邊得戒。雖新發意，有老成風，觀光兩京，名師陶誘。三藏教法，數稔該通，動必研幾，曾無矜伐。言旋淮海，以戒律化誘，鬱爲一方宗首。冰池印月，適足清明；猊座揚音，良多響答。

時日本國有沙門榮叡、普照等東來募法，用補缺然。於開元年中，達于楊州，爰來請問，禮真足曰：「我國在海之中，不知距齊州幾千萬里。雖有法而無傳法人，譬猶終夜有求於幽室，非燭何見乎？願師可能輟此方之利樂，爲海東之導師乎！」真觀其所以，察其翹勤，乃問之曰：「昔聞南岳思禪師生彼爲國王，興隆佛法，是乎？又聞彼國長屋曾造千袈裟來施中華名德，復於衣緣繡偈云：『山川異域，風月同天，寄諸佛子，共結來緣。』以此思之，誠是佛法有緣之地也。」默許行焉。所言長屋者，則相國也。真乃慕比丘〔一〕思託等一十四人，買舟自廣陵賫經律法離岸，乃天寶二載六月也。至越州浦，止署風山〔二〕。真夜夢甚靈異。纔出洋，遇惡風濤，舟人顧其垂没，有投棄棧香木者〔三〕。聞空中聲云：「勿投棄。」時見舳艫各有神將介甲操仗焉，尋時風定。俄漂入蛇海，其蛇長三丈餘，色若錦文。後入魚海，魚長尺餘，飛滿空中。次一洋，純見飛鳥集于舟背，壓之幾没。洎出鳥海，乏水。俄泊一島，池且泓澄，人飲甘美。相次達于日本，其國王歡喜迎入城大寺安止。初於盧遮那殿前立壇，爲國王受菩薩戒。次夫人、王子等，然後教本土有德沙門足滿十員，度沙彌澄脩等四百人，用白四羯磨法也。又有王子一品親田〔四〕捨宅造寺，號招提，施水田一百頃。自是已來，長敷律藏，受教者多，彼國號大和尚，傳戒律之始祖也。以日本天平寶字七年癸卯歲五月五日，無疾辭衆，坐亡，身不傾壞，乃唐代宗廣德元年矣。春秋七十七，至今其身不施苧漆，國王貴人信士時將寶香塗之。僧思託著東征傳詳述焉。

唐杭州天竺山靈隱寺守直傳十八〔一〕

釋守直，字堅道，錢塘人也，姓范氏，齊信安太守瑝之八葉。禮既冠衆，君子器之。夙有丘園之期，不顧玄纁之錫。遂詣蘇州支硎寺圓大師所受具足律儀。是夜，眼中光現長一丈餘，持久方滅，蓋得戒之驗也。後抵江陵，依真公。三年練行。尋禮天下二百餘郡，聖跡所至，無不至焉。見無畏三藏，爲受菩薩戒。聞普寂〔二〕大師傳楞伽心印。講起信宗論二十餘徧；南山律鈔四十徧，平等一雨，大小雙機在乎圓音，未嘗少異。乃立願誦華嚴經，還於中宵夢神人施珠一顆。及覺，惘惘然如珠在握。是歲入五臺山，轉華嚴經二百徧，追夙心也。宏覽大藏經三過，廣正見也。至開元二十六年，有制舉高行，道俗請正名隸大林寺，後移籍天竺住靈隱峯，時大曆二年也。至五年三月，寓于龍興淨土院，謂左右曰：「夫至人乘如而來，乘如而去，示其心然也。而愚夫欲以長繩繫彼白日，安可得乎？吾景落桑榆，豈淹久也？」以其年此月二十九日告終，春秋七十一，僧臘四十五。其間臨壇度人多矣，顯名者洞庭〔三〕辯秀、湖州皎然〔四〕、惠普、道莊、會稽清江、清源、杭州擇鄰、神偃、常州道進。晝公著塔銘云。

唐洪州大明寺嚴峻傳十九

釋嚴峻，姓樊氏，濰州人也。父任硤州長史、昭王府司馬。峻性地夷然，學習明利。年及十九，應進士舉。倐罹荼蓼，思報劬勞，投南陽佛寺。後抵荊州玉泉山蘭若，遇真禪師，示其禪觀，入城泊大雲寺。峻秉持戒印，用之不刓，憑附浮囊，渡之攸往。衆請臨壇，復舉律之宗主，僶俛承命。忽逢觀淨禪師，頓明心法。大曆元年，思往清涼山，未達廬陵，見顔魯公，一言相契，膠漆如也。二年春，宜春太守俾僧正馳疏請召。四年春，洪州刺史李華員外延入大明寺住止。三月中，俄命沐浴換衣，舉望空虛，合掌而逝，春秋五十九。遷塔，弟子圓約等於寺前大泉池立碑存焉。

唐會稽開元寺曇一傳二十

釋曇一，姓張氏，蓋韓人也。其先軒轅賦姓，至良佐漢，侯于留。魏晉已還，衣冠繼代。曾祖恒，隋太常卿，扈蹕楊都，遂家于越。恒生孝廉翼，翼生處士葴，葴生一，令聞江南，今四葉矣。一宿植淨因，生知慧性，弱而敏悟，長而聰明。年十五，從李滔先生習詩禮，終日不違。十六，聽雲門寺茂亮〔一〕法師經論，一聞懸解。法師異之，謂其母孟氏曰：「此佛子也，可令削髮，當與授記。」亮即孝和皇帝菩薩戒師也。一聞而歡喜，有度世之志。景龍中，承恩出家，隸在僧録。年滿受具於丹陽玄祖律師，學通事鈔於當陽曇勝律師。既而鑽木見煙，窺牆覩奥。開元五年，西遊長安，依觀音寺大亮律師，傳毗尼藏，崇聖寺檀子法師學唯識、俱舍等論，安國寺印度沙門受菩薩戒〔二〕。於是蓮花不染之義，甘露甚深之旨，一傳慧炬，了作梵雄。遠近瞻仰，如宗師矣。

然刃有餘地，時兼外學，常問周易於左常侍褚無量，論史記於國子司業馬貞。遂漁獵百氏，囊括六籍，增廣聞見，自是儒家，調御人天，皆因佛事。公卿響慕，京師藉甚。時丞相燕國公張説、廣平宋璟、尚書蘇瓌、兖國陸象先、秘書監賀知章、宣州涇縣令萬齊融，皆以同聲並爲師友，雖支許之會虛嘉〔三〕，宗雷之集廬岳，未云多也。

四分律者，後秦三藏法師梵僧佛陀耶舍傳誦中華，與羅什法師共爲翻譯，今之講授，自此員來。魏法聰律師始爲演説，聰授道覆，覆授光。洎隋朝相部勵律師作疏十卷，西京崇福寺滿意律師盛傳此疏，付授亮律師。其所傳授一，一依勵律師疏及唐初終南宣律師四分律鈔三卷，詳略同異，自著發正義記十卷。明兩宗之踳駮，發五部之鈐鍵。後學開悟，夜行得燭，前疑泮釋，陽和解冰，佛日昭晰而再中，法棟崢嶸以高峙。發正記中斥破南山持犯中可見也。

二十五年〔四〕，仗錫東歸。明年詔置開元寺，長史張楚舉爲寺主，因而居焉。一聲振京華，道高吴會，布大慈以攝衆，修萬行以表儀。順風問道者轂擊肩摩，函丈請益者波委雲萃。虚受之量，隨而演説，故前後講四分律三十五徧，删補鈔二十餘徧焉。江淮釋子受木叉者，非一登壇即不爲得法。從持僧律，蓋度人十萬計矣。至德之際，國步多艱，緇徒慢法，罕率經教。國相王公出鎮于越，以一德名素高，請爲僧統。一變清淨，大闡熏修，浹旬之間，迴邪入正。善誘潛化，皆此類焉。始者一入關謁明達法師，目之曰：「汝人中師子也。」又遇遵善寺尼慈和，歌曰：「曇一師，解毗尼，大聰明，更無疑。」爲達人之所諺多矣。天寶十四載，淛河潮水南激錢塘，大雲伽藍當兹湍悍，因請一講律，學徒千人咸發大願。每上，念摩訶般若，乃止濤激，以福伍胥、龍王。用兹莊嚴，祈於衛護。五月晦夜，惚怳之間，見一神人，衣冠甚偉，稽首謝曰：「蒙垂法施，即改波流。」未逾九十日，漲沙五十里，道俗驚歎，得未曾有。

一蔚爲法主，大揚教跡，發明前佛之付囑，保證後佛之護念。四句作偈，受持者了於未了；一音演法，諦聽者聞所不聞。非夫天地淳精，江山粹靈，與法作程，間世而生，孰能玄通密證如此其大者乎？寺中洪鐘，一所作也，遠徵鳧氏，近法雷門。生存累年，匠其規制，歿後三日，成於鎔造，聲應百里，扛乎萬鈞，蒲牢吼而地震，師子吼而山業，警悟聾俗，導引迷方，胡可言也！法謝形離，薪盡火滅，以大曆六年十一月十七日〔五〕遷化於寺之律院，報齡八十，僧臘六十一。即以明年十一月二十四日遷座於泰望山，從先和尚之塋也。

一春秋已高，精爽逾勵，既不衰憊，初無疾苦。忽謂侍者曰：「吾將掃禮墳塔，歸骨於此。」數日之後，奄然而終。江淮之南，河洛之表，衣縗制服，執紼送喪，號哭滿山，幡花蔽野，比夫劇孟之母送車千乘，孔丘之墓栽樹萬株，可同年哉！門人越州妙喜寺常照、建法寺清源、湖州龍興寺神玩、宣州隱静寺道昂、杭州龍興寺義賓、台州國清寺湛然、蘇州開元寺辯秀、潤州栖霞寺昭亮、常州龍興寺法俊等，早發童蒙，咸承訓誘，三千弟子仰梁木而增悲，八萬門人望栴檀而不及。時會稽徐公浩素敦鄉里之舊，爲碑頌德焉。大曆十一年也。

校勘記

道宣傳

〔一〕丹徒人，按道宣所著書常自署「吴興釋道宣」（清涼傳亦作「吴興人」），當以其自署爲正。又本書卷十五志鴻傳云：「儼公氏族本生必與南山宣律師相同，亦爲美事矣。」儼公即志鴻，籍屬吴興，然則贊寧固以宣爲吴興人也。此據別傳。

〔二〕清官，佛祖通載卷十五官作宮。
〔三〕般舟定，佛祖通載作「般若三昧」。
〔四〕太平廣記卷二十一引宣室記作「胡僧羞恚而死」。
〔五〕按此指高宗龍朔二年（六六二）下敕令僧道致敬父母，道宣等上表抗拒，宣有白朝宰羣公啓。彥悰並著沙門不應拜俗摠論以争事。詳見廣弘明集卷二十五。
〔六〕祇洹，原本洹作桓，從揚州本、大正本改。
〔七〕三日，佛祖通載作「三十日。」按乾封二年（六六七）十月小（見二十史朔閏表），無三十日，通載誤衍十字。
〔八〕祇洹，原本洹作桓，從揚州本、大正本改。

文綱傳

〔一〕頂生，揚州本、大正本生作逃。
〔二〕憋之，揚州本、大正本憋作懲，通用。
〔三〕班氏，原本班作斑，從揚州本、大正本改。

道岸傳

〔一〕江淮，原本江作汪，從揚州本、大正本改。
〔二〕頻邀，揚州本、大正本頻作頓。宋本、元本作頻，同此本。

真表傳

〔一〕弋獵，原本弋作戈，從揚州本、大正本改。
〔二〕如求，揚州本、大正本求作來，宋本、元本作求，同此本。

〔三〕止將，揚州本、大正本止作正，義較長。宋本、元本作正，同此本。

崇業傳

〔一〕授菩薩戒，原本授作受，從揚州本、大正本改。

玄儼傳

〔一〕洛州，宋本、元本洛作洺。揚州本、大正本作洛，同此。按唐初名洛陽爲洛州。後周置洺州，隋改爲武安郡，唐復爲洺州。（見讀史方輿紀要直隸下）今河北永年縣東南。二地不同，此不詳孰是。

鑒真傳

〔一〕慕比丘，慕疑字形之誤，當作募，與上文「東來募法」相應。

〔二〕署風山，唐大和尚東征傳署作暑，或本作署，同此。

〔三〕投棄檥香木者，東征傳云：「即牽棧香籠欲抛。」

〔四〕親田，東征傳作「新田部」。

守直傳

〔一〕守直，釋皎然杭州靈隱山天竺寺故大和尚塔銘作「守真」。（皎然集卷八）

〔二〕聞普寂，塔銘聞作香，疑涉下普字而形誤。

〔三〕洞庭，塔銘作「蘇州」。此「洞庭」當謂蘇州之洞庭山。

〔四〕皎然，塔銘此間不列「皎然」名，但下文云「晝之身戒亦忝門人」，傳據以補入。

曇一傳

〔一〕茂亮，梁肅越州開元寺律和尚塔碑銘作「諒公」。（唐文粹卷六十二）亮與諒，常通用，諒公即茂亮之尊稱。

〔二〕安國……菩薩戒，塔碑銘云：「從印（原本誤作即，今正）度沙門善無畏受菩薩戒。」

〔三〕虛嘉，各本皆同。按王羲之請支遁住會稽靈嘉寺，用意相近，見高僧傳卷四支遁傳。許謂許詢與遁談玄著名。此「虛嘉」疑當作「靈嘉」。

〔四〕二十五年，塔碑銘作「二十六年」。蓋自至開元寺之年而言。

〔五〕十一月十七日，塔碑銘作「十二月七日」。

大宋高僧傳卷第十五

明律篇第四之二 正傳十九人　附見三人

唐餘杭宜豐寺靈一傳

釋靈一，姓吴氏，廣陵人也。神清氣和，方寸地虚〔一〕，與太初〔二〕元精合其純粹。年肇九歲，僻嫌朽宅，决入梵園，墮息慈之倫，稟出家之制。暨乎始冠，受其具足，學習無倦，律儀是修。示見談笑，欲明解脱。示人文藝，以誘世智。初不計身中有我，我中有身。德全道成〔三〕，緣斷形謝，以寶應元年冬十月十六日，寂滅于杭州龍興寺，春秋三十五〔四〕，凡滿十五安居。臨終，顧謂弟子行茶毗法，樹小浮圖焉。時左衛兵參軍李紓〔五〕、嘉興縣令李湯〔六〕、左金吾衛兵曹參軍獨孤及相與悼梁木之既壞，慮陵谷之當遷，後之人禮應真之塔婆，昧應真之德行，故刻石于武林山東峯之陽也。

一家富貨殖，既而削髮，推千金之産，悉讓諸孤昆弟，所取者惟納衣錫杖。自爾叩維陽法慎師，學相部律，造乎微而臻乎極。友善者慧凝、明幽、靈祐、會稽曇一、晉陵義宣、同門三益,作者七人也。一咳唾塵境,繼日經行,宴坐必擇山椒樹下。初舍于會稽山南懸溜寺,接禪者隱空、乾靖〔七〕,討論第一義諦。或遊慶雲寺,復居餘杭宜豐寺。寺鄰生丹山,門對佳境,冏然獨往。暴風偃山,正智不動,巨浪沃日,浮囊不飄。於是著法性論,以究真諦〔八〕,此一之了語也。每禪誦之隙,輒賦詩歌事,思入無間,興含飛動。潘阮之遺韻,江謝之闕文,必能綴之,無愧古人。循循善誘,門弟子受教,若良田之納膏雨焉。一跡不入族姓之門,與天台道士潘志清〔九〕、襄陽朱放、南陽張繼、安定皇甫曾〔一〇〕、范陽張南史、吴郡陸迅、東海徐嶷、景陵陸鴻漸〔一一〕爲塵外之友,講德味道,朗詠終日。其終篇必博之以文,約之以脩,量其根之上下而授之藥〔一二〕焉。一居寺高隅,初無井泉,一旦呀然而涌,噴金砂之溜于庭之左右,挹之彌清,斠之無竭,蓋精至之感矣。詩行于世,有選其尤者入閒氣集焉。

唐吴郡東虎丘寺齊翰傳二

釋齊翰,字等至,吴興沈氏之子。高祖陳國子祭酒,曾祖隋魏州司馬,祖考三世不仕。翰綺歲從父至山寺,蹈高静無塵之躅,惻然有宿命之知,固請捨家。至天寶八載八月五日奉制度,配名永定寺。九載十月,躋五分壇納形俱戒,移名開元。大曆中轉毲武丘〔一〕,皆兩州道俗所請從命也。翰道性淵默,外則淡然。迹不近名,身不關事,長在一室，寂如無人，豈比夫駢行鼓篋之士哉？顓門相部義疏〔二〕，精敏罕儔。明法華經，主蘇湖戒壇〔三〕，每當請首，則今時所謂壇長也。大曆十年入流水念佛道場，是夜西方念中頓現，蓋純誠之所致也。即以其年〔四〕終于本院，春秋六十八，法臘三十六〔五〕。翰遇疾之日，謂門弟子曰：「有鶴從空飛下，廻翔我前，爾曹見乎？必謝之期，小聖猶病，安能免哉？」受業門人如隱、戒壇宣兗〔六〕等。與吴興皎然結法門昆弟之交，俱高潔，難可輕慕焉。

唐潤州招隱寺朗然傳三

釋朗然，俗姓魏，世襲冠冕，其先隨東晉南渡，則爲南徐人也。開元中入道，受業於丹陽開元寺齊大師。天寶初受具于杭州華嚴寺光律師。後徙靈隱寺，依遠律師，通四分律鈔，重稟越州曇一律師，精研律部講訓，先徒四遠響應。肅宗至德二年，恩命舉移，隸名於慈和寺。上元中，刺史韋儇又請爲招隱統領大德。即以其年講授之暇，著古今決十卷，解釋四分律鈔數十萬言，繁雜義例，條貫甚明，大行於世。觀其先列古人之義，有所不安，則判斷之，故號決也。決中自序，初依天竺威律師學習，復從遠、一二師也。凡戒壇則二十六登，皆爲壇席之主。律鈔凡二十八過講。有饋遺者隨豐薄，受而轉施悲信二田。凡於教理，披文究義，皆言宿習之力也。執持戒檢，斯須不違。大曆十二年冬癸卯，趺坐如常，恬然化滅，時年五十四，僧臘三十五。越十三年春辛酉，建塔于山西原，縗麻之徒泣血千計。高行弟子清浩、擇言等。請益弟子御史中丞洪府觀察使韋儇、吏部員外李華、潤州刺史韓賁、湖州刺史韋損、御史大夫劉暹、潤州刺史樊冕，皆歸心奉信。屯田員外郎柳識爲碑頌焉。

唐越州稱心寺大義傳四

釋大義，字元貞，俗姓徐氏，會稽蕭山人也。以天授二年五月五日，特稟神異，生而秀朗。七歲，父訓之以經典，日可誦數千言。年十二，請詣山陰靈隱寺求師，因習内法，開卷必通，人咸歎之。屬中宗正位，恩制度人，都督胡元禮考試經義，格中第一。削染，配昭玄寺。自兹聽習，旁贍玄儒。開元初，從吴郡圓律師受具。復依本州開元寺深律師，學四分律指訓。義因遊長安，深公已亡，乃摳衣法華寺玄儼律師，其俊邁出倫。儼云：「于今傳法，非子而誰？」及稱心本寺超律師請爲寺任。開元中喪親，誓入天台佛隴轉藏經，答劬勞也。天寶中遂築北塢之室，即支遁、沃洲之地也。初夢二梵僧曰：「汝居此與二十日。」至寶應初，復夢曰：「本期二十日，今滿矣。魔賊將至，不宜更處。」無何，海賊袁晁竊據剡邑，至于丹丘。義因與大禹寺迴律師同詣左谿朗禪師所，學止觀，而多精達。前後朝貴歸心者，相國杜鴻漸、尚書薛兼訓、中丞獨孤峻、洺州刺史徐嶠、次徐浩，皆宗人也。以大曆己未歲五月終于本院，春秋八十九，僧臘六十三〔一〕。殯于寺之北塢舊居，因造塔焉。義前後戒壇計二十七登，受戒弟子三萬餘人。終時，室中聞天樂聲，驗乎生誦法華經、大涅槃經、小大乘戒本，以爲口業德行，非歸兜率，不往浄土，未可議其生處也。

唐常州興寧寺義宣傳五

釋義宣者，晉陵人也。宿殖利根，翛然出俗，不煩師訓，砥礪厥心。納法後，孜孜律科，時無虛度。玄儒旁綜，長在篇章，卒問捷給。而稟延陵恭讓之風，雅得毗尼之體。

初楊州法慎傳于舊章，淮甸之閒，推爲碩匠。天寶初，宣斂衽摳衣，諮詢彌久，輩流率服。慎且歎賞曰：「可畏乎！」宣講終南事鈔，請業于周律師之庭，考覈尤精，乃著折中記六卷以解之。蓋慊融濟、㝵、勝諸師有所紕謬故也。使是非各盡其分，人免據宗而阿比，從此立稱耳。毗陵多出名士僧，有三宣，慧、德、義是歟。時於江都習業，與會稽曇一、閩川懷一、慶雲靈一同門爲朋也。晉陵既有三宣，慎門復出三一焉。江表資爲美談。宣天寶末盛行化導，罔究其終。

系曰：夫名以制義，所出無窮，奈何師資踵武，而犯教祖之諱乎？通曰：「春秋貴賤不嫌同號也。」或曰：「滕齊不敵，俱書侯，乃曰不嫌同號。號與名豈得例諸？」通曰：「號大不嫌，名小豈嫌乎？矧以義宣始爲名者，安知弟子成事於南山之門邪？然出家者必也無妨。一則姓既以華從梵，咸稱釋氏。一則西域無諱，此合從㫋。且諱者〔一〕周人以事鬼神，夏商無諱明矣。況乎宣師已生兜率，小爲天人，大爲菩薩，豈宜以鬼神事之？致令唐初高德勝士，往往止存一字名，職由諱之極矣。屬今修撰，乃闕文也。乃知真諦無諱，俗諦聞似則懼。」或曰：「今沙門姓既爲釋，名復不諱，言我不隨俗諦，云何對君主稱臣？莫西域有否？」通曰：「姓名不對王者，臣妾表疏合然。昔齊帝問王儉，遂令對見稱名。自漢至唐肅宗朝，始見稱臣，由此沿而不革。良以沙門德薄，日就衰微，一往無復矣。又以法委國王，誠難改作。王謂爲是，楷定莫移。故佛言雖非我制，諸方爲清浄者，不得不行也。」

唐蘇州開元寺辯秀傳六

釋辯秀，俗姓劉氏，漢楚王交三十一代孫也。秀幼孤，諸父〔一〕哀字，禮如教立，孝自天生。而宿殖緣深，心田欲稔；因請伯氏，出家長行，哀而捨旃。事靈隱諆禪師，便能問津，圖入道之意。所聞指訓，如涼風入懷，醒然清悟。天寶四年，受戒於東海鑒真〔二〕大師，傳律於會稽曇一。至德中舉高行，竊名於吴郡開元寺。乾元中，下詔天下二十五寺，各定大德七人，長講戒律，秀應其數也。頃年於浄土一門，不懲于念。嘗謂人曰：「昔聞西方之行是有相大乘，此乃蓬心不直，非達觀之説。何邪？夫出言即性，發意皆如，而一色一香，無非中道，況我正念乎？」秀壇場一十六番，度人孤制〔三〕，律樞正持，僧綱〔四〕自肯〔五〕，湖南北皆宗仰焉。以建中元年六月十五日寢疾而終，春秋六十七，法臘三十五。當其逝日，有庭樹一本，枝葉扶疏，朝花正敷而遽萎瘁。其年七月五日，遷靈龕於武丘西寺松門之右。門人道亮、道該、清會，偕遶栴檀之香樹也。故觀察使韋元甫、李棲筠、虢州刺史李紓、御史中丞李道昌盡欽慕往德，亦林下之交。霅晝爲碑頌焉。

唐京師安國寺如淨傳七

釋如淨，不詳何許人也。甫參法位，當納戒津，明練毗尼，砥礪名節。時恒講勗，徒侶雲屯。辭筆偕長，博達儒典。先是關中行智首律師四分律疏，魏郡法礪律師著疏別行。爾時關輔河北，各競宗派，微似參辰。隋末唐初，道宣律師以首大疏爲本，造刪補律鈔三卷，稍爲會要，行事逗機。貞觀已來，三輔、江、淮、岷蜀多傳唱之。次奘三藏弟子懷素者，先習鈔宗，後委棄宣、礪之學，於咸亨年中別述開四分律記，後號新章歟。至代宗大曆中，新章舊疏，互相長短。十三年，勑集三宗律匠，重定二家隆殺，時淨推爲宗主，語在圓照傳。至建中二年，奏二疏並行，淨之力也。蓋以國相元公載篤重素公，崇其律教，乃命淨爲新疏主作傳焉。

唐漢州開照寺鑑源傳八 慧觀

釋鑑源者，不知何許人也。素行甄明，範圍律道，苾蒭表率，何莫由斯。後講華嚴經，號爲勝集，日供千人粥食，其倉箪中米粟纔數百斛，取之不竭，沿夏涉秋，未嘗告匱，其冥感如此。

其山寺越多徵應，有慧觀禪師見三百餘僧持蓮燈，凌空而去，歷歷如流星焉。開元中，崔冀公寧疑其妖妄，躬自入山宿，預禁山四方面各三十里火光。至第三夜，有百餘支燈現，兼紅光可千尺餘。冀公蹷然作禮，歎未曾有。時松間出金色手，長七尺許，有二菩薩黄白金色閃爍然。復庭前栢樹上，晝現一燈，其明如日，横布玻璃。山可三里所，寶珠一顆圓一丈，熠爚可愛。西嶺山門懸大虹橋，橋上梵僧、老叟、童子間出，有二炬爛然空中，如相迎送交過之狀。下有四菩薩，兩兩偶立，放通身光，可高六七十尺。復見大松林後忽有寺額，篆書三學字。又燈下垂繡帶二條。東林之間，夜出金山。月當于午，金銀二色燈列於知鉉師墳側。韋南康臯每三月就寺設三百菩薩大齋，菩薩現形捧燈，僧持香燈引挹之，鑪在寺門矣。白中令敏中覩瑞，興立此寺。大中八年，改額曰開照。源律師道化，與地俱靈哉！弟子傳講，東川所宗也。

唐吴郡雙林寺志鴻傳九

釋志鴻，俗姓錢氏，湖州長城下若人。本名儼，志鴻字也。少出俗于石門鄉寺，則梁静林也。削染受具訖，往茂苑，親道恒師盛集，研覈精微。時曇清省躬，互相切磋，卒成洪緒。然慊先德釋南山鈔，商略不均，否臧無準，捕蟬忘後，補袞不完，囊括大慈、靈萼已下四十餘師記鈔之玄，勒成二十卷，號搜玄録。大曆中，華嚴疏主澄觀披尋，乃爲序冠于首。然其解判不無所長，其如科節繁碎，是其短也。春秋一百有八歲，勑署爲長壽大師焉。近世止行其字而已。今雙林累遭兵革，加以水潦，碑碣失蹤，闕於言行也。吁！其儼公氏族本生必與南山宣律師相同，亦爲美事矣。

唐京兆安國寺乘如傳十

釋乘如，未詳氏族。精研律部，頗善講宣，繩準緇徒，罔不循則。代宗朝翻經，如預其任。應左右街臨壇度人，弟子千數。先是五衆身亡，衣資什具悉入官庫〔一〕，然歷累朝，曷由釐革。如乃援引諸律，出家比丘生隨得利，死利歸僧，言其來往本無物也。比丘貪畜，自兹而媘者，職由於此。今若歸官，例同籍没。前世遺事，闕人舉揚。今屬文明，乞循律法，斷其輕重。大曆二年十一月二十七日勑下，今後僧亡，物隨入僧，仍班告〔二〕中書門牒，天下宜依。如之律匠，非止訓二衆而已，抑亦奮内衆之遺事。立功不朽，如公是乎！終西明、安國二寺上座。有文集三卷，圓照鳩聚流布焉。

唐襄州辯覺寺清江傳十一

釋清江，會稽人也，不詳氏族。幼悟幻泡，身拘羈靮，因入精舍，便戀空門，父母沮勸，建乎難拔。禮曇一律主爲親教師，諷誦經法，寓目俱通。長者品量之曰：「釋門千里駒也。」於浙陽天竺戒壇求法，與同學清源從守直和尚下爲弟子。還聽習一公相疏并南山律鈔，間歲精義入神，舉皆通暢。而善篇章，儒家筆語，體高辭典，又擅一隅之美〔一〕，時少倫儗。其褊懆之性，不與人類。嘗於一公少因不足，亦有捨和尚之譏。由是遊方服勤，凡云律筵，無不預者。自責己曰：「天下行半，少有如我本師者。」還會稽，一公猶老，當其僧大集時，擊木唱：「某再投和尚攝受。」時一公詬罵，江雨淚而懺悔曰：「前念無知，後心有悟，望和尚大慈，施與歡喜。苟不許收，則越人不可以强售章甫也。」一公憫其數四求哀，乃曰：「爲汝含〔二〕垢。」遂爲師資如初。

江有禪觀之學。大曆八年於汝瀆遇忠國師，因弟子說自忠曰：「此律師是和尚鄉人。」乃欣然相會，尋往南陽，再謁國師，密傳心要焉。

系曰：江嘗爲七夕詩，或謂之四背中一背也。通曰：「詩人興詠，用意不倫。慧休怨別，陸機牽牛星，屈原湘夫人，豈爲色邪？皆當時寓言興類而已。若然者，言火則焚口，說食則療飢也矣。江之捨師，後乃揚師之美，反權合道也。實爲此詩警世無常，引令入佛智焉。其故何也？詳江遇忠國師大明玄理，無以域中小乘法拘之哉！」

唐會稽雲門寺靈澈傳十二

釋靈澈，不知何許人也〔一〕。稟氣貞良，執操無革，而吟詠情性，尤見所長。居越谿雲門寺，成立之歲，爲文之譽襲遠。講貫無倦，生徒戾止如闤闠焉。故祕書郎嚴維〔二〕、劉隋州長卿、前殿中侍御史皇甫曾，覿面論心，皆如膠固，分聲唱和，名散四陬。澈遊吴興，與杼山晝師一見爲林下之遊，互相擊節。晝與書上包佶中丞，盛標揀其警句最所重者，「歸湘南作〔三〕，則有『山邊水邊待月明，暫向人間借路行，如今還向山邊去，唯有湖水無行路〔四〕』句。此僧諸作皆妙，獨此一篇，使老僧見，欲弃筆硯。伏冀中丞高鑒深量〔五〕，其進諸乎？其捨諸乎？方今天下有故，大賢勤王，輒以非急干請視聽，亦昭愚老僧不達時也。然澈公〔六〕秉心立節，不可多得，其道行空慧，無慙安遠。復著〔七〕律宗引源二十一卷，爲緇流所歸。至於玄言道理，應接靡滯，風月之間，亦足以助君子之高興也。」其爲同曹所重也，如此。晝又賫詩附澈去見，佶禮遇非輕。又權德輿聞澈之譽，書問晝公，廻簡極筆稱之〔八〕。建中、貞元已來，江表諺曰：「越之澈，洞冰雪。」可謂一代勝士，與杭標、霅晝分鼎足矣。不測其終〔九〕。

唐揚州慧照寺省躬傳十三

釋省躬，睦州桐廬人也。爲童强識，耆宿呼語，怪其志大而言高，無厭樊籠。忽投聖德寺慕道從師，勑恩得度。性靈天發，於毗尼道，學如温習。復擇名師，得姑蘇開元道恒師。恒曰：「甚矣吾得躬也，門人日益親。」及乎探賾精微，愈征愈遠，時有擊論互指爲迷者，必請見躬爲其判之，坐分曲直。諺曰：「義盡省躬」，言到躬義無不盡也。其博綜律乘，扞禦師門也若此。恒曰：「自吾有躬也，惡言不聞矣。」躬避席葉拱而對曰：「某不佞也，仰師之道，若采扶桑以啖蠹蠶。所患者，未能嘔繁絲以報主耳。」恒曰：「視子吐園客五色絲，可供黼繡之資。言太謙矣。」晚赴維楊之召，廣訓徒焉。然其滿口雌黄，品藻否臧古今之義。生徒明敏者各録之，都加潤色，號順正記十卷，行之。復著分輕重物儀別行，沿襲十三章門條例，外加近世現有物之重輕，頗爲要用。躬復高儒學，作碑頌越多，以其曾化邗溝〔二〕，故呼淮南記主，自號清冷山沙門焉〔二〕。

唐吴郡包山神皓傳十四 維亮

釋神皓，字恒度〔一〕，姓徐氏。八代祖摛，齊竟陵王西邸學士。子陵，梁尚書左僕射，其文與庾子山齊名，迨陳國亡，因佐吴邑，遂家姑蘇。皓乃爲吴郡人也。天性耿潔，風韻朗邁。幼負脱俗之姿，尋依錢塘龍泉道場一公出家。天寶六年，降版詔精擇真行，一州許度三人，皓居薦首，因隸僧籍于包山福願道場。初進具於興大師，次通律鈔於曇一。後十講〔二〕律鈔，五昇〔三〕壇場。遂乘舟歸包山，使野叟誅茅，山童掃石，逍遥棲息。旋增修屋宇。乾元元祀，有詔天下二十七寺，各奏大德七人，長講戒律。因請住開元寺，欲果其願，且懼簡書，遂僶俛從命。奉戒弟子開州刺史陸向前、給事中嚴涚〔四〕、服道弟子禮部侍郎劉太真、前大理評事張象、欽風弟子前廉使亞相李棲筠請綱任海隅。一邑緇伍，三變至于道。末年工於圓宗，别置西方法社，誦法華經九千餘部。貞元六年十月開元寺遇疾，至十二月，顧囑弟子維亮〔五〕曰：「我弃世後，可歸洞庭故山置塔。」説法而終。是夜瑠璃色〔六〕天，星霣如雨，西方兆眹，密現于前。春秋七十五，僧臘四十三。門人維亮有文有道，獨步當時，執師之喪，不以證而廢教也。傳法弟子道超、靈俊、道濬、道稜、維讓、維誠，皆一時英邁。霅晝爲墳塔碑頌美云。

唐京師安國寺藏用傳十五

釋藏用，不詳何許人也。從其拔俗，依棲嵩山空公爲師。及乎年當應法，即於汾川炬律師所受上品形俱法。登詣洛中業公講肆，研覈律文，循其奥妙，無所不臻。洎聞有禪觀之學，遂登廬陟霍，涉漢泛湘，望雙峯之叢林。又歸，開法京輦，道既精粹，訓且均敷，藹然爲物楷模，嚮風宗重。當建中中，已全三十許臘。尋應詔充臨壇首席，相繼度弟子越多。及居東城化塔，乃代宗之邸第也，推用主其綱任。苾蒭至息慈，皆遵畏愛焉。席熊延客，揮麈〔一〕開談，指衡山石也，有以識前身；傳曹谿鉢也，有以知後際。是以門多長者之轍，室滿度人之籌，益物良深，坐鎮雅俗。貞元中，左司正郎王鍔、南臺崔公繼和之。如是數公將議標題，兵部正郎程浩作都序，職方正郎知制誥吴通微書之。四年戊辰歲也。用公長於律學，急護任持，爲上都之表則也。

唐湖州八聖道寺真乘傳十六

釋真乘，姓沈氏，德清人也。厥父玄望孝廉舉調兖州司馬。母氏妊乘，有神光異氣之祥。識者言「沈氏必大其閥閱。」暨誕生也瓌偉，長與宗族諸子雜處，若羣草中之琪樹焉。總丱之後，司馬以文學喻之，令修官業，且愀然如有不得已之色。居處翫戲，則以佛像班〔一〕布。父觀其宿習，果請出家。屬顏魯公許試經得度，時已暗誦五百紙。比令口諷，一無差跌，大見褒異。落髮配住八聖道寺得戒。後於通玄寺常進師所綜習毗尼。進公見其俊邁也，誡同門曰：「乘雖少齡，不可以伯仲齒之。」後西上京師雲華寺，學法華天台疏義，大著聲望。又章信寺衆僧辟其講發，醉千日者一聽而自醒，迷終身者蹔聞而永悟，經宗律柄，兼講無虧，藉甚緇行，烜赫京邑。

貞元十一年，功德使梁大夫以德宗亟幸安國寺，奏乘移隸，以備應對，充供奉大德數焉。時本師無滯亦以道業，實蒙恩渥，奏舉乘爲國祈福。無滯忽夢乘捧一白蓮華南去。無可，乘果疾，乞歸田閭，敕允。既還鄉里，本郡守李公錡、田公敦、浙東率薛公戒〔二〕，或踵門而勸登法座，或馳簡而延莅戒壇。乘迫以法緣，悉所勉强，以是八爲律學座主，四爲臨壇正員。凡訓授度人，或巾屨結緣，一無所受。遊五臺山，禮文殊聖容，所見瑞相，不可勝言。

後在護國寺禮佛名經一百周。懺法之餘，撰法華經解疏記十卷。以元和十五年冬十月示疾而終于本寺。乘精于律法，長於演説。以長慶二年十月十三日焚身于韶村西隅，遵遺命也。萬年縣尉王甄爲碑述德焉。

唐杭州靈隱山道標傳十七

釋道標，富陽人也。俗姓秦氏，其遠祖與嬴同姓，世爲汧隴大族。及晉東渡，衣冠隨之，後爲杭人也。其高曾至王父，皆沿以儒素，不甘爲吏，故州里尊奉之。標生則孤明，長而深趣，老而堅固，蓋良善之因有自來矣。年七歲時，神清氣茂，不雜凡童。倏有大沙門手摩其頂曰：「此孺子目秀如青蓮，得非我釋氏之威鳳乎？苟能捨家，必有善稱。不然乘雲霓，薄天漢，吾不可得而知也。」父允其請，遂爲靈隱山白雲峯海和尚弟子。妙高之上，唯日月是麗；娑竭之宫，固雲雷斯蓄。至德二年，詔白衣通佛經七百紙者，命爲比丘。標首中其選，即日得度，蒙配天竺寺焉。永泰初受具品於靈光寺顗律師。登以護戒嚴謹，爲時所推。毗奈多羅之言，罔不該貫。凡度人戒計六壇，爲衆糾繩經一十二載。置田畝歲收萬斛，置無盡財，與衆共之。貞元中以寺務克豐，我宜宴息，乃擇高爽，得西嶺之下，葺茅爲堂，不干人事，用養浩氣焉。

標經行之外，尤練詩章，辭體古健，比之潘劉。當時吴興有晝，會稽有靈澈，相與詶唱，遞作笙簧。故人諺云：「霅之晝，能清秀；越之澈，洞冰雪；杭之標，摩雲霄。」每飛章寓韻，竹夕花時，彼三上人當四面之敵，所以辭林樂府常采其聲詩。由是右庶子姑臧李公益書云：「重名之下果有斯文。西還京師，有以誇耀。」又景陵子陸羽云：「夫日月雲霞爲天標，山川草木爲地標，推能歸美爲德標，居閑趣寂爲道標。」名實兩全，品藻斯當。爾後聲價軼於公卿間，故與之深者有相國李公吉甫、大司空嚴公綬、右僕射韓公臯〔一〕、禮部侍郎吕公渭、滑亳節制盧公群、襄陽節制孟公簡、同州刺史李公敷、鳳翔尹孫公璹、浙東廉使賈公全、中書舍人白公居易、隋州刺史劉公長卿、户部侍郎丘公丹、外郎裴樞、秘閣嚴維、小諫朱放、越廉問薛戎、夕拜盧元輔、常州釋元浩、潤州釋南容、金華釋乾輔、吴門釋光嚴、上都釋智崇等，並心交塵外，分契林中。萬境在空，驅之爲射御；五峯滿眼，立之爲疆埸。文雄而再鼓不衰，神王而一戰自勝者也。

以長慶三年示有微疾，六月七日歸滅于所居蘭若。至冬十月三日，葬于舊山，春秋八十有四，法臘五十八。弟子如玢、如晉、行儉、省言、常儉、智猷、日超等，皆得師之法，倣仰不違。空圍繞於栴檀，恨滿盈於石室，至今杭民謂之西嶺和尚矣。開成五年中鄭素卿録德行刊碑頌，立于天竺山之東墟存焉。

唐衡嶽寺曇清傳十八

釋曇清，未詳何許人也。幼持邊幅，罔或迷方，以謹昏啜，究窮佛旨。乃負笈來吳北院道恒宗師法會，與省躬猶滕薛之前後也。旋留南嶽化徒，適會元和中閬州龍興寺結界，時義嵩講素新疏，傑出輩流，因云：「僧祇律云：齊七樹相去，爾所作羯磨者，名善作羯磨。準此四面，皆取六十三步等，如是自然界約，令作法界上僧。」須盡集時，清遂廣徵難，如是往返，經州涉省，下兩街新舊章南山三宗共定奪，嵩公虧理。時故相令狐楚猶爲禮部外郎，判轉牒，據兩街傳律斷曇清義爲正，天下聲唱，勇執紀綱，清能干城矣。後著記號顯宗焉。

系曰：清公南山宗崛起別峯，人咸景仰，與嵩、悟二公遇于必争之地，清果得雋。矧夫闠苑也，僻用律文，三隅不反。既成圖狀，學者流傳，致其嵩公如填海底。至大中中玄暢公薦加褒貶，貶嵩又轉〔一〕沈尾閭中矣。

唐京師西明寺圓照傳十九利言〔二〕

釋圓明，姓張氏，京兆藍田人也。年方十歲，篤願依西明寺景雲律師。雲亦一方匠手，四部歸心。照當應法，乃受近圓，謹願執持，如懷寶器。尋究經論，訪問師承，維摩、法華、因明、唯識、涅槃、中觀、華嚴新經，或深入堂皇，或略從染指。仍旁求於儒墨，兼擅美於風騷。律藏珠珍，專探日用。後則霜壇秉法，鴈序度人。洎乎開元年中，勑選名德僧參其譯務，照始預焉。至代宗大曆十三年，承詔兩街臨壇大德一十四人齊至安國寺，定奪新舊兩疏是非。蓋以二宗俱盛，兩壯必争，被擒翻利於漁人，互擊定傷於師足。既頻言競，多達帝聰，有勑令將二本律疏定行一家者。時照等序奏云：「按四分律部主，梵云曇無德，秦言法藏。自姚秦洪始〔二〕五年壬寅歲罽賓三藏佛陀耶舍，秦言覺明，誦出梵文，沙門竺佛念聽而筆受，成四十五卷。至十一年歲次戊申，支法領又從西國將梵本來，於長安中寺重讎校，殆十四年辛亥譯畢，沙門慧辯等筆受，成六十二卷〔三〕。後有魏朝道覆律師於法聰講下纂成疏六卷，北齊慧光律師造疏二本，次道雲律師修疏九卷，次道暉撰疏七卷，隋朝法願裁疏十卷。自唐平一天下也，四方昌阜，三寶增明，有智首律師述疏二十一卷，次慧滿律師造疏二十卷，事各一時流通絶矣。當武德元年戊寅歲，有相州日光寺法礪律師製疏，至九年丙戌歲成十卷，宗依成實論，今稱舊疏是也。洎高宗天皇大帝咸亨元年歲在庚午，有西太原寺懷素律師撰開四分律宗記十卷，宗依根本一切有部、大毗婆沙、俱舍等論，稱新章疏是也。至我皇帝受佛付囑，欽尚釋門，信重大乘，遵承密教。見兩疏傳授，各擅顯門，學者如林，執見殊異，數興諍論。聖慈愍念，務息其源，使水乳無乖，一味和合。時遣内給事李憲誠宣勑，勾當京城諸寺觀功德使鎮軍大將軍劉崇訓宣勑云：『四分律舊疏、新疏宜令臨壇大德如浄等於安國寺律院僉定一本流行。』兩街臨壇大德一十四人俱集安國寺，遣中官趙鳳詮勑尚食局〔四〕索一千二百六十人齋食并果實解齋粥一事，已上應副。即於安國寺供僧慧徹、如淨等十四人，併一供送充九十日齋食，用茶〔五〕二十五串，藤紙筆墨，充大德如淨等僉定律疏用。兼問諸大德各得好在否？又勑安國寺三綱：『僉定律疏院，一切僧俗輒不得入，違者録名奏來云。』其時天長寺曇邃、淨住寺崇叡、西明寺道邃、興泚、本寺寶意、神朗、智釗、超儕、崇福寺超證、薦福寺如淨、青龍寺惟幹、章信寺希照、保壽寺慧徹、圓照共奉表謝。答詔云：『師等道著依經，功超自覺，承雪宮之旨奧，爲火宅之涼颸。四分律儀，三乘扃鍵，須歸總會，永息多門。一國三公，誰執其咎。初機眩曜，迷復孔多，爰命有司俾供資費，所煩筆削，竚見裁成。所謝知悉。』其日品官楊崇一宣勑薦福、温國兩寺三綱與淨土院檢校僧等『嚴飾道場，命僧行道，用五十四人，起今月一日，轉經禮佛，六時行道；至來年二月一日散。其設齋食料一事已上，令所司祇供，宜各精誠，問師等好在。』及解道場，中官李憲誠宣勑語温國寺轉念道場四分律臨壇大德等：『釋門三學，以心印相傳；無上菩提，以戒法爲根本。道場畢日，即宜赴大安國寺楷定律疏，十道流行。』至二月八日，勑檢校道場大德曇邃、飛錫等，道場定取十日散，設齋外，各賜絹帛。其十四人律師，並令赴安國寺修疏，程才品用，各得其宜。衆推如淨、慧徹同筆削潤色，圓照筆受正字，寶意纂文僉定，超儕筆受。其崇叡已下九人證義，共議篇題云：『勑僉定四分律疏卷第一，京城臨壇大德某等奉詔定』，以此爲題也。」照爲首唱，諸公和之。其間厥義非長，若農夫之去草；其義合理，猶海客之採珠。可謂名解毗尼，不看他面。俄屬德宗即位，改元建中，其年五月疏草畢。六月望，勑圓照依國子學大曆新定字樣抄寫進本。至十二月十二日送祠部進新僉定疏十卷。仍乞新舊兩疏許以並行，從學者所好。勑宜依照，務其搜集，專彼研尋。著大唐安國寺利涉法師傳十卷、集景雲先天開元天寶誥制三卷、肅宗代宗制旨碑表集共二卷、不空三藏碑表集七卷、隋傳法高僧信行禪師碑表集三卷、兩寺上座乘如集三卷、僉定律疏一行制表集三卷、般若三藏續古今翻譯圖紀二卷、大乘理趣六波羅蜜多經音義二卷、三教法王存没年代本記三卷（上卷明佛、中道、下儒也）翻經大德翰林待詔光宅寺利言集二卷、再修釋迦佛法王本記一卷、佛現八相身利益人天成正覺記一卷、判方等道場欲受近圓沙彌懺悔滅罪辨瑞相記一卷、五部律翻譯年代傳授人記一卷、莊嚴寺佛牙寶塔記三卷、無憂王寺佛骨塔記三卷、傳法三學大德碑記集十五卷、建中興元貞元制旨釋門表奏記二卷、御題章信寺詩太子百寮奉和集三卷、貞元續開元釋教録三卷。照自序云：「伏以開元十八年歲在庚午，沙門智昇修撰釋教録，洎乎甲戌，經六十五年，中間三藏翻經，藏内並無收管，恐年代浸遠，人疑僞經。又先聖大曆七年許編入，制文猶在。」時帝勑宜依。至今江表多集此集中經而施用焉。照於律道，頗有功多。肅代二朝，尤爲傑立，累朝應奉，賜紫、充臨壇兩街十望大德、内供奉檢校、鴻臚少卿，食封一百户。後終于別院。春秋八十二，法臘五十八云。

系曰：刊正二宗，會歸一見，庶幾知有定分，不横馳求。何以諸師却請雙行，不其惑歟！通曰：「是此舉也，則元載所請，帝乃曰俞。究其始因，乃新章也，挾力輪摧相部，獨存於我，專利於人。亦猶紀昌俄遇飛衛，併其箭術，成我材官。御大輅而廢其椎輪，得火生而焚其木母。竊量諸德，微憤不平，故奏雙行，同不僉定。則何異乎眼頭生目，匪成三點之伊，必須聲後知音，方驗一夔之足。因排法礪，三本生焉。舊有南山，四家出矣。又如東漢季也，滅一跋扈，生四强臣。初止政出一門，未云賂歸四貴。若然者，駢拇懸瘤，雖多無用。然則吾善用多矣。大集經云：『如是諸見，不妨諸佛法界及大涅槃，依之修行，皆得解脱。』」此通方之大解也哉。

校勘記

靈一傳

〔一〕地虚，獨孤及揚州慶雲寺律師一公塔銘虚作靈。趙懷玉校云：「一作虚。」（毗陵集卷九）

〔二〕太初，塔銘初作和。

〔三〕德全道成，塔銘作「德充報圓」。

〔四〕三十五，塔銘作「三十有六」。

〔五〕左衛兵參軍李紓，塔銘作「右補闕趙郡李紓」。

〔六〕嘉興縣令李湯，塔銘作「殿中丞侍御史頓丘李湯」。

〔七〕乾靖，塔銘作「虔印」，其下尚有「静虚」一人。
〔八〕真諦，塔銘作「實諦」。
〔九〕潘志清，塔銘作「潘清」。
〔一〇〕皇甫曾，塔銘作「皇甫冉」。按冉、曾爲昆仲，二人皆與一爲友。辛文房唐才子傳卷三道人靈一傳云：「與皇甫昆季……爲詩友」。
〔一一〕塔銘無「吴郡陸迅、東海徐嶷、景陵陸鴻漸」三人，多廣陵曹評、趙郡李華、潁川韓極、中山劉穎、清河房從心五人。
〔一二〕授之藥，塔銘作「投之以法味」。

齊翰傳

〔一〕武丘，「武丘」即「虎丘」，唐人諱虎作武。此傳篇題作「虎丘」，從本字也。
〔二〕相部義疏，皎然蘇州東武丘寺律師塔銘作「相部義宧」。（皎然集卷八）
〔三〕主蘇湖戒壇，原本主作王。揚州本、大正本作主。宋本、元本及塔銘作王，同此本。依文義主字爲長，今改。
〔四〕即以其年，塔銘作「至某年」。
〔五〕法臘二十六，塔銘作「僧夏四十七」。
〔六〕戒壇宣㚇，塔銘作「壇場門人宣㚇」，其下復有誠肅一人。

大義傳

〔一〕六十三，宋本作「六十二」。

義宣傳

〔一〕且諱者，揚州本、大正本且作具。宋本、元本作且，同此本。依文義，且字爲順。

辯秀傳

〔一〕諸父，皎然蘇州開元寺律和尚墳銘作「伯父」。（皎然集卷八）

〔二〕鑒真，墳銘作「覽真」。

〔三〕壇場……孤制，墳銘作「僧夏十六，壇場孤制」。

〔四〕僧綱，原本綱作網，從揚州本、大正本及墳銘改。

〔五〕自肯，宋本、元本肯作胥，墳銘作緝。揚州本、大正本作肯，同此本。按肯疑咠之誤。咠或誤作肙（胥），又誤作肯，皆緣形近致誤。咠即緝，説文咠字引詩「咠咠幡幡。」今毛詩作緝緝，可證。與墳銘緝字正合。緝，績也，義亦通。緝字漢隸常書作緝，亦可證咠之與肙相淆久矣。

乘如傳

〔一〕官庫，原本官作宫，從揚州本、大正本改。

〔二〕班告，原本班作斑，從揚州本、大正本改。

清江傳

〔一〕又擅一隅之美，按唐詩紀事卷七十二僧靈澈下引劉夢得云：「詩僧多出江右，靈一導其源，護國因之。清江揚其波，法振沿之。如么弦孤韻瞥入人耳，非大音之樂。」可資參考。

〔二〕含垢，原本含作舍。從揚州本、大正本改。

靈澈傳

〔一〕不知何許人也，按唐才子傳卷三云：「靈澈姓湯氏，字澄源，會稽人。」

〔二〕嚴維，唐才子傳云：「授（當作受）詩德於嚴維」。

〔三〕歸湘南作，皎然贈包中丞書作「歸湖南詩」。（皎然集卷九）

〔四〕無行路，贈包中丞書作「無路行」，以「行」與上「明、行」協韻，大誤。此詩自是明、行押韻，去、路押韻，非絶句體也。若作「唯有湖水無路行」，不惟行字與上犯複，且句落平凡，豈能使皎然「欲棄筆墨」？此一字足正皎然集之誤。

〔五〕深量，贈包中丞書深作弘。

〔六〕澈公，贈包中丞書作「上人」。

〔七〕復著，贈包中丞書復作嘗。

〔八〕按此書亦見皎然集卷九。

〔九〕不測其終，按唐才子傳云：「貞元中，西游京師，名振輦下。緇流嫉之，遂造飛語，激動中貴，因誣奏得罪，徙汀州，會赦歸東越。時吴、楚間諸侯各賓禮招延之。元和十一年終於宣州開元寺，年七十有一。門人遷歸，建塔於山陰天柱峯下。」唐詩紀事卷七十二略同。可補此傳之闕。

省躬傳

〔一〕邗溝，原本邗作邪，揚州本、大正本同，宋本、元本作邗。按邗溝與下文「淮南記主」相應，作邗爲是，今從改。

〔二〕清冷，揚州本冷作泠。

神皓傳

〔一〕恒度，皎然洞庭山福願寺律和尚塔銘作「弘度」。此蓋避宋諱而改。

〔二〕十講，原本十作士，從揚州本及塔銘改。

〔三〕五昇，塔銘五作三。

〔四〕嚴涚，塔銘涚作説。

〔五〕維亮，塔銘亮作諒，下同。

〔六〕瑠璃色，原本色作邑，從揚州本、大正本及塔銘改。

藏用傳

〔一〕揮麈，原本麈作塵，從揚州本、大正本改。

真乘傳

〔一〕班布，原本班作斑，從揚州本、大正本改。

〔二〕薛公戒，宋本、元本戒作戎。

道標傳

〔一〕韓公臯，原本韓作轉，從揚州本、大正本改。

曇清傳

〔一〕又轉，大正本又作之，疑非。

圓照傳

〔一〕利言，按此傳中未及利言事迹，僅有「翻經大德翰林待詔光宅寺利言集二卷」之記，與其他諸書並録，不合本書附傳體例，二字疑衍。

〔二〕洪始，大正本洪作弘，宋本、元本作洪，同此本。按二字相通。

〔三〕六十二卷，宋本二作一。

〔四〕尚食局，原本局作扃，從揚州本、大正本改。

〔五〕用荼，原本荼作茶，從揚州本、大正本改。

大宋高僧傳卷第十六

明律篇第四之三正傳十九人　附見二人

唐朔方龍興寺辯才傳一

釋辯才，姓李氏，襄陽人也。母氏妊之，倏惡葷血，冥然一食，虚淡終辰。及其誕彌，異香盈室，宗黨怪焉。七歲依峴山寂禪師出家，厥長者明記：每受經法，必以等身爲限。字不重問，義不再思，師甚器之。年十六，遂削髮，隸本州大雲寺。次乃周遊列郡，登陟名山，就荆州玉泉寺納具戒。聞長安安國寺懷威律師、報恩寺義頒律師，法門具瞻，師資表率，遂伏膺請業。有疑必決，無義不通，厠于二宗，推爲上首。天寶十四載，玄宗以北方人也，稟剛氣，多訛風，列殺之中，餘習騎射，有教無類，何可止息。詔以才爲教誡，臨壇度人。至德初，肅宗即位。是邦也宰臣杜鴻漸奏才住龍興寺，詔加朔方管内教授大德。俾其訓勵，革獫狁之風，循毗尼之道。復命爲國建法華道場。及駕廻，既復兩京，累降璽書，末塗尤於大乘頓教留心。永泰二年，賊臣僕固懷恩外招誘蕃戎，内犫金革。才勸勉毳裘，不誅華族。大曆三載追入充章信寺大德。時府帥虢國常公素仰才名，與護戎任公，時親道論。十三年冬，現身有疾，至暮冬八日，垂誡門徒已，安坐繩牀，默然歸滅，春秋五十六。越己未歲二月遷神於寺内西北隅。先是有邑子石顒從役于城上，其夜未渠，聞管絃之聲自西至，乃天樂也。異香從空散下，則生淨方之兆也。

才自長安而旋于塞上，既受虢公〔一〕知遇，大營福業，成此精廬，皆才之敦勸矣。勑謚大師曰能覺，仍賜紫衣一副，追遠之榮，聲聞塞外。天復中廷尉評〔二〕王僧爲碑頌德云。

唐京師章信寺道澄傳二

釋道澄，姓梁氏，京兆人也。父涉中書舍人。生而奇表，輒惡葷肴，出家如歸，無所顧戀。忽遇禪僧，摩頂與立名曰道澄，缾錫常隨，冥合律範，號律沙彌也。受具之後，習聽南山律於諸學處，微其玷缺。然性都率略，住寺不恒，或奉恩、莊嚴、草堂等寺，所到便居，護生爲切。建中二年，坐夏於雲陽山，有虎哮吼入其門。澄徐語之，其虎摇尾橆耳而退。徙居章信寺，或問其故，澄曰：「出家者可滯一方乎？西域三時分房，俾無貪著，觀門易立矣。不然者，豈通方廣恕乎？」貞元二年二月八日，帝於寺受菩薩戒，京甸傾瞻，賜賚隆洽，所受而迴施二田矣。五年，帝幸其寺，問澄修心法門。又勑爲妃主嬪御受菩薩戒。十六年四月，勑賜號曰大圓。十九年九月十八日，終于此寺焉。

唐鍾陵〔一〕龍興寺清徹傳三

釋清徹，未知何許人也。周遊律肆，密護根門，即無常師，唯善是與。初於吴苑開元寺北院道恒律師，親乎閫奥，深該理致，而鍾華望無不推稱。憲宗元和八年癸巳中，約志著記二十卷，亦鳩聚諸家要當之説，解南山鈔，號集義焉。或云後堂至十年畢簡，今豫章、武昌、晉陵講士〔二〕多行此義。嘗覽此記，繁廣是宗。徹未知其終。

系曰：徹公言行，無乃太簡乎？通曰：「繁略有據，名實録也。昔太史公可弗欲廣三五之世事耶？蓋唐虞之前，史氏淳略，後世何述焉？今不遂富贍，職由此也。又與弗來赴告不書同也。諸有繁略不均，必袪誚讓焉。」

唐撫州景雲寺上恒傳四

釋上恒〔一〕，姓饒氏，臨川南城人也。童而有知，志學之年，發心捨家，從母黨在空門而求攝受〔二〕，教誦佛典，日計千言。壯齒，從南嶽大圓大師納戒，而聽涉精苦。大曆中，不去父母之邦，請隸于景雲寺，修習無虧，亟淹年序。南山事鈔，講貫尤專。貞元初，徙居豫〔三〕章龍興寺，與廬阜法真、天台靈祐、荆門法裔、興果神湊、建昌慧璡〔四〕遊也，塤篪合韻，水乳相資。法付王臣，故與姜相國公輔、顔魯公真卿、楊憑〔五〕、韋丹四君友善。提振禁防，故講四分律，而遷善滅罪者無央數衆。坐甘露壇二十許年，十有八會，救拔群生，剡浮東震，男女得度者一萬五千餘人。元和十年，微云乖悆，十月己亥，化于廬山東林寺，歸全身于南岡石墳。住世七十七年，安居五十五〔六〕夏。門人等樹松栢，太原白居易爲石塔銘云。

唐錢塘永福寺慧琳傳五

釋慧琳，字抱玉，俗姓柯，新安人也。丱齡受業于靈隱西峯，爲金和尚弟子，所傳法要，斷無重問。大曆初，受具足戒於靈山會，習學三教，一領無遺。不樂聲華，止好泉石，一入天眼二十餘年，天眼即天目也。其山高三千丈，周圍三百里，與天柱、廬阜等相儔匹。上有二湖，謂爲左右目，登涉艱阻，數日乃到巔頂，多蛟龍，池潭三所。最上池，人不可近，氣臭逆人，不可久視。或説山神作白鹿形，每五月與震澤龍會，必暴風雨焉。琳居此，率多妖異，而心不撓。元和丁亥，太守禮部員外城南杜陟〔一〕。請出永福寺登壇。至己丑歲春，刺史兵部郎中裴常棣召臨天竺寺壇。度人畢，歸寺講訓生徒，向二十載。郡守左司郎中陸則、刑部侍郎楊憑、給事中盧元輔、中書舍人白居易、太府卿李幼公、刑部郎中崔鄯、刑部郎中路異相繼九邦伯，皆以公退至院，致禮稽問佛法宗意，染指性相。此諸名公簪組上流，辭學高度，或號毗曇孔子，或名勝力善薩，非琳何以感動哉？太和六年四月二十五日示滅，享壽八十有三，法臘六十四。以其年五月十二日葬于今永安寺西山之陽，碣磁坡之左，石塔巋然存矣。

唐江州興果寺神湊傳六

釋神湊，姓成氏，京兆藍田人也。生而奇秀，丱角出塵，遠慕戒律，祈南嶽希操師受具，復參鐘陵大寂禪師。然則志在楞嚴經，行在四分律〔一〕，其他諸教，餘力則通。大曆八年，制懸經、論、律三科，策試天下出家者，中等第方度。湊應是選，詔配九江興果精舍。後從僧望移居東林寺，即鴈門賈遠之舊道場也，有甘露戒壇、白蓮池在焉。既居是，嗣興佛事，雖經論資神，終研律成務。湊羸瘠，視之頽然，州將門人毉療，而不願進藥。元和十二年九月遘疾，二十六日儼然坐終于寺。十月十九日，門人奉全身窆于寺西道北，祔鴈門墳左，若僧詮葬近郭文之墓也。春秋七十四，夏臘五十一。湊以精進心脂不退輪，以勇健力撾無畏鼓，故登壇秉法垂三十年。一盂而食，一榻而居，衣縫枲麻，坐薦藁秸。由茲檀施臻集于躬，即迴入常住無盡財中，與衆共之。每夜捧鑪秉燭，行道禮佛，侚十二時，少有廢闕，如是經四十五載。生常遇白樂天爲典午于郡相善，及終，悲悼，作塔銘云：「本結菩提香火社，共嫌煩惱電泡身，不須惆悵隨〔二〕師去，先請西方作主人。」

唐京兆聖壽寺慧靈傳七

釋慧靈，未詳何許人也。幼脱塵機，勤從誦習，及當應法，戒品方圓，鋭意毗尼，探賾持犯，以行副解，心口相符。由是講訓，名望翕如也。人皆奉畏，神明如也。大中七年，宣宗幸莊嚴寺，禮佛牙，登大塔，宣問耆年，乃賜紫衣。其年六月，勑補靈爲新寺上座矣。帝望寺西北廢總持寺，乃下勑曰：「朕以政閑賞景，幸于莊嚴，其寺複殿重廊，連甍比棟。幽房祕宇，窈窕疏通，密竹翠松，垂陰擢秀，行而迷道，天下梵宮，高明寡匹。當建之時，以京城西昆明池勢微下，乃建木浮圖，高三百尺。藩邸之時，遊此伽藍，覩斯勝事。其總持寺，大業中立，規制與莊嚴寺正同，今容像則毁，忍草隨荒，香徑蕪侵，尚存基址。其寺宜許重建，以副予心。」三月十一日，令三教首座辯章勾當修寺，及畢工，推靈爲綱任，崇聖寺賜紫叡川充寺主，福壽寺臨壇大德賜紫玄暢充都維那。靈居寺職，清衆咸序，帝所欽重。寺中常貢梨花蜜，其色白，其味愈常，蠟房所取者。靈居新寺終矣。究其靈公如曾預代宗永泰中參譯證義，則可年百奇歲矣。如不見不空、良賁，乃春秋夏臘無理知焉。

唐吴郡破山寺常達傳八

釋常達，字文舉，俗姓顧，海隅人也。發跡何陽大福山，遊學江淮諸勝寺。達允迪中和，克完戒法，專講南山律鈔。後求涅槃圓音，法華止觀，復通陰符、老、莊百家之書，其餘分時之學，盡二王之筆迹。後隨方參禪，詣于宗極。俄屬武宗滅法，歎曰：「我生不辰，不自我後！」由是寢默山棲，委裘遁世而無悶焉。

宣宗重建法幢，薦興精舍，合境民人皆達之化導，故太守韋曙特加崇重。身不衣繒纊，室唯蒙薜蘿，四衆知歸，諸方慕化，其潔白鶴鷺如也。咸通十二年，合郭僧民請紹四衆教誨。或遊遨坰牧〔一〕，或嘯傲〔二〕海壖，不出林麓，動經數載。雖貴士單車詣門，莫得而見。於七五言詩追用元和之體，著青山履道歌，播人脣吻。忽於自恣明辰，鳩衆於長廊，合掌遂申長別，辭甚剛正。因卧疾不起，絶食七日而逝，實咸通十五年九月十六日也，春秋七十四，僧臘五十一。門人會清、傳朗奉靈柩殯于寺之東南三百步。後年即墳起塔，潁川陳言撰塔銘，邑大夫汝南周思輯爲檀信，乾符四年立碑焉。

唐越州開元寺丹甫傳九

釋丹甫者，不知何許人也。性多警達，言必剛直，講授惟勤，執持雅正。會稽風土，律範淵府也。甫之唱導，從之者若玄金之就磁石焉。本習業於亘文律師法集，文即省躬之游夏也，甫即躬之嗣孫。順正命章，斡通秘賾。越自曇一、玄儼之後，罕能追躡，甫之聲塵邁于前烈。然爾時允文匠手，相部風行，甫介于大律之間，行事之時，草從風偃焉。咸通末出門生智章等傳講，今亦法嗣存焉。或聞著手記，尋且未獲，吁，惜哉！

唐吴郡嘉禾靈光寺法相傳十

釋法相，姓俞氏，吴長水人也。天寶中誕育，爲嬰兒卓異。七歲投師，受經法三浹旬，誦通法華全部。弱冠往長安安國寺，得滿足戒，即大曆中也。便於上京習毗尼道，諸部同異，無不該綜，涉十一載，蔚成其業。傳法東歸，請學者如林。吴郡太守奏於開元寺置戒壇，相預臨壇之選。尋充依止，兼衆推爲寺綱管，恒施二衆歸戒。行佩漉囊，器不畜長。每有鳥棲于座側，馳斥不去。會昌元年二月十日午時三刻，告弟子清濬、清高：「吾當滅矣。」儼然累足右脇而逝。時衆晝聞管絃清亮，乃天樂也；夕覩異光。春秋八十九，僧臘六十九。四月遷塔于來蘇鄉之原，白塔是也。後弟子率義州刺史曹信、大理司直吴方重修塔，發之，見相遺骨若銅色，舌相不壞，若芙蓉焉。齒全四十二。香湯沐之，重葬，蓋景福二年癸丑歲五月二十二日也。

高弟子公静，静弟子行藴，藴弟子仁表，表弟子玄杲，杲本清白之僧也，同鴻啓重脩靈光一寺，爲兵革殘毁之後也。杲公、啓公後偕隱天台習禪觀，相次終于山，焚之皆獲舍利焉。

唐天台山國清寺文舉傳十一

釋文舉，姓張氏，婺州東陽人也。年甫志學，遂投師請法。十九落髮，始墮息慈。貞元三年，勑度得戒。後十五年間，以四分律爲學，時術之，晝夜翹勤，遂登講訓。次通法華經疏義，得智者之膏腴焉。舉身量六尺餘，其形如山，其貌如玉，静若止水，動如浮雲。目不迴視，口無戲言，四威儀中，無非律範。丹丘二衆，仰爲繩準。其奔走他方聽受者，與佛窟則公禪道並驅而相高也。尋勑爲國清寺大德。先是智者大師荅隋煬帝問，立七日金光明道場，每年九月，遐邇征鎮侯伯耆人送供，事既無礙，黑白二衆無遠不屆，人纔填委，飲食闕焉。典座僧患之。大和中主事僧清蘊咨謀於舉，置寺莊田十二頃。自此光明會不聞告乏，舉之功歟！以會昌二年五月化去，門人幼清立塔于寺之西峯。春秋八十三，僧夏五十五。韓乂〔二〕爲碑頌德也。

唐會稽〔一〕開元寺允文傳十二

釋允文，字執經，姓朱氏，今秀州嘉禾人也。權輿九歲，厥父云亡，然理命捨文奉佛。師授維摩、法華二經，敏速之性，再稔皆通，高達之士謂之重理耳。或戲問文曰：「爾出家之後，擬營何事業乎？」率然對曰：「當陟蓮華臺而作師子吼。」或呵誚之曰：「耆宿前敢爾。」或曰：「志欲得大，此子將來未易測也。」至十六歲，削頂周羅，披安陀會。相次裹足西上，投嵩山臨壇大德遠和尚邊，獲無作法，時年二十三矣。是夏即就中京攻相部律宗并中觀論，補衣分衛，寒燠四周。既扣義門，必入師室，玄樞律範，尤見精微。大和五年，爲思定省，忽歎歸歟。既返故鄉，淹時寢疾，未遑講唱。後聞錢塘天竺寺講大涅槃經，蔚爲勝集，文往學焉。星歲未周，鋒芒且露。

開成元年，因遊台嶠，止息越之嘉祥寺，衆藉清芬，甄命敷其經律。文戢約聽徒，頗爲嚴毅。常訓之曰：「夫苾芻行非家法，具足別解脱律儀、衆同分，是其自性，於其形色精進故，怖畏故，防守故。如是方疾得道果矣。不然，則弟子既墮，師道徒施。」聞其警策，有涕泗交横，悛心革行，思過半矣。會昌三年，移居静林寺，專以涅槃宣導。屬乎武宗澄汰，例被搜揚。晝披縫掖之衣，夜著縵條之服，罔虧僧行，唯逭俗譏。

大中伊始，復振空門，重整法儀，乃隸名開元寺三十人數。七年，寺之耆舊命講律乘。乾符三年丙申秋，罷講，覽藏經。以中和二年壬寅六月二十九日微疾作而長逝，享齡七十有八，法臘五十五。其年七月十二日葬于石奇山之陽。遺言不許封樹也。

初文講演升座，學徒畏憚，喑嗚之際，人皆披靡，乃戒威德之若是。於嘉祥、静林、今大善三寺，講相疏二十七座，大經二十五座。其爲人也貌古而脩長，鋭頂而黖黑，執持密緻，振鷺在庭，未足方其潔也。然亦獵涉儒墨，慕白傅自作誌，預著方墳銘，藏于篋笥。

門人懷益，因尋閱文籍，見而悲咽，遂從先師之志，建小塔焉。後門人懷肅、思寂命名德虚受增加後序。贊寧登會稽，曾禮文真相，見法孫可翔，苦節進脩，葉杜多之行，故熟其事迹也。

梁京兆西明寺慧則傳十三元表

釋慧則，姓糜氏，吴郡崑山人也。九歲，博游才義，總翫儒經。善種發萌，倏然〔一〕厭俗，以大中七年就京西明寺出家。勤知諷誦，皆如曾習。九年，於本寺承恩得度。十四年，棲法寶大師法席覆講，當年勑補備員大德。咸通三年，就崇聖寺講俱舍論并喪服儀，出三界圖一卷。七年，於祖院代暢師講。十五年，勑署臨壇正員。廣明元年，巢寇犯闕，關中俶擾，出華州下邽避亂。中和二年，至淮南，高公騈召於法雲寺。講罷還吴，刺史楊公苦留，却遊天台山國清寺挂錫。乾寧元年至明州育王寺，撰塔記一卷，出集要記十二卷。武肅王錢氏命於越州臨壇。以開平二年八月八日示疾坐亡。受生七十四，法臘五十四。窆于鄮山之岡。八戒弟子刺史黄晟營塔。則生常不好訐直〔二〕，以撝謙推人爲上。除講貫外，輪誦經呪，自法華已降可三四十本，以資口業。覽大藏教兩徧，講鈔七十徧，俱舍、喪儀、論語各數徧。清苦執持，近古罕有。入室弟子希覺最露鋒穎焉。

又元表者，貞諒之士也，言多峭直，好品藻人事，而高義解，從習毗尼，兼勤外學，書史方術，無不該覽。早預京師西明寺法寶大師講肆，迨廣明中，神都版蕩，遂出江表，居越州大善寺，講南山律鈔。諸郡學人，無不趨集。表義理縱横，善其談説，每揮麈柄〔三〕，聽者忘疲，號鑑水闍梨。著義記五卷，亦號鑑水。出門人清福，冠其首焉。

梁蘇州破山興福寺彥偁傳十四壽闍梨

釋彥偁，姓龔氏，吴郡常熟人也。揭厲戒津，錙銖塵務，勤求師範，唯善是從。末扣擊繼宗記主，得其户牖，乃於本生地講導，同好鳩聚，律風孔扇，號爲毗尼窟宅焉。

先是海隅，巫咸氏之遺壤，招真治之舊墟，古寺周圍不全，垝垣而已。嘗一夜有虎中獵人箭，伏於寺閣，哮吼不止。偁憫之，忙係縈，秉炬下閣，言欲拔之。弟子輩扶遏且止者三四，伺其更闌各睡，乃自持炬就拔其箭。虎耽耳舐矢鏃血，顧偁而瞑目焉。質明，獵師朱德就寺尋虎，偁告示其箭，朱德悛心罷獵焉。

武肅王錢氏知重，每設冥齋，召行持明法。時覆肩衣自肱而墮，還自搭上，或見鬼物隨侍焉。所謂道德盛則鬼神助也。以貞明六年六月，終于山房，年九十九歲云。

次壽闍梨者，淮浦左右，貞諒不羣，防護正念，時少雙偶。傳南山律鈔極成，不看他面。唐季楊氏奄有廣陵，頻召供施。四遠崇重，食惟正命。不畜盈長，户不施關。及臨壇度弟子，正秉〔一〕羯磨，未周三法，忽爾坐亡于覆釜之畔，聞見驚歎歟！

後唐天台山福田寺從禮傳十五

釋從禮，襄陽人也。善事父母，頗揚鄉里之譽。迨喪偏親，乃果決捨家，于時年已壯矣。及登具足，請師傳授戒文。念性殊乖，卒難捨本，往往睡魔相撓。禮忿其昏濁，作鐵錐刺額兼掌，由是流血，真逾半稔，方遂誦通。自爾精持律範，造次顛沛必於是。以梁乾化中遊天台，乃挂錫于平田精舍。後推爲寺之上座，持重安詳，喜愠不形于色，唯行慈忍。恒示衆曰：「波羅提木叉是我大師，須知出家非戒，則若猿玃之脱鏁焉。」每所行持，切於布薩，誡衆令護惜浮囊。時夏亢陽，主事僧來告「將營羅漢齋，奈何園蔬枯悴！請闍梨爲祈禱。」禮曰：「但焚香於真君堂。」真君者，周靈王太子，久聞仙去，以仙官受任爲桐栢真人右弼，王領五嶽司侍帝晨。王子喬來治此山，是故天台山僧坊道觀，皆塑右弼形像，薦以香果而已。自此俗間號爲山王土地，非也。時主事向仙祠而呪曰：「上座要雨，以滋枯悴。」至夜，雲起雨霏，三日而止。又僧厨闕用水槽棧，而山上有赤樹中爲材，來白禮。禮曰：「某向真君道去，但庀徒具器以伺之。」無何，大風卒起，曳仆〔一〕其樹，取用足焉。其感動鬼神，率多此類。兩浙武肅王錢氏聞之，召入州府，建金光明道場，檀施優渥。迴施衆僧，身唯一布納。通夜不寐，一食常坐，且無盈長。同光三年乙酉歲冬十一月入滅，春秋七十九，僧臘五十二。火葬，收舍利，立塔存焉。

後唐杭州真身寶塔寺景霄傳十六

釋景霄，俗姓徐氏，丹丘人也。初之聽涉在表公門，後慕守言闍梨義集，敷演于丹丘。執性嚴毅，寡與人交。狷急自持，多事淩轢，形器𡝩弱。後納請往金華東白山，奬訓初學。時有江西徽猷律匠，出義記曰轀鑑録，多學彭亨，領徒到霄寺，正值講次，當持犯篇再三歎賞。自此聲溢價高。每晨滴茶，一旦化爲乳焉。著記二十卷，號簡正，言以思擇力故，去邪説而簡取正義也。武肅王錢氏召於臨安故鄉，宰任竹林寺。未幾，命赴北塔寺臨壇，天成二年也。次命住南真身寶塔寺，終焉。遷葬于大慈山塢，以本受師號，塔曰清涼是歟。

後唐東京相國寺貞峻傳十七

釋貞峻，姓張氏，鄭州新鄭人也。唐張果先生之裔孫。今滎陽有張果里，其墳楸檟存焉。峻風度寬裕，髫齡不弄。年十四，忽超然離俗，人莫我知。雖二親褰衣，昆弟截路，終弗能沮之。乃投相國寺歸正律師出家，神機駿發，乍覯可驚。雖背碑覆棊，彼不足多也。未幾，諷徹浄名、仁王諸經，計數萬言。時同儕戲之曰：「汝是有脚經笥也。」峻辭護斯題，恭遜而已。及削染爲僧形，即聽俱舍論，隨講誦頌八品，計六百行。至十八升論座。年滿於嵩山會善寺戒壇院納法，因棲封禪寺，今號開寶律院，學新章律疏。二十三，策名講授，長宿稱奇。

當大順二年，灾相國寺，重樓三門，七寶佛殿，排雲寶閣、文殊殿裏廊，計四百餘間，都爲煨燼。時寺衆惶惶，莫知投跡。或曰如請得峻歸寺，寺可成矣。乃相率往今開寶，堅請峻歸充本寺上座。前後數年，重新廊廡，殿宇增華。又請爲新章宗主，復開律講，僧尼弟子日有五十餘人，執疏聽採。峻之律行，冰雪相高。暑無裸意，寒止袷衣，食惟知量，清約太過。乾化元年，臨壇秉法。及梁朝革命，所度僧尼計三千餘人。以同光二年夏四月十二日微疾而終。春秋七十八，法臘五十八。葬于寺莊，祔慧雲禪師塔焉。

漢錢塘千佛寺希覺傳十八

釋希覺，字順之，姓商氏，世居晉陵。覺生於溧陽〔一〕，家系儒墨，屬唐季喪亂，累被剽略，自爾貧窶。嘗傭書于給事中羅隱家，偶問名居，隱曰：「毗陵商家兒，何至於此！」歎息再三，多與雇直，勸歸鄉修學。至年二十五，歎曰：「時不我與。或服冕乘軒，皆一期爾！」忽求出家于温州開元寺，文德元年也。龍紀中受戒，續揣摩律部，稟教于西明寺慧則律師，時在天台山也。則乃法寶大師之高足。廣明中，關中喪亂，避地江表，覺始窺其牆，終見室家瓌富。以則出集要記解南山鈔，不稱所懷。何耶？古德妄相穿鑿，各競師門，流宕忘返，覺遂著記廣之，曰增暉録，蓋取曹植云「螢燭末光，增暉日月」。謙言增暉集要之日月也，二十卷成部。浙之東西，盛行斯録。暨乎則公長往，乃講訓于永嘉。武肅王錢氏季弟鏵牧是郡，深禮重焉。尋爲愚僧所誣愬〔二〕，釋而不問，徙於杭大錢寺。文穆王造千佛伽藍，召爲寺主，借紫，私署曰文光大師焉。四方學者騁鶩而臻。覺外學偏多，長於易道，著會釋記二十卷，解易，至上下繫及末文甚備。常爲人敷演此經，付授于都僧正贊寧。及乎老病，乞解見任僧職。既遂所懷，唯嘯傲山房，以吟詠爲樂。年八十一，然猶抄書籍異本，曾無告倦。未終之前，捨衣物，作現前僧得施，復普飯一城僧。自此困憊，每睡，見有一人純衣紫服，肌膚軟弱如縣纊焉，意似相伴。纔欲召弟子將至，此人舒徐下牀，後還如故。親向贊寧説此，某知是天人耳。囑託言畢而絶，享年八十五。生常所著擬江東讒書五卷，雜詩賦十五卷，注林鼎金陵懷古百韻詩、雜體四十章。

覺之執持，未嘗弛放，勤於講訓，切於進修。學則彌老而不休，官則奉身而知退，可謂高尚其事，名節俱全，長者之風，藹然如在。所居號釋氏西齋，慕吴兢之蘊積編簡焉。

周東京相國寺澄楚傳十九

釋澄楚，姓宗氏，不知何許人也。爰祖暨考，偕賁丘園，高蹈不仕。母趙氏妊楚也，忽畏羶臊之臭。及乎誕生之夕，光爛充室，鄰落咸驚。洎當七歲，親黨攜之入寺，見佛像，輒嗟歎而作禮。歸家問父曰：「唯佛獨爾，餘者如何？」父曰：「蠢動皆佛，何況人矣。」楚曰：「兒願學佛，聊報二親劬勞。」其父默而許旃。至十歲，於相國寺禮智明爲師。未幾，有童子聚戲而招誘之，楚曰：「汝何愚騃好嬉戲耶？且雪山善財亦童子，還如是否？」旁有聞者奇之曰：「子異日成法門偉器必矣。」受具已來，習新章律部，獨能趣入〔一〕毗奈耶窟穴。然其擊難酬答，露牙伸爪，時號律虎焉。王公大人請益者，日且〔二〕衆矣。晉高祖聞而欽仰，詔入内道場，賜紫袈裟，尋署大師，號真法焉。自此皇宫妃主有慕法者求出家，命楚落髮度戒。表裏冰霜，更無他物，命爲新章律宗主焉。以顯德六年十月十一日無疾而終，首北面西，示佛涅槃相也。俗齡七十一，僧夏五十。始末臨壇度僧尼八千餘人。門人慧照等依西域法焚之，得碎身，分構甎塔緘藏之。左街首座悟皎作舍利塔記焉。

系曰：楚師明律，時號宗主者何？通曰：「律有三宗，礪、素、宣是歟。宗各有主，故云也。」覿夫是名也，豈無稽古乎？通曰：「宗主二字，出阿含經也。」

論曰：原夫人有人法，禁戒威儀是也。天有天法，光潔静慮是也。我佛利見，據于大千，化境斯寬，法門必衆。舉其會要，不過戒也、定也、慧也。此三爲路，出其生死之鄉；專一爲門，通其涅槃之域。若乃資乎急用，在乎毗尼。毗尼防閑三業，三業皆浄，六塵自祛。聖賢踐脩，何莫由斯道也。故論云：「生死流轉者三縛，縛心心難解脱。」當知此唯善説法律，能令解脱，非由惡説。因是而窺禁律乃度世之檢括也。且夫菩薩戒浄，則彰離垢之名；辟支戒完，則引無師之智。聲聞戒足，時俱解脱而可期；内衆戒堅，招感人天之不墜。由是觀之，戒法之時大矣哉！自所推能，從言索理，則毗尼也，木叉也。因則聲教律焉，果則别解脱焉。直以時論，三世諸佛咸同制也。横從界説，十方浄刹悉共行之。所以優波離過去七佛，咸以戒律囑累之。論云：「戒如捉賊，善擒制也。定如縛賊，用機械也。慧如殺賊，清道路也。以此成功立効，克取究盡三菩提者，決達清静之域也。」戒律之功，功無與比。矧以此法在師而不在資，唯聞佛制；行内而不通外，無許俗傳。故曰曲授秘方，賜諸内衆。事有懸合，物宜象求，在乎家人，嚴君設訓。家人嗃嗃，同佛制教焉。婦子嘻嘻，同佛聽門矣。一聽一制，見其猛以濟寬；一陰一陽，見其開物成務。夫如是，知戒律是佛之家法明矣。大則三聚感三身於果中，小則形俱持盡形於因地。受既如是，隨則若何？有威儀焉，有細行焉。爲有順違，乃生持犯，由是繁廣，因事制宜。及佛泥丸，集成律藏。初惟水乳相合，一家之業無殊；後則参辰各墟，五部之分不類。夢氎之占徵矣，宗輪之論作焉，剡浮樹高，分影猶歸於月窟；阿耨池溢，下流須到於孟津。

迨夫大教東傳，梵書西至。甘露本天人之食，漢土争嘗；金烏還海上之飛，東方舊識。除經已譯，問律何傳？起後漢靈帝建寧三年，初翻義決律。次有比丘諸禁律至，即曹魏法時三藏遊于許洛，覩魏土僧無律範，於嘉平中譯羯磨僧祇戒本，此乃此方戒律之始也。自爾薩婆多律，先化關中。五分僧祇，風行雨施。迦葉遺部，戒本獨來，婆麤富羅，聞名而已。況乎僧祇部者，法顯賷歸。諸師判注，云是根本大衆所傳，非是百載五宗也。

今著傳家疑其未可。何邪？所覽僧祇現本，止三十卷文，因有數疑：一本小而末大；謂諸部文多，僧祇卷略。二中不含五部意；三不應大集懸記也。或曰：「此略本傳此方，猶法華、華嚴等經，鉅萬億頌中略出一分也。僧祇亦爾。」又説「曇無德律譯有重單，準僧傳止覺明口誦也。若據律序，有支法領重譯之文焉。」如此古今相競，且無指歸，以義交徵，其辭必息。尋律文本，即知異同，如衆學戒初題云尸叉罽賴尼，如破伊蘭葉，言此是覺明本也。如言式叉迦羅尼，如破伊羅葉，即是支法領本也。又一本三十卷，一本六十卷，謂紙墨分開不定，非也。分三十爲六十，不其太相懸謬矣。若斯二譯，皂白已分。復次元魏已前，諸受戒者用四分羯磨納戒。及乎行事，即依諸律爲隨。何異乎執左氏經本專循公羊之傳文也？至魏孝文世，有法聰律匠於北臺山始手披口釋，道覆律師隨聽抄記，遂成義疏。權輿既爾，肯構繁乎。天輪而只候中星，大鼎而唯提附耳。鄴中法礪，唐世懷素，新舊兩名，各擅其美。礪乃成實有部，受體雙陳；素惟尋祖薩婆，開宗獨步。其有終南上士，澄照大師，肸蠁三生，逡巡千里，交接天人之際，優雙果證之中，知無不爲，繩愆糾謬，以護持教法爲己任者，實一代之偉人焉。是以天下言行事者，以南山爲司南矣。丁乎大曆，新舊疏家互相短長，勑集三宗律師，重加定奪。時如淨爲宗主，判定二家，當建中中，始言楷正，號僉定疏是也。至今東京三宗並盛。至於秉法出没不倫，殊塗同歸，師資尚異。至若成公演化，靈䓇敷揚，不離三輔之間，俱僝百工之巧。文綱、道岸自北徂南，發正輔篇，從微至著，道流吴會，實賴伊人。浄公作評家之師，源尚致感通之瑞，或抗表論没官之物，或成圖證結界之非，或傑立一方，或才雄七衆，述鋒芒之義記，出豕亥之疑文。或辟帖紛拏，或整齊齟齬，若匪乘時之哲，便應逸氣之英。不令像運之中微，降年惟永；終使壽星之下照，法命惟長。道假人揚，其在兹矣。近以提河水味，轉不如前；座像塵埋，仍覩更没。大小乘之交惡，上中下之相凌，活寄四邪，行違七聚。威儀既缺，生善全虧，謂律爲不急之文，放僧落自由之地。馬令脱轡，象闕施鉤，不習律儀，難調象馬。遂令教法日見凌夷，短則行果微亡，折則年齡減少，合夫洪範中凶短折也。又曰慈父多敗子，脱或翻惡歸善，變犯成持，或衆主之勸修，或名師之訓導，假王臣之外護，必法教之中興。如是則同五福中之一壽五考終命歟！又曰嚴家無格虜，故云毗尼是正法之壽命焉。

此科所班，乃是鍊金液轉還丹之手，勸人服之，使其近添其壽，遠則昇仙。故我世尊凡制一戒，獲其十利功德，意在令正法久住耳。

校勘記

辯才傳

〔一〕號公，原本號作號，揚州本、大正本作號。按上文亦作號，此形誤，今據改。

〔二〕廷尉評，原本廷作足，從揚州本、大正本改。

清徹傳

〔一〕鐘陵，目録鐘作鍾，通用。

〔二〕講士，原本士作七，從揚州本、大正本改。

上恒傳

〔一〕上恒，白居易景雲寺律大德石塔銘作「上弘。」（白氏長慶集卷二十四）按此避宋諱改恒，本字當作弘也。全唐文作「上宏」，又避清諱改，亦證其字原作弘。

〔二〕從母黨……攝受，塔銘云：「始從舅氏剃落。」

〔三〕豫章，原本豫作預，從揚州本、大正本改。塔銘作「洪州」，同。

〔四〕慧璡，塔銘作「惠進」。

〔五〕楊憑，塔銘楊憑上有「本道廉使」四字。

〔六〕五十五，塔銘作「六十五」。

慧琳傳

〔一〕杜陟，宋本、元本杜作社，乃字形之誤。

神湊傳

〔一〕四分律，白居易江州興果寺律大德湊公塔碣銘作「四分毗尼藏。」（白氏長慶集卷二十四）毘尼藏猶言律藏，意同。

〔二〕惆悵隨，塔銘作「戀戀從」。

常達傳

〔一〕垌牧，原本垌作埛，無此字，從揚州本、大正本改。

〔二〕嘯傲，原本嘯作肅，從揚州本、大正本改。

文舉傳

〔一〕韓乂，大正本乂作又。揚州本及宋本、元本並作乂，同此本。

允文傳

〔一〕會稽，宋本作「越州。」

慧則傳

〔一〕絛然，絛疑當作倏，形近而誤。倏，忽也。倏然猶忽然。

〔二〕訐直，原本訐作許，揚州本、大正本同。宋本、元本作訐。按論語陽貨篇「惡訐以爲直者」，爲此語所本，作訐爲是，今據改。

〔三〕麈柄，原本麈作塵，從揚州本改。

彥偁傳

〔一〕正秉，原本秉作乘，揚州本、大正本作秉。按僧徒作羯磨法謂之秉法，秉法有三種（見行事鈔卷下），故下句云「未周三法」。此乘字乃秉之形誤，今正。

從禮傳

〔一〕曳仆，原本仆作什，從揚州本及宋本、元本改。

希覺傳

〔一〕溧陽，原本溧作漂，從揚州本、大正本改。

〔二〕誣愬，揚州本愬作訴，二字相通。大正本作塑，非。宋本、元本作愬，同此本。

澄楚傳

〔一〕趣入，揚州本、大正本趣作輒。宋本、元本作趣，同此本。

〔二〕日且，原本日作曰，從揚州本、大正本改。

大宋高僧傳卷第十七

護法篇第五 正傳十八人 附見一人

唐京師大莊嚴寺威秀傳一

釋威秀，不知何許人也。博達多能，講宣是務，志存負荷，勇而有儀。其於筆語掞張，特推明敏。無何，天皇即位，龍朔二年四月十五日勅勒僧道咸施俗拜。時則僧徒惶惑，罔知所裁。秀嗟教道之中微，歎君王之慢法，乃上表稱沙門不合拜。徵引諸史，爰歷累朝抑挫，朝纔發令，夕又改圖，皆非遠略也。方引經律論以爲量果，詞皆婉雅，理必淵明。如云故出家〔一〕不存家人之禮，出俗無霑處俗之儀〔二〕，其道顯然，百代不易之令典也。表上，勅百官集中臺都議其事。時朝宰五百三十九人請不拜，三百五十四人請拜。時大帝至六月勅不拜君而拜父母，尋亦廢止。秀之爲法，實謂忘身乎！抗表之際，當年四月二十一日也。時京邑僧等二百餘人往蓬萊宮，申表上請。時相謂秀等曰：「勅令詳議，拜否未定，可待後集。」秀等乃退。於是大集西明寺，相與謀議，共投啓狀，聞諸達官貴戚，若救頭然。

時宣律師上雍州牧沛王啓，別上榮國太夫人啓等。秀之批鱗，所謂以身許法也。

唐京兆大興善寺復禮傳二

釋復禮，京兆人也，俗姓皇甫氏。少出家，住興善寺。性虚静，寡嗜欲。遊心内典，兼博玄儒，尤工賦詠，善於著述，俗流名士皆慕仰之。三藏地婆訶羅、實叉難陀等譯大莊嚴、華嚴等經，皆勑召禮令同翻譯，綴文裁義，實屬斯人。天皇永隆二年辛巳，因太子文學權無二述釋典稽疑十條，用以問禮，請令釋滯，遂爲答之，撰成三卷，名曰十門辯惑論。賓主酬答，剖析稽疑，文出於智府，義在於心外，如斯答對，堅陣難摧。赤旛曳而魔黨降，天鼓鳴而脩羅退，權文學所舉稽疑數義也，於餘則難，在禮殊易。何邪？蓋不知教有弛張，文存權實，謂爲矛盾。故行弔伐之師，如小偏裨〔一〕須請軍門之命。無二既披來論，全釋舊疑，乃復書云：「續晨晁之足，鑿混沌之竅，百年之疑，一朝頓盡。永遵覺路，長悟迷源，爇煩惱之薪，餐涅槃之飯，請事斯語，以卒餘年云。」此雖一時之解紛，實爲萬代之龜鑑也。

禮之義學，時少比儔，兼有文集行於代。加復深綜玄機，特明心契，作真妄頌問天下學士，擊和者數人。當草堂宗密師銓擇臻極，唯清涼澄觀得其旨趣，若盧郎之米粒矣。餘未體禮師之見。故唐之譯務，禮爲宗匠，故惠立謂之「譯主」。「譯主」之名，起於禮矣。妙通五竺，融貫三乘，古今所推，世罕倫匹。其論二軸編入藏，酬外難之攻，但用此之戈盾也矣。

唐京兆魏國寺惠立傳三

釋惠立，本名子立，天皇改爲惠立，俗姓趙氏，天水人也。遠祖因官徙寓〔一〕新平，故爲豳人焉。爰祖及父，俱馳高譽。立即隋起居舍人司隸從事毅之第三子也。生而歧嶷，有棄俗之志。年十五，貞觀三年出家，住豳州昭仁寺，此寺即破薛舉之戰場也。立識敏才俊，神清道邁，習林遠之高風，有肇融之識量。聲譽聞徹，勑召充大慈恩寺翻經大德，次補西明寺都維那，後授太原寺主，皆降綸旨，令維寺任。天皇之代，以其博考儒釋，雅著篇章，妙辯雲飛，益思泉湧，加以直詞正色，不憚威嚴，赴火蹈湯，無所屈撓。頻召入內，與黄冠對論。皆愜帝旨，事在別傳。

立以玄奘法師求經印度，若無紀述，季代罕聞，遂撰慈恩三藏行傳，未成而卒〔二〕。後廣福寺沙門彦悰續而成之，總十卷。故初題云沙門惠立本，釋彦悰箋是也。立削藁云畢，慮遺諸美，遂藏諸地府，世莫得聞。爾後臨終，令門侍掘以啓之，將出，乃即終焉。

初立見尚蹙奉御吕才妄造釋因明圖注三卷，非斥諸師正義。立致書責之，其警句有云：「奉御於俗事少閑，遂謂真宗可了，何異乎鼷鼠見釜竈之堪陟，乃言崑丘〔三〕之非難；蛛蝥覩棘林之易羅，亦謂扶桑之可綱。不量涯分，何殊此焉！」才由兹而寢。太常博士柳宣聞其事息，乃歸信，以書檄翻經僧衆云「其外禦其侮，釋門之季路也。」

唐洛京佛授記寺玄嶷傳四

釋玄嶷，俗姓杜氏。幼入玄門，纔通經法，黄冠之侣推其明哲，出類逸羣，號杜乂鍊師。方登極籙，爲洛都大恒觀主。遊心七略，得理三玄，道術之流，推爲綱領。天后心崇大法，楊闡釋宗，乂悟其食蓼非甘，却行遠舍，願反初服，嚮佛而歸。遂懇求剃落，詔許度之，住佛授記寺，尋爲寺都焉。則知在草爲英，在禽爲雄，信有之矣。

續參翻譯，悉彼宗之乖謬，知正教之可憑。或問之曰：「子何信佛邪？」嶷曰：「生死飈疾，宜早圖之，無令臨衢整轡，中流泞柮乎？有若環車望斗，劾鬼求仙，以此用心，非究盡也。」乃造甄正論一部，指斥其失，令歸正真，施設主客問答，極爲省要焉。嶷不知厥終。

系曰：知彼敵情，資乎鄉導；或入必争之境，免書弗地之譏。又猶秉燭宵征，便匪如人入闇。歷聞玄嶷曾寄黄冠，熟其本教。及歸釋族，斥彼妄源。不須四月而試之，已納一城之款矣。由是觀之，脱有迕逆之者，則曰吾當説汝真。斯是之謂歟！

唐江陵府法明傳五

釋法明，本荆楚人也。博通經論，外善羣書，辯給如流，戒範堅正。中宗朝入長安，遊訪諸高達，適遇詔僧道定奪化胡成佛經真僞。時盛集内殿，百官侍聽。諸高位龍象，抗禦黄冠，翻覆未安，鵵甈〔一〕難定。明初不預其選〔二〕，出場擅美，問道流曰：「老子化胡成佛，老子爲作漢語化？爲作胡語化？若漢語化胡，胡即不解。若胡語化，此經到此土，便須翻譯。未審此經是何年月，何朝代，何人誦胡語，何人筆受？」時道流絶救無對。明由此公卿歎賞，則神龍元年也〔三〕。其年九月十四日，下勑曰：「仰所在官吏廢此僞經，刻石於洛京白馬寺，以示將來。」勑曰：「朕叨居寶位，惟新闡政，再安宗社，展恭禋之大禮，降雷雨之鴻恩，爰及緇黄，兼申懲勸。如聞天下諸道觀皆盡化胡成佛變相，僧寺亦畫玄元之形，兩教尊容，二俱不可。制到後限十日内並須除毀。若故留，仰當處官吏科違勑罪。其化胡經累朝明勑禁斷，近知在外仍頗流行，自今後其諸部化胡經及諸記録有化胡事，並宜除削。若有蓄者，準勑科罪。」其月洛京大恒道觀主桓彦道〔四〕等上表固執，勑批曰：「朕以匪躬忝承丕業，雖撫寧多失，而平恕實專。矧夫三聖重光，玄元統序，豈忘老教，偏意釋宗。朕志款還淳，情存去僞。理乖事舛者，雖在親而亦除；義符名當者，雖有怨而必録。頃以萬機餘暇，略尋三教之文。至於道德二篇，妙絶希夷之境。天竺有空二諦，理祕真如之談。莫不敷暢玄門，闡揚至賾，何假化胡之僞，方盛老君之宗。義有差違，文無典故，成佛則四人不同，論弟子則多聞舛互。尹喜既稱成佛，已甚憑虚。復云化作阿難，更成烏合。鬼谷、北郭之輩，未踐中天；舍利、文殊之倫，妄彰東土。胡漢交雜，年代亦乖。履水而説涅槃，曾無典據；蹈火而談妙法，有類俳優。誣詐自彰，寧煩縷説。經非老君所制，毁之則匪曰孝虧；文是鄙人所談，除之則更彰先德。來言雖切，理實未安。宜悉朕懷，即斷來表。」明之口給，當代無倫。援護法門，由之禦侮，惡言不入耳，其是之謂乎！

系曰：化胡經也，二教不平，其争多矣。無若法明一言蔽之。設或凝神杼思，久不可酬。況復萬乘之前，孰能卒對？昔楊素見嵩陽觀畫化胡，素曰：「何不化胡成道，而成佛乎？」道士無言。觀夫明之垂問，義含兩意，正爲化胡成佛，旁疊諸天仙言語與人不同，天言傳授諸經，是誰辯譯？其猶一箭射雙梟，又若一發兩豵之謂歟！

唐潤州石圮山神悟傳六

釋神悟，字通性，隴西李氏之子。其先屬西晉版蕩，遷家于吴之長水也。世襲儒素，幼爲諸生。及冠，忽嬰惡疾〔一〕，有不可救之狀。咎心補行，力將何施？開元中詣溪光律師，請耆域之方，執門人之禮。師示以遺業之教，一曰理懺，二曰事懺。此二者，聖之所授，行必有徵。遂於菩提像前，秉不屈之心，爇難捐之指。于時有異光如月朣朧〔二〕紺宫，極苦可以感神明，至精可以動天地。蓋人之難事歟！天寶四年，受具足戒，身始披緇。八年，舉尤異行，名隸于寺。逮其晚節，益見苦心。每置法華道場九旬，入長行禮念觀佛三昧，於斯現前因。語門人曰：「夫陰薄日以何傷，風運空而不動，苟達於妄，誰非性也。」方結宇於勞勞山東。中據石圮，達分〔三〕仙徑，諸猛獸馴於禪榻，祥雲低於法堂。中夜有山神現形，謂悟曰：「弟子即隋故新成侯曹世安，生爲列侯，死典南嶺。今師至止，願以此地永奉經行。」言訖，隱而不見。

故吏部員外李華、殿中侍御史崔益同謁悟，嘗問孔老聖教優劣，請陳題品。對曰：「路伽邪〔四〕典籍皆心外法，味之者勞而無證，其猶澤朽思華〔五〕，乾池映月，比其釋教，天何〔六〕遠乎？」如是往復，應答如流。華、益拱手，無以抗敵。其扞護釋門，疆埸疇敢侵軼乎？華乃一代之文宗，與蕭穎士齊名，筆語過之。若此之儒，孰能觝角也。凡諸不逞之徒疑經難法者，悟必近取諸身，遠喻於物，如理答酬，無不垂頭搭翼者。十年辛卯春，寢疾，加趺坐而逝。享齡六十三，法臘二十六。闍維之日，獲舍利五百餘粒，珠顆纍纍，粲然在矚。門人湛一、圓一等主之，遷塔焉。

唐金陵鐘山元崇傳七璿禪師

釋元崇，俗姓王氏，瑯瑘臨沂人也。晉丞相始興文獻公子薈之後，自南朝倫廢，世居句容。祖禰已來，非賢即哲。崇幼而孤秀，嶷若斷山。心喻芙蕖，形同玉潔，風塵不雜，立志夷簡。時年十五，奉道辭家，負笈洞天，餐霞卧雲，師範陶許，精研妙句，獨證微隱。乃恐至理未融，解脱方阻，因歸心釋典，大暢佛乘，三教齊驅，遘心世表。於是聲振吴越，緇素異焉。採訪使潤州刺史齊平陽公聞其行業，虛佇久之，適會恩制度人，哀充舉首。以開元末年因從瓦官寺璿禪師諮受心要，日夜匪懈，無忘請益。璿公乃揣骨千里駿足可知，因授深法。崇靈臺虛徹，可舍百神，心鑑高懸，塵無私隱。既而聲價光遠，物望所知，金陵諸德請移所配棲霞寺。春秋逾紀，服勤道務，彝倫有敘，時衆是瞻。

至德初，並謝絶人事，杖錫去郡，歷于上京，徧奉明師，棲心閑境，罕交俗流。遂入終南，經衛藏，至白鹿，下藍田〔一〕，於輞川得右丞王公維之別業。松生石上，水流松下，王公焚香靜室，與崇相遇，神交中斷。于時天地未泰，豺狼構患，朝賢國寶，或在薖軸。起居蕭舍人〔二〕昕與右丞諸公，並碩學雄才，尊儒重道，偶茲一會，抗論彌日，鈎深索隱，襟期許與。王蕭歎曰：「佛法有人，不宜輕議也矣！」

及言旋河洛，登陟嵩少，懷達磨之旨要，得華嚴之會歸，聲價漸高，衣冠羨仰。京師名德咸請住持。志在無爲，翛然不顧。乃放浪人世，追蹤道流，考盤靈蹤，遂東適吳越天台、四明，清心養素。數年之後，遐想鍾山，飛錫舊居，考以雲房，道俗咸喜，玉反山輝。

大曆五年，刺史南陽樊公雅好禪寂，及屬縣行春，順風稽首，諮請道要，益加師禮矣。時道俗以爲此寺靈勝，遊憩者多，監主護持，須選名德。僉議無以易禪師者。崇頻告辭懇苦，衆咸再三，事不獲已，順受彌縫其閒，總二十年。藉四方之財，因道化之力，欒櫨雲構，丹雘日新，蓋存乎無爲無所不爲者也。功成身退，安禪高頂，前後學徒，詎可勝計。至大曆十二年，示疾言歸，不加藥餌。八月二日，卒於山院，春秋六十有五。臨終，命門人無令封樹，弟子如泉、澄添等奉全師教，以其月八日瘞於攝山之陽，依巖爲窟，累石不磨不礱，遵遺誥也。

崇身長六尺，儀表端肅，望之儼然，即之生畏。意密情恕，心和行高，天姿龍象，生此岐嶷。享齡非永，惜哉！弟子等共建豐碑，以紀化跡，樹于寺之門首焉。

唐京兆大安國寺利涉傳八

釋利涉者，本西域人也，即大梵婆羅門之種姓。夙齡彊志，機警溢倫，宗黨之中，推其達法。欲遊震旦，結侶東征，至金梭嶺，遇玄奘三藏，行次相逢，禮求奘度。既而羣經衆論，鑿竅通幽，特爾遠塵，歸乎正道，非奘難其移轉矣。奘門賢哲輻湊，涉季孟於光、寶之間。其爲人也，猶帛高座之放曠。中宗最加欽重，朝廷卿相感義與遊。開元中於安國寺講華嚴經，四衆赴堂，遲則無容膝之位矣。檀施繁熾，利動人心。

有頴陽人韋玎，垂拱中中第，調選河中府文學，遷大理評事祕校。見涉講筵幣帛堆積，就乞選糧，所獲未厭。表請釋道二教定其勝負，言釋道蠹政可除。玄宗詔三教各選一百人，都集内殿，韋玎先陟高座，挫葉静能及空門思明，例皆辭屈。涉次登座，解疑釋結，臨敵有餘，與韋往返百數千言，條緒交亂，相次抗之，棼絲自理，正直有歸。涉重問韋曰：

「子先登席，可非主耶？未審主人何姓？」玎曰：「姓韋。」涉將韋字爲韻，揭調長吟。偈詞曰：「我之佛法是無爲，何故今朝得有爲？無韋始得三數載，不知此復是何韋？」涉之吟作，百官悚然。帝果憶何韋〔一〕之事，凛然變色曰：「玎是庶人宗族，敢爾輕蔑朕玄元祖教及凌轢釋門。」玎下殿俯伏待罪，叩頭言：「臣非庶人之屬。」涉貴其鉗利口以解踈狂，奏曰：「玎是關外之人，非玄貞之族類。」勅貶象州，百姓賜涉錢絹，助造明教寺，加號明教焉。二教重熙，涉之力也。因著立法幢論一卷。公卿間有言曰：「涉公是韋掾之膏肓也。」涉曰：「此舉也，矢在弦上，不得不發。」自此京城無不改觀，言談講者，以涉爲最焉。

晚節遭其讒謫漢東，尋屬寬宥，移徙〔二〕南陽龍興寺。時惠忠國師知重涉名，聊欵關相謁，曰：「納衣小僧向前，某被門徒朝要連坐于此，適覩師當有貴氣，可作高道國德，勿同吾也。」乃開篋提衣物，令忠師曳婁，由此襄鄧之人皆驚涉如此懸記，忠師道聲又光闡焉，蓋涉望重之故也。上元二年，詔忠師入供養。肅宗時入宮起居，太上皇，乃引忠見上皇曰：「此人何如利涉？」則知涉才業優長，帝王器重，復多著述。大曆中西明寺翻經沙門圓照撰涉傳，成一十卷，足知言行之多也矣。

唐越州焦山大曆寺神邕傳九

釋神邕，字道恭，姓蔡氏，東晉太尉謨即度江祖十五代孫也。因官居于暨陽，邕生于是邑。母宣氏始娠之際，率多徵異。襁褓中聞唱經聲，必有凝神側聽之皃。丱角聰晤過人。年十二辭親學道，請業於法華寺俊師。每覽孔釋二典，一讀能誦。同輩者罕不欣慕。開元二十六年，勑度隸諸暨香嚴寺名藉。依法華寺玄儼師，通四分律鈔。儼識其志氣，謂人曰：「此子數年後，卒爲學者之司南矣。爾其勉之！」儼新出輔篇律記，邕抉其膏腴，窮彼衢術，一宗學者少能與其聯鑣方軌焉。性非局促，又從左溪玄朗師習天台止觀、禪門、法華玄疏、梵網經等，四教三觀等義，祕揵〔一〕載啓，觀性知空，爰至五夏，果精敷演，吴會閒學者從之。

天寶中本邑郭密之請居法樂寺西坊，恢拓佛舍，層閣摩霄，半澄江影，廊宇完備。後乃遊問長安，居安國寺，公卿藉其風宇，追慕者結轍而至。方欲大闡禪律，倏遇禄山兵亂，東歸江湖，經歷襄陽，御史中丞庾光先出鎮荆南，邀留數月。時給事中竇紹、中書舍人苑咸，鑽仰彌高，俱受心要。著作郎韋子春，有唐之外臣也，剛氣而贍學，與之詶抗。子春折角，滿座驚服。苑舍人歎曰：「闍梨可謂塵外摩尼，論中師子！」時人以爲能言矣。

旋居故鄉法華寺，殿中侍御史皇甫曾、大理評事張河、金吾衛長史嚴維、兵曹吕渭、諸暨長丘丹、校書陳允初賦詩往復，盧士式爲之序，引以繼支許之遊，爲邑中故事。邕修念之外，時綴文句，有集十卷，皇甫曾爲序。

自至德迄大曆中，頻受請登壇度戒，起丹陽洎乎〔二〕金華，其閒釋子皆命爲親教師也。

又以縣南路通衢婺，其中百餘里殊無伽藍，釋侶往來宴息無所。邕願布法橋，接憩行旅，遂於焦山可以爲梵場也。得邑人騎都尉陳紹欽等率羣信搆淨刹，一紀方乃集事焉。前吏部侍郎徐浩出佐明州，以邦國聚落，乃白廉使皇甫温奏賜額曰大曆焉。

先是中岳道士吴筠造邪論數篇，斥毁釋教，昬蒙者惑之。本道觀察使陳少遊請邕決釋老二教孰爲至道，乃襲世尊之攝邪見，復寶琳之破魔文，爰據城壍，以正制狂。旗鼓纔臨，吴筠覆轍，遂著破倒翻迷論三卷，東方佛法再興，實邕之力歟。末遊天台，又纂地誌兩卷，並附於新論矣。

邕厥頤豐角，風韻朗拔，前後廉問皆延置别榻，請爲僧統，以加崇揖之禮。貞元四年戊辰歲十一月十四日，遇疾，遺教門人，趺坐端相而歸寂于大曆法堂焉。以十二月十四日奉靈儀於寺北原，遵僧制也。報齡七十九，法歲五十。明年冬十一月方建塔矣。祕書省校書郎陸淮爲其銘，上首弟子智昂、靈澈、進明、慧照等咸露鋒穎，禪律互傳。至十一年，户部員外郎丘上卿爲碑紀德焉。

唐朗州藥山惟儼傳十

釋惟儼，俗姓寒，絳縣人也〔一〕。童亂慷愷，敏俊逸羣。年十七，從南康事潮陽〔二〕西山惠照〔三〕禪師。大曆八年，納戒于衡嶽寺希澡〔四〕律師所，乃曰：「大丈夫當離法自淨，焉能屑屑事細行於布巾〔五〕邪？」遂謁石頭禪師，密證心法，住藥山焉。一夜明月，陟彼崔嵬，大笑一聲，聲應澧陽東九十許里。其夜澧陽人皆聞其聲，盡云是東家，明辰展轉尋問，迭互推尋，直至藥山，徒衆云：「昨夜和尚山頂大笑是歟？」自兹振譽，遐邇喧然。

元和中李翺爲考功員外郎，與李景儉相善。儉除諫議，薦翺自代，及儉獲譴，翺乃坐此出爲朗州刺史。翺閑來謁儼，遂成警悟。又初見儼，執經卷不顧，侍者白曰：「太守在此。」翺性褊急，乃倡言曰：「見面不似聞名。」儼乃呼，翺應唯，曰：「太守何貴耳賤目？」翺拱手謝之，問曰：「何謂道邪？」儼指天指浄缾曰：「雲在青天水在缾。」翺于時暗室已明，疑冰頓泮。尋有偈云：「鍊得身形似鶴形，千株松下兩函經。我來相問〔六〕無餘說，雲在青天水在缾。」又偈〔七〕「選得幽居愜野情，終年無送亦無迎。有時直上孤峯頂，月下披雲笑一聲。」初翺與韓愈、柳宗元、劉禹錫爲文會之交，自相與述古言、法六藉，爲文黜浮華，尚理致，言爲文者韓、柳、劉焉。吏部常論「仲尼既没，諸子異端，故荀孟復之，楊墨之流洗然遺落。殆周隋之世，王道弗興，故文中之有作，應在乎諸子左右。唐興，房魏既亡，失道尚華，至有武后之弊，安史之殘。吾約二三子同致君復堯舜之道，不可放清言而廢儒，縱梵書而猾夏，敢有邪心歸釋氏者，有渝此盟，無享人爵，無永天年。先聖明神，是糺是殛！」無何，翺邂逅於儼，頓了本心。末由户部尚書、襄州刺史，充山南東道節度使，復遇紫玉禪翁，且增明道趣，著復性書上下二篇。大抵謂本性明白，爲六情玷污，迷而不返，今牽復之，猶地雷之復見天地心矣。即内教之返本還源也。其書露而且隱，蓋而又彰，其文則象、繫、中庸，隱而不援釋教；其理則從真捨妄，彰而乃顯自心。弗事言陳，唯萌意許也。韓柳覽之，歎曰：「吾道萎遲，翺且逃矣！」

儼陶鍊難化，護法功多，迴是子之心，拔山扛鼎，猶或云易。又相國崔羣、常侍温造相繼問道，儼能開發道意。以大和二年將欲終，告衆曰：「法堂即頹矣。」皆不喻旨，率人以長木而枝柱之，儼撫掌大笑云：「都未曉吾意。」合掌而寂，春秋七十〔八〕云。

系曰：嘗覽李文公復性二篇，明佛理不引佛書，援證而徵，取易禮而止。可謂外柔順而内剛逆也，故曰得象而忘言矣。經云治世諸言皆成正法者，李公有焉。儼公一笑，聲徹遐鄉，雖未勞目連遠尋，而易例有諸，隆堺永歎，遠壑必盈，道感如然不知其然也。

唐京師章信寺崇惠傳十一

釋崇惠，姓章氏，杭州人也。稺秫〔一〕之年，見乎器局，鷙鳥難籠，出塵心切。往禮徑山國一禪師爲弟子，雖勤禪觀，多以三密教爲恒務。初於昌化千頃最峯頂結茅爲庵，專誦佛頂呪數稔。又往鹽官硤石東山，卓小尖頭草屋，多歷年月。復誓志於潛落雲寺遁跡，俄有神白惠曰：「師持佛頂少，結莎訶，令密語不圓。莎訶者，成就義也。今京室佛法爲外教凌轢，其危若綴旒，待師解救耳。」惠趨程西上，心亦勞止，擇木之故，於章信寺挂錫，則大曆初也。

三年戊申歲九月二十三日，太清宮道士史華上奏，請與釋宗當代名流角佛力道法勝負。于時代宗欽尚空門，異道憤其偏重，故有是請也。遂於東明觀壇前架刀成梯，史華登躡如常磴道焉。時緇伍互相顧望推排，且無敢躡者。惠聞之，謁開府魚朝恩，魚奏請於章信寺庭樹梯，橫架鋒刃，若霜雪然，增高百尺。東明之梯極爲低下。時朝廷公貴、市肆居民，駢足摩肩而觀此舉。時惠徒跣登級下層，有如坦路，曾無難色。復蹈烈火，手探油湯，仍餐鐵葉，號爲飫飳〔二〕，或嚼釘線，聲猶脆飴。史華怯懼慙惶，掩袂而退。時衆彈指歎嗟，聲若雷響。帝遣中官鞏庭玉宣慰再三，便賫賜紫方袍一副焉。詔授鴻臚卿，號曰護國三藏，勑移安國寺居之。自爾聲彩發越，德望峻高。代宗聞是國一禪師親門高足，倍加鄭重焉。世謂爲巾子山降魔禪師是也。

系曰：或謂惠公爲幻僧歟？通曰：「夫於五塵變現者曰神通，若邪心變五塵事則幻也。惠公持三密瑜伽護魔法，助其正定，履刃蹈炎，斯何足驚乎？夫何幻之有哉？瑜伽論有諸三神變矣。」

唐洛陽同德寺無名傳十二

釋無名，姓高氏，渤海〔一〕人也。祖官今西京，乃爲洛陽人矣。沖孺之齡，舉措卓異，口不嚌辛血，性不狎諠譁，邈矣出塵，故難留滯。年二十八，若瘦鴈之出籠，投師習學，依隨疑同德寺。及精律藏，解一字以無疑；聞有禪宗，思千里而請決。舉領整裘，開扃見路，辭飛筆健，思若湧泉。因隨師遊方，訪祖師之遺跡，得會師付授心印。會先語諸徒曰：「吾之付法，無有名字。」因號無名也。自此志歷四方，周遊五岳，羅浮、盧阜、雙峯、崆公[二]、鑪嶺、牛頭、剡溪、若耶、天台、四明，罔不詢問，風格高遠，神操朗澈，博識者覩皃便伏，僻見者發言必摧。時德宗方納鮮于叔明、令狐峘料簡僧尼事，時名有表直諫，並停。尋時鮮于叔明、令狐峘等流南海百姓。至貞元六年，往遊五臺，居無定所。九年十二月十二日於佛光寺先食訖，儼然坐化，春秋七十二，臘四十三。十一年闍維，獲舍利一升。澤潞節度使李抱真建塔於佛光寺，貞元六年庚午歲也。或云：「名著疏解彌陀經焉。」

唐廬山歸宗寺智常傳十三

釋智常者，挺拔出倫，操履清約，徧參知識，影附南泉，同遊大寂之門，乃見江西之道。元和中，駐錫廬山歸宗浄院。其徒響應，其法風行。

無何，白樂天貶江州司馬，最加欽重。續以李渤[一]員外，元和六年隱嵩少，以著作徵起，杜元穎排之，出爲虔州刺史南康，曾未卒歲，遷江州刺史。渤洽聞多識，百家之書，無不該綜，號李萬卷矣。到郡，喜與白樂天相遇，因言潯陽廬阜山水之最，人物賢哲隱淪。

論惠遠遺迹，遂述歸宗禪師善談禪要，李曰：「朝庭金牓早晚有嗜菜阿師名目。」白曰：「若然，則未識食菜阿師歟？」白彊勸遊二林，意同見常耳。及到歸宗，李問曰：「教中有言，須彌納芥子，芥子納須彌。如何芥子納得須彌？」常曰：「人言博士學覽萬卷書籍，還是否耶？」李曰：「忝此虛名。」常曰：「摩踵至頂只若干尺身，萬卷書向何處著？」李俛首無言，再思稱歎。續有東林寺僧神建講諸經論，問「觸目菩提」，常略提舉。神建不體，乃發狀訟常示惡境界。時李判區分甚聞詣理。

常有異相，目耀重瞳，遂將藥爊手〔二〕，恒磨錯，不覺目眦俱紅，號赤眼歸宗矣。

系曰：佛理幽邃，一言蔽之者，玄解之言。逗猛利者，藥妙疾輕之驗也。

唐杭州千頃山楚南傳十四

釋楚南，閩人也，俗姓張氏。爰在髫齡，冥然跪於父母前，訴志出家。投開元寺曇藹師而受訓焉。當授經法，目所經覩，輒誦於口。執巾侍盥，灑掃應對，頗能謹願。迨乎冠歲，乃落髮焉。詣五臺登戒，就趙郡學相部律。往上都，學淨名經。一律一經，略通宗旨，則知頓機，不甘爲漸教縛。遂往芙蓉山，根性未發〔一〕。謁黃蘗山禪師，問答雖多，機宜頓了。倏值武宗廢教，南遂深竄林谷。大中興教，出遇昇平相裴公休出撫宛陵，請黃蘗出山，南隨侍。由此便詣姑蘇報恩寺，專行禪定，足不踰閾，僅二十餘載。乾符四年，蘇州太守周慎嗣響風，請住寶林院。又請居支硎山。至五年，昌化縣令徐正元與紫溪戍將饒京同召住千頃慈雲院。訓示禪徒之外，唯儼然在定，逾月或浹旬。光啓三年，前兩浙武肅王錢氏請下山供施。昭宗聞其道化，賜其鹿胎衣五事，別賚紫衣。文德六年二月，忽雙虹貫堂室，二鹿蹶然入寺，法堂梁折。至五月，辭衆，後於禪牀垂兩足、伸二臂于膝，奄然而卒。春秋七十，僧臘五十六。遷塔于院西隅。大順二年壬子歲二月，宣州孫儒寇錢唐之封略。兵士發塔，見南全身不散，爪髮俱長，悔罪而去。南公平昔著般若經品頌偈一卷、破邪論一卷，以枝梧異宗外敵，見貴於時也。

唐南嶽七寶臺寺玄泰傳十五

釋玄泰者，不知何許人也。性參方正，言不浪施，心静之情，義而後動。所居蘭若，在衡山之東，號七寶臺。不衣蠶縷，時謂泰布納歟。從見德山禪師，豁如自適，誓不立門徒，逍遥求志，而於詞筆，筆若有神。四方後進巡禮相見，皆用平懷之禮。嘗以衡山之陽多被山民莫傜輩斬木燒山，損害滋甚。泰作畬山謡，遠邇傳播，達于九重，勑責衡州太守禁止。岳中蘭若由是得存，不爲延燎，泰之力也。終年六十五。臨逝説偈曰：「不用剃頭，不須澡浴。一堆猛炎，千足萬足。」偈終，垂一足而逝。闍維，收舍利，祔堅固大師塔左，營小浮圖焉。又爲象骨偈、諸禪祖塔銘、歌、頌等，好事者編聚成集而行于代焉。

唐京兆福壽寺玄暢傳十六

釋玄暢，字申之，俗姓陳氏，宣城人也。暢爰在弱齡，便持異操，戲則聚沙爲塔，摘葉爲香。年九歲，於涇邑水西寺依清逸上人，教授經法。年十九，削髮。二十歲，往福州兜率戒壇受具足戒，聽掇律科，深得宗旨。新繒細縷，一染色佳，而往越中求聞異説。仰京室西明寺有宣律師舊院，多藏毗尼教迹，因栖惠正律師法席。自入京華，漸萌頭角，受京城三學大德，益廣見聞。方事講談，遽鐘堙厄，則會昌廢教矣。時京城法侣頗甚徬徨，兩街僧録靈宴、辯章，同推暢爲首，上表論諫。遂著歷代帝王録，奏而弗聽。由是例從俗服，寧弛道情，龍蛇伏蟄而待時，玉石同焚而莫救。殆夫武皇厭代，宣宗在天，壞户重開，炎崗息熾。暢於大中中，凡遇誕辰，入内談論，即賜紫袈裟，充内外臨壇大德。懿宗欽其宿德，蕃錫屢臻。乃奏修加懺悔一萬五千佛名經，又奏請本生心地觀經一部八卷，皆入藏。暢時充追福院首領，又充總持寺都維那，尋署上座。暢講律六十座，度法者數千人，撰顯正記一十卷，科六帖名義圖三卷、三寶五運三卷，雖祖述舊聞，標題新目，義出意表，文濟時須。乾符中，懿宗簡自上心，特賜師號曰法寶。二年三月二十一日示滅，俗齡七十九，僧臘五十九。弟子賜紫惠柔大德師遂宗紹，以其年四月二十五日窆于長安邑高陽鄉小梁村。四年丁酉歲，尚書禮部侍郎崔沆與暢交分殊深，著碑述遺迹焉。

後唐南嶽般舟道場惟勁傳十七

釋惟勁，福州長溪人也。節操精苦，奉養棲約，破納擁身，衣無繒纊，號頭陀焉。初參雪峯，便探淵府[一]。光化[二]中，入嶽住報慈東藏，亦號三生藏，中見法藏禪師鑑燈[三]，頓了如是廣大法界重重帝網[四]之門，因歎曰：「先達聖人，具此不思議智慧方便，非小智之所能！」又嶽道觀中亦設此燈，往因廢教時竊移入仙壇也。有遊嶽才人達士，留題頗多。勁乃歎曰：「盧橘夏熟，寧期殖在於神都；舜韶齊聞，不覺頓忘於肉味。嗟其無識，不究本端。盜王氏之青氊，以爲舊物；認嶺南之孔雀，以作家禽。後世安知？于今區別。」乃作五字頌，頌五章，覽者知其理事相融，燈有所屬，屬在乎互相涉入，光影含容，顯華嚴性海主伴交光，非道家之器用也。

楚王馬氏奏賜紫，署寶聞大師，梁開平中也。勁續寶林傳，蓋録貞元已後禪門祖祖相繼源脉者也。别著南嶽高僧傳，未知卷數，亦一代禪宗達士，文彩可觀。後終于岳中也。

系曰：物涉疑似，難輒區分。勁公誌鑑燈，若遺物重獲歸家也。後之人必不敢攘物歸家也。故曰前事不忘，後世之元龜也。

周洛京福先寺道丕傳十八

釋道丕，長安貴胄里人也。唐之宗室，父從晏，襄宗沿堂五院之首。母許氏爲求其息，常持觀音普門品，忽夢神光燭身，因爾姙焉。及其誕生，挺然岐嶷，端雅其質，屬藉諸親異而愛之如天童子。年始周晬，父將命汾晉，會軍至于霍山，没王事。丕雖童稚聚戲，終鮮笑容。七歲，忽絶葷羶，每遊精舍，怡然忘返。遂白母往保壽寺禮繼能法師，尊爲軌範。九歲，善梵音禮讚。是歲襄宗幸石門，隨師往迎駕。十九歲，學通金剛經義，便行講貫。又駕還洛京，長安焚蕩，遂背負其母，東征華陰。劉開道作亂，復荷母入華山，安止巖穴。時穀麥勇貴，每斗萬錢。丕巡村乞食，自專胎息，唯供母食。母問還食未？丕對曰：「向外齋了。」恐傷母意，至孝如此。年二十歲，母曰：「汝父霍山亡没，戰場之地，骨曝霜露。汝能收取歸塟，不亦孝乎？」遂辭老親往霍邑，立草庵，鳩工集聚白骨，晝夜誦經，呪之曰：「古人精誠所感，滴血認骨。我今志爲孝子，豈無靈驗者乎？儻羣骨中有動轉者，即我父之遺骸也。」如是一心注想，目未輕捨，數日間，果有枯髏從骨聚中躍出，競驁丕前，搖曳良久。丕即擗踴〔一〕抱持，如復生在，賫歸華陰。是夜其母夢夫歸舍，明辰骨至，其孝感聲譽日高。

至二十七歲，遇曜州牧婁繼英，招丕住洛陽福先彌勒院，即晉道安翻經創俗之地也。

天祐三年丙寅，濟陰王賜紫衣。後唐莊宗署大師曰廣智。丕於梁朝後主、後唐莊宗、明宗，凡内建香壇，應制談論，多居元席。及晉遷都今東京，天福三年詔入梁苑，副録左街僧事，與傳法阿闍梨昭信大師俱道兒童顔，號二菩薩。是故朝貴士庶，多請養生之術。丕精勤不懈，一佛一禮。佛名經、法華、金剛、仁王、上生四經，逐一字禮。然其守杜多之行，分衛時至，二弟子隨行。開運甲辰歲爲左街僧録，雖臨僧務，日課修持。相國李公濤、西樞密太傅王公朴、翰林丞旨陶公穀等，無不傾心歸重。至漢乾祐中，謝病乞西歸。未允之際，屬漢室凌夷，兵火連作，恣行剽掠。丕於廊廡之下，倚壁誦念，二日紛拏，一無見者。時京城見聞，益加欽尚。逃歸洛邑，周太祖潛隱所重。廣順元年，敕召爲左街僧禄，不容陳讓，還赴東京，居于僧任。

世宗尹釐府政，嫌空門繁雜，欲奏沙汰，召丕同議。時問難交發，開喻其情，且曰：「僧之清尚，必不露於人前。僧或凶頑，而偏遊於世上。必恐正施薰蕕，草和蘭茝而芟；方事淘澄，金逐沙泥而蕩。大王儲明欲照，蓄智當行，爲益皇帝邪？爲損君親邪？若益君乎，不令一物失所。若損親也，是壞六和福田。況以天下初平，瘡痍未合，乞待後時，搜揚未晚。故老子云：『治大國如烹小鮮。』慮其動則糜爛矣。」世宗深然其言，且從停寢。及世宗登極，丕謂僧曰：「吾皇宿昔有志，汝當相警護持。」堅乞解歸洛陽，又立禮首楞嚴經。二年，果勑併毀僧寺，并立僧帳，蓋限之也。毀教不深，乃丕之力也。

以顯德二年乙卯六月八日微疾。十日，令弟子早營粥食云：「有首楞嚴菩薩」，衆多相迎，令鳴椎，俄然而化，春秋六十七，僧臘四十七。緇素號哭，諸寺具威儀送葬于龍門廣化寺之左，立石塔焉。未終之前，寺鐘無故嘶嗄，表刹龍首忽焉隕墜。僧澄清夢寺佛殿梁折，極多異兆焉。

系曰：周武滅佛法。隋開皇辛亥歲，太府丞趙文昌入冥見邕受對，寄語文帝拔救。周世宗澄汰，毁私邑，勒立僧帳，故説大漸招其惡報。或有入冥見之，并贊成厥事者，同居負處，略同周武。未知是乎？

論曰：九重所以成深嚴，七札[一]其能捍[二]憂患。高墉峻壘，加校尉而守之；犀革兕皮，介將軍而戰者；君既安所，臣亦建功。猶釋門之外侮忽來，得法將之中權斯敵。使其大道喪而重復，玄綱絶而又張。我有仲由，惡言不入。外禦其侮，不可暫亡也。嗟乎，真教東傳，累更年紀，受其艱否，屈指可尋！法繫有爲，四相以之遷貿；明雖無損，一輪以之蝕侵。桓楚無端効莽，得時而變法；德輿伊始欺孤，餘力而責僧。賴遠公之致書，因朝達之抗疏，只成暴政，空鯁人情。元魏懷邪，周邕尚辯，曇始乃呈其詭迹，道安盛奮其辭鋒。是待秦坑，能逃漢律，始安二德，疑其住壽應真，出没其形，扶危拯溺者矣。秀也鐘其厄運，憤此反常，上牋若攻壘之先登，爲法偶犯顔而不死。復禮答權文學難詞，蔚成解判。

惠立斥呂奉御圖注，免搆窺闖。兩面俱通，玄嶷造乎甄正，一場賈勇。法明定其化胡，答孔老於李華，名儒懾伏；挫是非於韋氏，辯勢酋强。邕也掩徐，獨記於天台；儼也令李，成書於復性。其或角史華之術因躡刀梯；諫德宗之非，乃停沙汰。申答而驚李漖，作謡而占衡山。破邪之論可宗，鑑燈之頌歸我。以前諸德超世卓然，式遏寇讎，鬩牆禦侮。言其薄者，則發憤忘食，殊弗防其反污。其如臯原縱火，蘭艾之臭同焚；樹木摧風，鸞鴟之巢共覆者，其惟會昌滅虐我法之謂乎？從漢至唐，凡經數厄，鍾厄爰甚，莫甚武宗焉。初有道士趙歸真者，授帝留年之術，寵遇無比。每一對揚，排毀釋氏，宜盡除之。蓋以歸真曾於敬宗朝出入宮掖，勢若探湯。及其禍纏，暴弑自然，事體如漿。京邑諸僧競生誚謗。歸真痛切心骨，何日忘之。還遇武皇，因緣狎昵，署爲兩街教授先生。時諫官抗疏，宰臣李德裕屢言。歸真懼其動摇，奏迎羅浮鄧元起、南嶽劉玄靖入，帝謂神仙坐致。由是共爲犄角，同毀釋門，意報僧議誚之讎耳。衆輕覆車，羣噪驚蟄，須彌饞飢〔三〕困其劫盡之風；有頂低摧，倚其宿舂〔四〕之杵。詎云終否，當有復時。大中行廢教之誅，會昌非後天之老。吁咄哉！歸真奇祕之術，今古所無。何邪？能寄喜怒於天子之心，雖王晉、安期，俱弗如也。爾時玄暢法寶大師也，納兩街之請，操一割之刀，纂輯古今，搜揚經史，成其別録，上其表牋。逆龍鱗之手已伸，探虎穴之心且勇。膏肓之疾，圭刀之散何施？混濁之河，銖兩之膠謾解。如皆畏震，所謂坐看暢公手拓不周山，不免共工之觸折也。凡今緇伍，無縱毀讖。毀讖小人也，及罹禍毒，君子受之，亦猶城門火而池魚死也。儻云周武不落於阿鼻，歸真自登於仙籍，宣宗誅之，已塞責矣。是故比丘但自觀身行，莫伺玄門，非干己事。又以空門染習如然，無鬬四支而傷具體，各是聖人設教，無相奪倫。如此行時，名真護法也。老氏云：「六親不和，則有孝子。」如無孝子之名，信六親大和也。已上諸公，皆家中有競，號咷諫乎？因得善父母之名歟！今我傳家，止勸將來二教和同，弗望後生學其訐直，險在其中矣，爲君不取。然則臨機可用，相事當行，必任弛張，勿爲膠柱。然後知時名爲大法師也。傳又云乎，「相時而動，無累後人」，其斯之謂歟！

校勘記

威秀傳

〔一〕出家，原本家作室，從揚州本、大正本改。

〔二〕佛祖通載卷十四此二句作「足使捨俗無絶俗之儀，出家絶居家之敬。」

復禮傳

〔一〕小偏裨，原本裨作禪，從揚州本、大正本改。

惠立傳

〔一〕徙寓，原本徙作徒，從揚州本、大正本改。

〔二〕未成而卒，按彥悰大慈恩寺三藏法師傳序謂惠立「削稾云畢，慮遺諸美，遂藏之地府，代莫得聞。爾後役思纏痾，氣懸鍾漏，乃顧命門徒，握以啓之，將出而卒。」此傳下文所言即據之，是其書已成，彦悰再加參定耳，故標題曰箋，似不能云未成。

〔三〕慈恩寺三藏法師傳卷八「崑丘」作「崑閬」。

法明傳

〔一〕⿰食臬⿰食兀，原本⿰食兀作⿰食瓦，各本如此，音釋亦同。按字書無⿰食瓦字。⿰食臬（五結切）⿰食兀（五骨切）見於周易困上九，爲雙聲連綿詞。説文出部引易作「槷䵵」，云：「不安也。」但云：「從出，臬聲，」則於音不合。段注謂「兀、出同聲，當是從臬，出聲。説文不立臬部，誤謂從出，臬聲耳。」其説是也。尚書秦誓「邦之杌隉」，杌隉即⿰食兀⿰食臬，杌字亦從兀聲，又其證。

〔二〕初不預其選，佛祖通載卷十五作「預選入」。

〔三〕神龍元年也，按佛祖通載記此事於高宗總章元年戊辰（六六八），隆興佛教編年通論同，此作中宗神龍元年（七〇五），相距三十七年。佛祖統記則分載於兩年之下。詳其内容，大略相同，不應有前後二次争議。舊唐書卷七中宗本紀載神龍元年九月「禁化胡經，」當本於國史或實録，與僧傳之言合，宜若可信。

〔四〕桓彦道，佛祖通載作「桓道彦」。

神悟傳

〔一〕惡疾，皎然石圯山故大禪師塔銘作「業疾。」（皎然集卷八）

〔二〕朣朧，塔銘作「曈曨」，通用。

〔三〕達分，塔銘達作遠。

〔四〕路伽邪，塔銘邪作耶。

〔五〕思華，塔銘華作春。

〔六〕天何，揚州本、大正本天作夫。宋本、元本及塔銘並作天，同此本。

元崇傳

〔一〕下藍田，大正本下作上。

〔二〕蕭舍人，原本蕭作簫，從揚州本、大正本改。下同。

利涉傳

〔一〕何韋，宋本、元本何作阿。

〔二〕移徙，原本徙作徒，從揚州本、大正本改。

神邕傳

〔一〕祕揵，揚州本、大正本揵作犍。宋本、元本作揵，同此本。二字通用。

〔二〕洎乎，原本洎作泊，從揚州本、大正本改。

惟儼傳

〔一〕俗姓寒絳縣人，唐伸澧州藥山惟儼大師碑銘作「生南康信豐縣。」（唐文粹卷六十二，佛祖通載卷二十二轉引同）傳燈録卷十四作「絳州人，姓韓氏。」寒與韓同音而歧，二字皆有姓，不能强斷。籍貫不一，疑惟儼本籍絳州，生於南康也。

〔二〕潮陽，原本潮作湖，各本皆同。按碑銘云：「南度大庾，抵潮之西山。」傳燈録亦云：「年十七，依潮陽西山慧照禪師出家。」當是「潮陽」無疑，「湖」乃形似而誤，今據正。

〔三〕惠照，揚州本、大正本惠作慧，傳燈録同。宋本、元本及碑銘作惠。按二字通用。

〔四〕希澡，碑銘澡作琛（通載引同），傳燈録作操。

〔五〕布巾，碑銘作「衣巾」。

〔六〕相問，傳燈録作「問道。」

〔七〕又偈，傳燈録作「李翺再贈詩曰。」

〔八〕春秋七十，按碑銘作「春秋八十四，僧臘六十夏」，傳燈録同。

崇惠傳

〔一〕稺秫，宋本秫作昧。

〔二〕飫飥，原本飥作飥，從揚州本、大正本改。飫飥即餺飥，或作不托。歐陽修歸田録云：「湯餅，唐人謂之不托，今俗謂之餺飥。」飥乃飥之形譌。

無名傳

〔一〕漖海，揚州本、大正本漖作渤。按漖、渤同字。

〔二〕岏公，原本皖作睆，從揚州本、大正本改。

智常傳

〔一〕李漖，揚州本、大正本漖作渤，下同。

〔二〕燻手，揚州本、大正本作「燻手」。按燻猶熏字。

楚南傳

〔一〕根性未發，傳燈録卷十二云：「（楚南）謁芙蓉，芙蓉見曰：『吾非汝師，汝師江外黄蘗是也。』」

惟勁傳

〔一〕傳燈録卷十九參雪峯之下又有「復問法玄沙之席。」

〔二〕光化，原本作「乾化」，各本皆同。按惟勁卒年本傳雖未明言，但其錫寶聞大師號在「梁開平（九〇七—九一一）中」，乾化（九一一—九一二）次開平之後，則當在勁之老年，不應入嶽於其時也，且文亦敍次不倫，顯有乖舛。傳燈録作「光化」，乃唐昭宗之年號，當公元八九八至九〇一，核之爲是，今從正。

〔三〕鑑燈，傳燈録鑑作鏡。作鑑者避宋嫌諱。

〔四〕帝綱，傳燈録綱作綱。

道丕傳

〔一〕擗踴，揚州本、大正本擗作躄，同。

論

〔一〕七札，宋本、元本同。揚州本、大正本札作禮，非。按「七札」見左氏成公十六年傳，謂革甲重疊七層，此以喻衛禦之堅。作禮者，札誤作礼，又誤作禮也。

〔二〕能捍，原本捍作桿，從揚州本、大正本改。

〔三〕饑飢，原本飢作飤，乃飢之形誤，說見前。

〔四〕宿春，原本春作舂，從揚州本、大正本改。